人才素质与人口素质

基本理论

张君诚　著

厦门大学出版社
XIAMEN UNIVERSITY PRESS
国家一级出版社
全国百佳图书出版单位

内容简介

人才素质是客观存在的，人才素质是衡量人的最完整、最科学的指标，人才素质是一块亟需开发的处女地，人才素质是可以测算的。本书从人才素质的素质因子、素质因素、人的三大素质、人才素质价值公式直到人口素质与人类的素质，阐明了人才素质与人口素质的基本理论体系，揭示了人才素质的本质是人的社会质量、是人在人类社会中的潜力和所能起的作用，推理出每个人都有人才素质，每个人都是人才；论证了人才素质是人的人力、能力和潜力的大小，推导出身体素质公式、思想素质公式、知识素质公式和人的公式、人才素质的价值公式等，并可进行数学运算。人才素质因素是人口素质计算的根基，人口素质是人才素质的平均值。

本书包括人才素质基本理论概述，论身体素质，论思想素质，论知识素质，论文化素质及其测算，人力公式、人才素质公式和人的价值公式，人口素质解读等七章，比较全面地阐述人才素质与人口素质的基本理论。

本书论述了人才素质和人口素质的组成，它们的作用及测算；论述了身体素质、思想素质和知识素质都是人的基本成分，提出了“人”的新定义，把人从高等动物中解脱出来，成为真正的“人”；论述了人才素质的概况及发展规律；提出了人才素质因素定律和人才素质规范；列举了各种人才素质因素；提出制定各项人才素质因素的国际测算标准，并以标准人为人才素质的计量和参照单位，解

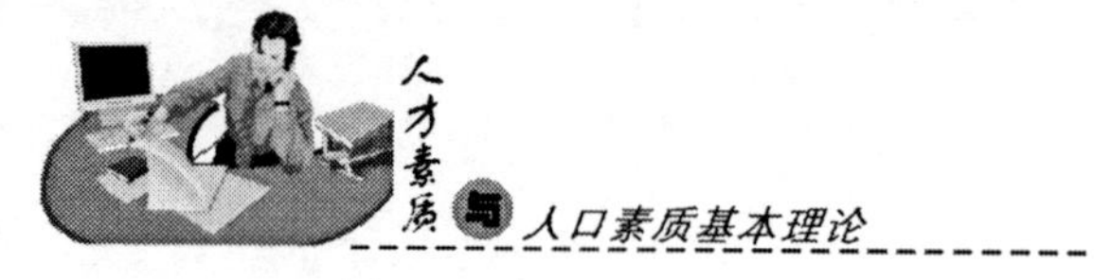

决了人才素质因素的衡量、对比和计算问题。

本书提出了身体素质、思想素质、知识素质和人才素质、人口素质的基本理论和计算公式，推理出**人力＝体力×精力×知力**的公式，论证了“人的身体素质有力量，思想素质也有力量；知识没有力量，知识素质才有力量”。人才素质公式包括了人和人才素质的所有结构、所有因素，人才素质公式就是“人的公式”。它概括了人的完全不同的身体素质、思想素质和知识素质的所有人才素质因素，并能解释人所具有的一切问题。

本书提出人才素质的价值公式，说明了人才素质的成果定律“人的行为和成果都是由人才素质与时间组合成的”，说明了“人才素质伴随着每个人出生入死地变化着，决定了一个人的生命和前途；人口素质的变化决定了企业和国家的兴衰”。加强对人才素质和人口素质的研究，必须制定各项人才素质因素的国际测算标准，对任何被测人都一视同仁。所以，人才素质是人的社会化、国际化的体现、标志和象征。将来的世界是国际化的时代，是由四分五裂的世界向人类大同发展，工农业生产、服务业以及人本身的事业也会日益国际化、国际标准化。科技文化、经济、军事的国际竞争愈来愈激烈，最根本的是人才竞争，人也要国际化。因此，我们要站在全人类国际化的高度上来研究人才素质。要振兴国家，每个人、每个行业都必须为不断提高人才素质和人口素质而努力，才能在复杂的社会竞争中立于不败之地，实现从个人到人类、从人才素质因素到人口素质的和谐发展，推动人类社会的发展和文明的进步。

本书广泛适用于具有中学文化程度以上的读者，对于各个行业的广大工作者和理论研究者都有一定的参考价值和指导作用。本书可以作为人才学、人口学以及全民素质教育等的辅助教材与知识读物。

目　　录

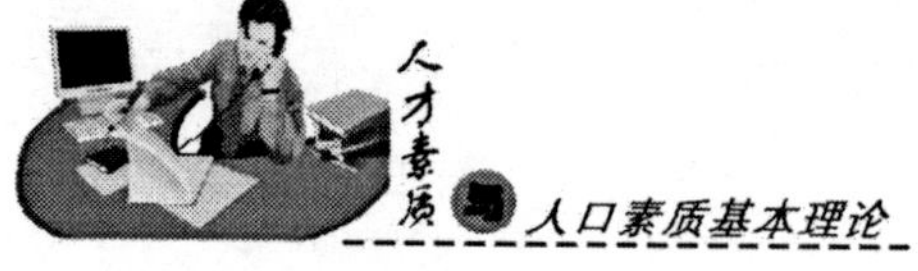

第一章

人才素质基本理论概述

1. 人、人才、素质和人才素质。
2. 人才素质的结构和人才素质公式的依据。
3. 人才素质因素定律。
4. 标准人,人才素质因素。
5. 人才素质公式的构成原理。

第一节　人才素质概述

一、人与人才素质

人生活在自然界,是自然人;人生活在社会中,是社会的人;不管在哪个国家,每个人都是人类之一员。可是,过去的人们没有把每一个人都看作是“人”,而是把人当作高等动物,把“人”分离为各式各样的人,没有人的共同标准。随着人类智慧的积累和发挥、科学技术的进步和社会的发展,使社会环境对人的影响已超过自然界对人的影响,人类的发展面临着一个根本性的转折,人类自己也要改革创新。人类要从维护和提高人口素质出发,避免互相争斗,应团结起来,实现和谐社会,共同创造人类的利益,推动全人类的发展。

人类从诞生起已发展了300万年,文明史也有5000多年了,主宰自然和社会的是人,但是人却还不能完全地认识自己、主宰自己。

人类在大的方面可以测算星球,小的可以测算原子、质子、电子、光子、夸克、胶子等等,唯独无法测算人类自己。到20世纪末,世界上仅国际标准三大联盟就制定了14000多个国际标准,唯独没有一个测量人类自己的国际标准;中国的国家标准总数已近2万个,也没有一个衡量中国人的国家标准。因为人是活的,千差万别。各国的政治和社会制度不同,对人的看法和要求也不同,从来就没有过人的共同标准。

人类首先要满足生活需要,去研究自然科学和发展生产;对研究人类本身和研究社会学、人口学上的难题没有明显的收益,因而,自然科学上的难题一个一个地解决了,社会和人本身的问题却堆积如山。人们研究自然界的多,研究人类自己的少,使人类自己还处于落后的状态,而且对自己的落后熟视无睹。比如说,人类不知道什么是人力?一个人就是一个人力,但一个婴幼儿、青壮年人、老人都算是一个人力,符合实际吗?不知道人的体力、精力、知识力量、工作能力有多大;不知道国家的人口素质有多大?不知道人口素质的增长率为多少?连著名的物理学家牛顿也抱怨:他可以计算出天体运行的轨道,却无法计算出人性的疯狂。如此等等,都是人类落后的具体表现。

能否测算人类自己,是人类先进还是落后的分水岭。用老观点是无法对人类进行测算的,笔者经十多年研究,发现可以用人才素质来衡量人类自己。

随着对人类自己的研究，人类将真正实现对人才素质和人口素质的测算。无数个现在无法答复的关于人的问题，在不远的将来，都将得到解答。要真正理解人类的行为，就要学习、研究人才素质与人口素质。人类测算人才素质和人口素质的大小，使每个人都可以进行世界性的衡量和对比，使人感觉到自己是“人类”，真正展现了人的意义，将使人类产生一个突破性的发展。

人才学源远流长，用人之道自古有之。过去的人才学不包括人才素质。人才素质是客观存在的，人都有人才素质，人才素质就是标准化的人。但是，人们对人才素质的认识程度和研究途径还是一盘散沙。

人才素质和人口素质理论是以人、人才、人才成长规律、人才素质和人口素质的测算及发展规律为研究对象的一门科学。人才素质理论为研究人才素质，探讨人的奥秘，为人才的培养、选拔、使用等方面提供科学的理论依据，为提高人才的创造功能，为国家和人类的发展提供强大的动力。

随着科技日益发达，人们越来越认识到人才素质的重要，在欧美工业化国家中，人已成为企业的三项资本之一。人才资源是最宝贵的、已成为许多国际会议的中心议题。研究人才素质的理论思潮正在向深度和广度扩展。

人才素质在社会中的实际作用，也愈来愈明显，被越来越多的人所认识，人才素质的作用已涉及从国家元首直到胎儿等一切领域，影响到每个人的生命和前途，直至国家兴亡。

作为社会主体的人与人才素质是发展社会生产力首要的能动的决定性因素。以人为本，是中国共产党十六届三中全会提出的科学发展观，也是全人类的科学发展观。这里的“人”，不是指哪个人，而是指全体人民；还不仅仅是当代人，也包括未来的人。以人为本就是一切从人民群众的根本利益出发，促进人的全面发展。

人的全面发展就看人才素质和人口素质是否提高了，看人的身体素质、思想素质和知识素质是否全面发展了，看人才素质是否充分地发挥了作用？以人为本是要极力提高人口素质，充分调动和发挥人才素质的作用，谋发展，促发展。以人为本是科学发展观的本质，是我们一切工作的出发点和归宿；以人为本研究人才素质和促进人才素质的全面发展、充分挖掘和发挥人才素质的作用，是人类摆脱落后推动社会进步的根本途径。

以人为本研究人才素质，以人为本弄清根源，以人为本求发展，以人为本人类至上。这就是本书的宗旨。

二、人才素质理论立足点是全人类

在研究和认识人才素质时，要有“人”的概念、“人类”的概念、“国际性”的概念、要关注人类共同的特点、关注世界性的问题。学习和研究人才素质不能只站在个人的高度、群体的高度或国家的高度上，而要站在全人类的高度上看问题和处理问题。要理解人类社会之不同文化、不同政治的历史性、客观性、阶段性和合理性。人才素质要有全人类的广泛的社会规范作用。这是人类进步、国际性人才竞争的基础。

在人才素质研究中，要注意人的两重性。一方面，人要受社会性、阶级性和政治性的制约。在中国，研究和开发人才，要坚持为无产阶级政治服务，要用马克思主义毛泽东思想、邓小平理论和“三个代表”为指导；另一方面则要认识到，不管什么阶级的人，都是人，都是人类的一个成员，都有共同的人权，都有他的人才素质，都有身体，都有思想，都有知识，只要他有本领，在任何国家都可以发挥作用，都可以为人类服务，中国人遍布全世界就是这个道理。再比如，我们请外国专家、教练员等为中国服务，教我们，他们也起一定的指导作用，你不能要求他们都是无产阶级的人、都是共产党员！而只能要求他们为我们做出成绩！

在研究人才素质和各种素质因素的时候，要提取全人类的共性部分来研究其差异，人才素质因素的测算标准包容了所有的异同点，有统一的测算尺度，不管什么人都适用。这样才能制定出全人类的标准。而且，每项素质因素的国际测算标准是随着社会的发展而变化，都是现代化的体现。

三、人才素质的结构和人才要素

人才素质是由人的身体素质、思想素质和知识素质三大素质构成的，这三大素质都是由各自的基本成分即人才素质因素构成的，所有的人才素质因素都是由人才素质的基本成分的结构因子和若干功能因子组成的，它们都按人才素质规范化以后，成为相应的人才素质因素。这样形成了系统的、完整的人才素质结构：任何人都不例外。这个结构是人才素质理论的基础，这个结构说明人才素质是物质的，是客观存在的、不是空虚的。

人才要素就是人才素质的结构要素，也是人的素质、人的基本成分。过去人们不懂得人的素质，才用人才要素。

人才要素在中国就有几种说法。有的学者说：人才要素有德、识、才、学、体五大基本要素。有的说人才要素有德、智、体、美、劳五大要素。这是人们对人才要素认识的初级阶段，表现出对基本概念混淆不清。如把“德”看做是人成才的政治方向，是人才的灵魂，是人才的根本，包括政治观、道德观、道德修养、人生观、爱国心、自信心、正义感和一切优良的品质等，其中政治观、道德观、人生观等属于知识素质；道德本身是一项思想素质因素；爱国心和自信心等也是思想素质因素；而还有许多非政治性的思想素质因素被排除在“德”之外，人才的灵魂、人才的根本就变味了、扭曲了。“识”指见识和胆识，就是要有丰富的知识，较强的鉴别能力和把握

性，实际上识是知识素质和思想素质的综合作用，“识”对事物有洞察力、辨别力和科学预见能力，而洞察力、辨别力属于思维素质因素，科学预见能力属于知识素质因素等的组合。“才”包括技能和能力，技能属于知识素质，能力就是人才素质。“学”指学问和知识，就是知识素质；如果学包含学习，学习也是思想素质。“美”是美学、美术、美感等，也是一项知识素质因素，与语文、数学等是同一档次；美当作人才要素，语文、数学要不要也当作人才要素？“劳”是劳动，劳动是一种生产过程，是人参与生产的表现形式，是综合素质；“劳”若作为勤劳素质因素，又是一项思想素质因素。

按传统的和当今人们普遍的理解，“德”代表思想素质，“智”代表知识素质，“体”代表身体素质，其他要素都包含在德智体之中。人才要素只有德、智、体三种，这与人才素质理论是一致的。德智体全面发展是中国的教育方针，不能说德、识、才、学、体、智、美、劳全面发展才是教育方针吧！

第二节　人与人才素质的定义

一、人的定义

我们首先研究一下“人”。按字典定义：人是能制造和使用工具进行劳动的高等动物。但是，也有一些人是不懂得制造和使用工具或者是不劳动的，比如婴儿、幼儿、重残疾人、重病人等，他们也是人。字典忽略了“人有思想、有知识”是人与动物的本质区别，而把人当作动物是不妥的。只讲人与动物自己会动的共性，不讲本质区别，是没有道理的，也是不科学的。人的定义需要革新。

过去的人们，一是把人当作高等动物；二是认为思想是唯心的、不是唯物的，从而把人的思想排除在人以外；三是把人的思想当成阶级的思想，不承认“人有共同思想”，而把人类分隔成各式各样的人，世界便有许多种人类；四是把知识仅看作科学劳动资料，仅看到知识，没有看到知识素质，把知识素质当作人以外的事物，认为知识素质不是人的基本成分。这些都是低级的认识。

客观事实说明：身体素质、思想素质和知识素质都是人的共同的三大基本成分，缺少任何一项都不是人。因而，对**人的定义**应该是：**人是身体素质、思想素质和知识素质构成的；人的这三种素质缺一不可，且只有这三种素质；它们都是由各种素质因素组成的。**这是人的特性，是人与动物、与自然界中任何物体的本质区别。人的身体素质与动物的身体不同，动物的身体只表明是一种物体；而人的身体素质不但表明了身体这种物体，而且表明了身体各种基本成分的所有功能和社会质量。有人会说，动物也有思想；但是动物的思想非常渺小和简单；而且，动物绝对没有知识、没有文字，知识素质唯有“人”才有。人的这个定义是人才素质理论的根源和原理，将有利于促进人作为“人”而不是作为动物的发展。

“人的这三种素质缺一不可”，就是说，人的身体素质、思想素质和知识素质都是“致命因素”，任何一种素质为 0 时，其人才素质都应等于 0，人便“死亡”。

“且只有这三种素质”，是指人有许多素质都包括在身体素质、思想素质和知识素质这三种素质之中；其他素质都是这三种素质的成员、都是它们的素质因素、都是这三种素质的组成部分；这三种素质辩证地组成了人才素质。思想素质和知识素质也是人的基本成分，而且身体素质、思想素质和知识素质都是人的致命因素，因此，人才素质理论具有生命性、客观性、科学性、社会性、物理意义和数学意义。

二、人才

关于“人才”的解释，这里先从“人才”的字义上分析。人才不是光指人的身躯，人才包含了“有才能的人”和“人的才能”两个概念，“有才能的人”是指人本身，“人的才能”是指人的功能。本文所说的人才就同时具有这两个含义。人人都有“人性”，人人都具有“人”的才能，只是才能的大小不同而已。这里揭示了人的核心是人的才能，人没有才能就变成动物，人的才能几乎是本书的全部内容。

人才问题，它直接关系到个人和家庭的前途，关系到民族的兴亡和国家事业的成败。在所有的资源中，人是最为宝贵的。中国三国时代曹操说：“天地间，人为贵。”邓小平同志早在 1979 年就指出：“道理很简单，任何事情都是人干的，没有大批的人才，我们的事业就不能成功。”1991 年 8 月又说：“一个人才可以顶很大的事，没有人才什么事也办不好。”现在的社会很重视人才素质，把好的人才捧为“国家之宝”、“时代明珠”、“社会财富”；国家求才若渴，企业需要人才，学校培养人才，青年人立志成才，有识之士爱才如命，各国都在争夺人才、高薪聘请人才、都希望有高素质的人才；人才问题成了国家建设的一个中心和关键的问题。

“人才” 的标准具有社会性、阶级性、历史性和时代性，在不同的历史时期、不同的社会制度、不同的阶级，对人才标准有不同的着重点和要求，人才的内涵和外延是不同的。人们对人才的看法，往往随着社会环境、职务、地位、待遇等条件的变化而变化。中国的知识分子在改革开放前是要接受工农兵再教育的对象，是“团结、教育、改造”的对象；甚至“知识越多越反动”，知识分子是“专政”的对象，在十年“文化大革命”中，有成就有贡献的科学家、专家、学者被当作“反动学术权威”和“牛鬼蛇神”被批斗，一般的知识分子也成为“臭老九”被批斗，显然不算人才。改革开放以后，随着文化和科学技术以及生产力发展需要，知识分子才变成人才。

人才标准有多种说法。按词典解释：人才指德才兼备具有学问的人，有某种特长的人，美丽端正的相貌。“德”是指道德素质与思想素质好的表现，“才”是指有知识和才能，相对于某一个价值体系，“才”意味着人们在行为能力上的差异。在人的价值观念中，“才”意味着出众，意味着独特，意味着不可多得的能力。有学问就是有才能。人才就是有好思想，并且知识丰富的人。相貌是人的外表、不是内在的素质，人体模型的相貌很漂亮，但不是人才；俗语说：“人不可貌相”，也说明相貌不是人才。请问，是长脸的人是人才还是圆脸的人是人才？是高个子的人算人才还是矮个子的人算人才？

德是才的统帅，才是德的基础；有德无才，干不成事业；有才缺德，会干坏事业，并且危害人们。中国古代把德才兼备的人称为圣人、无德无才之人称为愚人、德多于才的人称为君子、才大缺德之人称为小人。社会要求人们德才兼备，就是要求一个人要有好的思想素质，要有较高的知识素质，这是自古以来选拔和培养人才的标准。过去的人才观是不含身体素质的，只要有学问、超凡脱俗的人就是人才。这个标准中缺少一个“体”，并非古人不知道，而是，体是人人有之又融在德才之中，在人类历史的初级阶段不说体是可以的。当人类认识到人才素质以后，还把“体”当作人人一样、只提“德才兼备”就不够了。

有的认为，人才的本质特征是创造性、进步性、社会性和贡献的统一。人才与非人才相比，人才的创造性较高，人才为社会发展与人类进步做出了较大的贡献。人们是把对社会有较大作用的人看作人才，这样，人才有三个条件：(1)人才素质必须大于1，这是人才的基础；人才素质小于1个标准人的人，即使有些素质因素大

于1,也不可能成为优秀人才。(2)至少有1项人才素质因素比较高,在这方面有较高的能力、有这方面的本领;他可能是这方面的人才。如若某项人才素质因素低于1个标准人,这个素质因素本身就有缺陷、就是“不足”,能力不足不能算有才能、他就不能算是这方面的人才。这反映出标准人的又一个特殊的作用。(3)他必须主动地、充分发挥较高的人才素质因素的作用,有较多的社会必要劳动时间,有实绩。

按社会上的看法,“人才”一般是指那些知识水平较高,富有创造性,有胆有识,德才兼备,能解决实际问题,能为人类社会发展做出贡献的人。有胆有识、德才兼备和做出贡献就是人的先进性。这是人才与一般人的差异。

有的人认为,只要在某一专门方面有一技之长,就是有特长、有专长且工作出色的人,以其创造性劳动为社会创造物质或精神财富,为社会发展和人类进步做出一定贡献的人就是人才。教育学上将有中专以上学历,在德智体诸方面具备了一定素质,可以适应一般工作的人叫人才。

中国人事部门对人才的范畴界定为:一是指具有中专以上学历的人员;二是指具有初级以上专业技术职称的人员;三是指在专业技术岗位上工作的人员(包括工人)。

按人才素质理论,**每个人都有人才素质,每个人都是人才,只是人才的大小不同而已。**所有人都具有平等的天赋权利,天生我材必有用,如同木材,大、小、弯、直的木头都是木材一样,在不同的木作中、在不同的位置都可以派上用场,连木屑都可以造人造板、也可以燃烧发热供人们使用,木灰还可以作肥料。领导者、科学家、发明家、企业家、工程师、教师、医生、艺术家、能工巧匠等都是人才,毛泽东、邓小平、詹天佑、钱学森、刘胡兰、董存瑞、雷锋等等都是人才;又如参加国际比赛的体育运动员,他们以其健康的体魄，拼搏精神，杰出的本领，优美的动作，高超的水平，赢得人们的欣赏，他们走在世界前列，为祖国争光。他们也是人才。

从实际上看，有的一个人能抵几百人、几千人、几万人，如领导者、将军、英雄人物、科学家、发明家等。毛泽东主席领导中国人民成立了新中国，他的人才素质非常高，是公认的，也是当时中国人所无可比拟的。爱迪生，只是在电器领域内就拥有 1000 多项发明，为全人类作出了巨大的贡献，直到现在一百多年了，全世界还没有人能与之相比。当然，这些高素质的人的高贡献也需要许多人做他的助手或者牺牲品。就是说他们能有超过几千人几万人的作用，不光是靠他一个人，他的功劳还包含古代人和许多当代人的价值在内，他真正的能力就是他的人才素质 S 值。所以有贡献的人才，对自己也要有正确的看法，不可居功骄傲。

看人才，学历和职称是国家认可的一种资质，一目了然地提供了人才的受教育程度和专业水平，以学历和职称为标准判定是否是人才，是一种易于操作的老办法，但不能绝对化。比如，体育健儿和艺术大师，许多人的学历都不高，但他们从小练就了非凡的本领，赢得掌声，他们也是人才，他们的人才素质也较大。只有人才素质才能等同于一个人的才能。要形成使用人才重素质，重实际能力的风气。

靠人才竞争和招聘挖到人才，也会促进进步。更重要的是，应该当一个人还没有取得杰出成就时就能识别出他的素质，就能看出他是什么样的人才，为其成功提供必要的条件，才是伯乐，才是真正的"识才"、"惜才"和"重用人才"。如何衡量和识别人才是今后世界上人才研究的重大课题。如用本理论就能测知一个人的潜力大小，量才用人。虽然人类的各项素质因素的测算标准尚未制定，但已经可以利用人才素质规范进行观察和判断，看出每一个人是什么样的人才。

用人是用其之长，避其之短；扬长避短，则无不可用之人。只要有较大的素质因素，就是一种人才；即使有某些弱点、缺点，只要能够抑制和改正，也可大胆使用。看人要看到优势，也要看到缺点，并帮他改正；要以辩证的、全面的、发展的观点看待人才，看其本质、主流、潜力和发展。淡化优点，只看缺点，求全责备，则无可用之人。扬长避短就是要“用”“养”并举，边用边养。育人是用人的基础，用人是育人的目的。用人还要注意群体的最佳配置，才能有较理想的群体素质。清代顾嗣协说：“骏马能历险，力田不如牛。坚车能载重，渡河不如舟。舍长以就短，智者难为谋。生才贵适用，慎勿多苛求。”

人才是有针对性的，人才都是片面的，从来没有过也绝对没有全面的人才。所谓“全才”是不存在的。真正验证人才的是市场、是社会。社会发展造就人才，人才反过来又以巨大的能动性推动着社会某方面的发展。

现代社会对人才的要求越来越高，不仅要求有健康的体魄，广博的知识、杰出的能力，而且还要有崇高的理想、良好的道德行为和坚忍不拔的意志等等。这实际上就是要求有较高的人才素质。

我们现在生活在一个互相依存、互相促进的世界，面临的所有问题都是世界性的。现代人才应具有走向世界的能力，信息时代和知识经济社会都要求有高素质的人才。

当前，世界上人才结构性矛盾突出，高新技术和复合型创新人才整体性短缺，人才的地区分布不均，专业结构不合理，这是不合理的用人之道造成的。

美国在 20 世纪 70 年代讨论过天才的意义，认为天才就是才能的高度发挥，就是中等以上的智力、高度的责任感和创造能力的综合。依据窦曼智商指数，智商在 150 以上为天才标准。郭沫若指出，如以数字表示，常人有 40 分，天才有 80 分，两者差别只此一点。就是说,天才的能力仅比常人高一倍。

天才是人才的顶峰,天才人物都具有优越的素质因素,有的这些素质因素特大,有的是哪些素质因素特长,凡是善于发挥自己特长的人都有可能成为天才。一般有较高思想素质和高度创造力的人,成为天才的可能性较大。毛泽东主席说过:"马克思、恩格斯、列宁、斯大林之所以能够作出他们的理论,除了他们的天才条件之外,主要的是他们亲自参加了当时的阶级斗争和科学实验的实践,没有这后一个条件,任何天才也是不能成功的。"他说的天才条件就是优越的素质因素,但天才条件要通过社会必要的劳动时间,在社会实践中锻炼和提高,对社会、对人类有天才的贡献,才能成为真正的天才。

芝加哥大学著名的教育研究专家本杰明·布鲁姆等人曾对120名超级明星经过5年的研究发现,这些出类拔萃的人物,尽管成长道路不同,可他们孩提时代的经历极为相似,家庭对他们潜移默化的影响很大,父母所做的不过是他们认为当时对孩子有益的事,天才小时候除了具备基本的体力和智力条件外,他们还拥有机警和关心爱护他们的父母,潜在天才的最早标志一旦出现,就会受到父母恰如其分的鼓励,孩子能够朝着自己的兴趣和爱好发展、修炼出自己的风格,培植出超越一般人的素质,在选定的事业上冲刺出别人所难以达到的成果。他们都是经过旷日持久的努力才成为耀眼的明星。

一般的人才对社会要有成绩,杰出的人才要有贡献。有实绩体现了人才的实践性。有无实绩,是对一个人是否有健康的体质和良好的思想素质、是否有较高的勤劳素质因素、付出较多的社会必要劳动时间;是否有丰富的知识素质,是否具有真才实学、是否具有运用所学知识解决实际问题的能力的综合检验。

再好的人才,你不发挥作用,与蠢材无异。判断、鉴别一个人

才，不仅要看他讲什么，更重要的是要看他实际上做出些什么。

人才的成长最终要在社会的伟大实践和自身的不断努力中来实现。学校接受的只是基础教育，毕竟不是人生所受教育的全部，要活到老、学到老、用到老。

人才是事业之本，这是千古不移的真理。按事业进行人才素质分类研究、进行人才素质规范，这是社会的需要，是生产的需要，是发展经济的需要。对人才的研究，在中国和世界上都有很多成果，今后的发展趋势是要结合人才素质理论进行更合理的、深入的研究，制定出新的、更加实用的标准，进一步提高人才的社会效益和经济效益。

综上所述，**人才可定义为：有中专以上文化程度，有较高的人才素质，有特长，具有先进性、创造性并有实绩、有贡献的人叫人才**。用人才素质来评价“人才”是根本性的问题。人才兴，国家旺。

三、素质

研究人才素质，还要研究素质，了解素质的真正含义和作用。

关于素质，《辞海》的解释为：“素质是指人或事物在某些方面的本来特点和原有基础……某些素质上的缺陷可以通过实践和学习获得不同程度的补偿。”素质只是在“某些方面”的“本来特点”和“原有基础”，《辞海》的这个解释是片面的。

心理学家把人的机体的某些解剖生理学上的特点，包括感觉器官、运动器官、神经系统，大脑的结构与机能的特点，称为素质。心理学认为，人的天赋、天资、天分与素质是同一个意思。生理解剖学和科学实验证明，素质是生而有之，并有着相对的稳定性，这是人类世代遗传的产物。这些观点与素质的真实含义，有较大的差别。

素质是事物本来的性质，是事物基本成分的质地、品质和基本

本领;是一种内在的相对稳定的又会变化的要素。素质这两个字非常奇妙,对于人,它同时有四种内涵:

一是"基本成分"。是指人所应有的基本成分,基本成分是先天遗传或进化来的,每个人都有的;但是基本成分的大小是后天造就而成的、是后天努力的结果;所以,遗传对人才素质因素有重要的影响作用,但人才素质因素通过后天的教育、学习、实践锻炼和协调生活是可以改变的。

二是"功底"。即基本成分的功能和能力水平、基本成分所具有的基本本领,是基本成分的能量和力量;都是有大小可以进行社会性比较的,基本成分的功底也是客观存在的。

三是品质。是"质量",不是物理质量,也不是生活质量,而是基本成分的社会质量,是本质。本质就是事物的根本性质,是事物的质的、社会的规定性。说明素质具有社会性。

四是生命。素质也是有生有死有成长过程,素质的功底和社会质量都是有大小的、相对稳定又按一定的规律变化的,这是素质的生命历程。在正常情况下,素质是相对稳定的,是由于组成素质的功能和社会质量是稳固的、不会立即轻易改变;要改变它需要花费一定的功夫和时间。

素质的核心是基本成分的功能、能力和社会质量。素质是一个很宽广的概念,就个体而言,它不仅指个人的体质(健康状况)、知识、技能、技巧(如写作、口才、书法、美术、舞蹈、音乐、体育、实践能力、生存能力、协调合作能力等),还包括个人的修养、气质、审美、志趣、意志、理想、追求、思维(联想、想象、判断、推理等)等方方面面。素质弄清楚了,人才素质和人口素质就很好理解。离开内在的、本质的东西去谈素质,它就成了无源之水、无本之木。

素质在社会实践中的表现非常明确。比如下象棋,我在本单位退休者中是前三名,初学者跟我下棋,当然都输给我;但与省、市

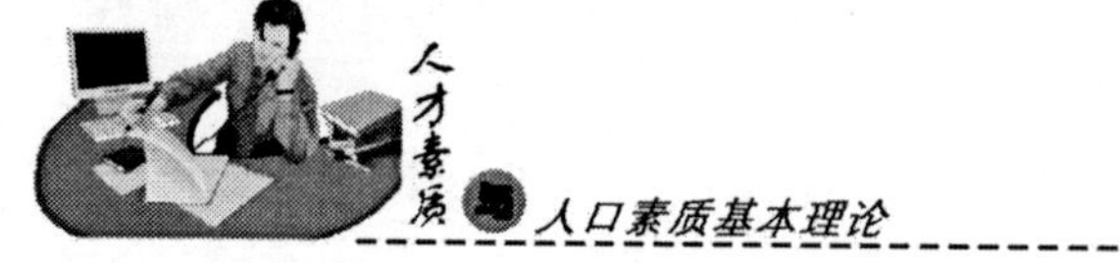

级前三名棋手比，我基本上都是输。这就是象棋知识素质决定的。再如书法知识素质因素，你有什么样的书法素质，只能写出什么水平的字来，所以能用字来检测人。为迎接21世纪，台湾曾广泛征集“中国”两个字，对全台湾书法家写的“中国”两个字都不满意，后来有人从香港找到过去发表的“中国”两个字，是中国最好的书法，刚劲有力，无人可比，后来查到作者是毛泽东主席。说明一般人的毛笔书法素质就是比不上毛泽东主席；你书法素质不够，怎么写都比不上。这就是“素质”的实际表现。如若一个人只有小学文化程度，你希望他写几篇世界一流的论文，他能办得到吗？

从下棋、写字、写文章、使用计算机等都说明，一个人有什么素质，才可以做什么事情，做事情的水平和成绩与素质相当。你要他做一件事，要看他有没有这方面应有的素质；他有这方面的素质，就相信他可以把这个事情办好；他不具备这方面的素质，你应培训他达到这方面的素质水平，这件事他自然会做好的。当然，素质是相对稳定的，不是你想提高，就马上提高得起来，而是要花长时间艰苦的努力，才会逐步提高素质。一项重大的工作，没有相应素质的人做是做不好的，你应当选聘有这个素质的人来做。可见，人才素质是多么重要。

素质这个词可用于人，也可用于企业、民族和国家。本书只探讨人的素质，即人才素质和人口素质。

四、人才素质的定义

综合上述，可对人才素质下定义：**人才素质**就是人的基本成分所具有的功底，是人所特有的和所有人所共有的各种基本的单纯的本质即各种素质因素共同作用的结果。其特点是：人才素质不只是用人才素质本身来描述，而是用它的基本成分的结构和所具有的功能来描述。

第三节　人才素质公式的原理

一、人才素质公式

依据人的定义，人才素质是由身体素质、思想素质和知识素质组成的；这三种素质都具有同一个人所拥有的分量，都是“一个人的”；其任何一种素质为 0 时，人都要死亡。就是说，这三种素质都是致命因素，都隐含、都具有“1”和“0 因数”的特性，这是人才素质的一种本质，所以只能用乘法公式。而且这三种素质对人才素质都具有辩证关系，互相制约又互相促进，它们之间的关系符合下列公式：

一个人的人才素质＝这个人的身体素质×这个人的思想素质×这个人的知识素质

这个公式的内涵和本质可以写成：1＝1×1×1。这个公式的物理意义是：1 个身体素质、1 个思想素质和 1 个知识素质组成 1 个“人”、组成 1 个人才素质。这里的每项素质都是综合素质，不管有多大，都是“同 1 个人”的，都可以大一点或小一点、强一点或弱一点，都在 1 上下波动，都可以有偏差，但仍然具有“1”的概念和特性。

公式简化后，人才素质公式可以写成：

人才素质＝身体素质×思想素质×知识素质

这个公式等号右边任何一种素质都是乘法公式中的一项因数，因数为 0 时，积也为 0，他的人才素质就等于 0，人便“死亡”。

人是先天的结构特点和后天的素养之有机结合体。人才素质就是这个结合体的物质总合，就是结合体的能量、能力、潜力和社

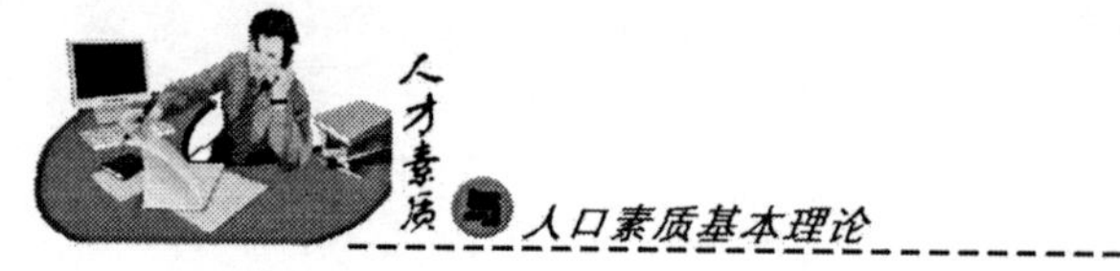

会质量。

根据定义，人才素质是无国界的，对任何国家的任何人都适用；人才素质表明了人类的共性特征和个性差别，突出了人的社会性，反映了每个人存在于人类社会存在于世界的价值，体现了每个人的人生价值。

根据素质的本意，人才素质所蕴含的能力水平和社会质量都是有大小的，可以量化的，这确定了人才素质是可以测定和统计、计算、分析的。这驱使我们去寻找测算的办法。

二、人才素质因素定律

根据人才素质的定义可知，人才素质的基本成分就是人的素质因素，要研究人才素质首先要研究人的素质因素。素质因素反映出人的基本成分的功能、能力和社会质量，且都是可以测算的。从人的客观实际上看，**每个最基本的素质因素对于每个人都只能有一个，可以强一点或弱一点，可以大一点或小一点，但一个人不应该有两个以上同样的因素构成（复合因素除外）；正如一个人不能没有头也不能有两个头，不能没有手也不能有两双手一样，否则就不符合客观事实或变成不能在社会中独立生活的畸形人**。我把它叫做**人才素质因素定律**，这也是人类的一条基本定律。

也许有人会说，世界上也有两个头的人或连体人，但他们都是不正常的畸形人，都要依靠正常人的照顾才能生存，他们不能像正常人哪样独立生活。

根据人才素质因素定律，我们**规定一：任何人每个素质因素的大小只能在 0 到 2 之间变动。我们把当代标准人的素质因素定为 1，比他弱的定为小于 1 大于等于 0，比他强的定为大于 1 小于 2**。若用百分数为单位，则有二百个等级；若用千分数为单位，则有二千个等级，很能说明强弱了。这可通过各种度量和评估进行折算。

这样，每个人才素质因素都用人类统一的“标准人（所拥有的量）”来衡量和折算，像变魔术一样把所有人才素质因素的计量单位都统一为“标准人”一个“相对的计量单位”，解决了人才素质和人口素质计算中可能遇到的非常复杂的“计量单位”问题，解决了不同度量单位的复杂性。

这条规定使得一个人的每项素质因素都具有“1”的作用。在乘法公式中，一个因数比 1 大一点，对积有扩大和增强的作用；因数比 1 小一点，对积有缩小和制约作用。这条规定使素质因素同时既有相对于标准人的个数意义，又有大小和强弱性质，体现了人类的共性特征和个性差别；而且能够测定和互相比较，还能够从微观到宏观地参与更深层次的身体素质或思想素质或知识素质以及人才素质和人口素质的统计、计算和对比分析。

标准人，代表了现代化的人应有的水平，任何人在任何方面都可以且都要与标准人切切实实地相比，人类社会的一个个难题就迎刃而解了。

标准人不是自然人，而是以自然人为基础的社会化的、现代化的、抽象的、标准的代理人。标准人是人类社会化和人类现代化的标志。你是人，就要与人类的标准人相比才能说明问题，体现了人才素质的社会性。

一个标准人是指一个人所有的素质因素都等于人类的标准值 1 的人。当一个人的所有基本成分即所有的素质因素都等于 1 时，带入人才素质公式，计算结果，身体素质、思想素质、知识素质和人才素质都等于 1。这就是标准人的社会意义、物理意义和数学意义。

标准人就是现代社会标准化的人，是现代人类的象征，具有当代世界现代化人的水平。标准人不是人类的最高水平，也不是平均水平，只是一般的、最有代表性的水平。

在社会上，一个标准人可能比得上几个、几十个弱者自然人。一个强者自然人，又可能比得上几个、几十个、几百个标准人。

标准人是人才素质的计量单位。标准人的每项素质因素都是该素质因素的计量单位；因而，标准人的各项素质因素都是1，只是各项素质因素计量单位的内涵不同而已，其内涵的数值只有当人类发展到更高阶段，才能逐步解决。比如说，当代一个标准人的文化素质因素标准为高中毕业，任何人的文化素质都相对于高中毕业程度而言；初中毕业生的文化素质是0.76个标准人的文化素质，初中毕业生的文化程度、文化拥有量等只是高中毕业生的0.76倍。而高中毕业生的文化素质为1个标准人的文化素质、其文化拥有量等到底多少？也可以计算得出来，比如计算高中毕业时所学过的所有课文的总节数等作为1个标准人文化素质的量；不过人类发展到现在这个水平，还不需要知道标准人各种标准值1的具体内涵，这可以留待几百年以后更先进的人类去解决。但是，标准人的各项数值1不是人类的平均数，标准人的素质不代表人类的素质；人类的素质是每个人该项人才素质实际的全人类的平均值。

规定一既符合客观实际，也符合“1的特性”和“0因数”原理，是本理论的关键所在，是各种人才素质能够进行计算分析的前提条件，是本理论能够解释人类社会所有有关问题的金钥匙。这是唯一正确的方法，舍此，人才素质便无法计算。

事实上，几千年来人类对人才素质因素已经有过许多研究，也有丰富的成果，只是没有提出人才素质因素定律，没有统一的正确的规范，无法互相比较，不能参与人才素质和人口素质的计算分析。

依据“所有人都是人类的成员”这个道理和人类社会性的特点，我们规定二：**每项人才素质因素都要在规定一的原则上制定国**

际测算标准，作为测定人才素质因素的尺度，对任何被测人一视同仁。人才素质因素的国际测算标准就是“人类的标准”。没有人才素质因素的人类标准，人才素质就没有社会化，就无法比较，无从计算；如同没有“米制长度单位”，就难以比较物体的大小，就无从测量长短、高矮，就无从计算面积、体积和速度一样。

总结人类的知识和经验可知，在世界上，所有没有分寸、没有尺度的事情，都会做到过犹不及，可偏偏是人类自己没有分寸、没有统一的衡量尺度。按人的社会性规范，每个人都是人类的一个成员，每项人才素质因素都要用国际测算标准作为共同的尺度来衡量。

人才素质因素的国际测算标准是人的社会性本质上的最重要的突出标志，是人类的象征，是人权的体现，具有人类的共性特征和个性差别，具有人的社会化和规范化的特点，是衡量“人”的尺度，是人类发展的必然产物。人才素质因素的国际测算标准使每一项人才素质因素都充分地体现出“人的社会性”，并把人的社会性扩展到全人类，证实了马克思所说，“人是一定社会关系的总和”。从此，人，才成为真正意义上的“人类”。

当然，也可以制定人才素质因素的国家标准在本国使用，人的社会性就缩小到该国范围内，而不是全人类。

制定人才素质因素的国家测算标准和国际测算标准是一项史无前例的伟大而艰巨的工程；但从人类现有知识和科学技术水平来看，制定人才素质因素的国家测算标准和国际测算标准已经不是很困难的事，只要提到议事日程，就能逐步办到。

每个人都有权利和义务按本书规定的原则，研究和发表各种人才素质因素的测算标准（草案），供国际参考，经过试用、提高，条件成熟后，就将由国家权威机构制定该素质因素的国家测算标准，在本国使用；或者由国际权威机构制定该素质因素的国际测算标

准,在全世界使用。

这两条规定实际上就是人才素质因素定律的具体化,也可以说是人才素质因素定律的两条推论、是人才素质的两条规范,展现了人才素质因素的本来面目。过去人们对人才素质因素定律视而不见,使人才素质因素被严重地扭曲了;人们只研究其个性,抛弃了共性;人们只把人当作自然界中普通的事物来研究,没有把人当作“人”来研究!事实表明,违反人才素质因素定律的研究成果,都将事倍功半或者前功尽弃。

随着人类的发展,各种人才素质因素的极限也会有所改变,就可能出现大于 2 的素质因素,这时候,就要修订该素质因素的国际测算标准,以适应人类的发展和维护人才素质因素定律。因而,标准人的各项素质因素的大小在不同时代也是有不同的数值,比如标准人的文化素质因素,在 20 世纪 50 年代只能为初中毕业,现代标准人的文化素质是高中毕业,当时 1 个标准人的文化素质只相当于现代标准人的0.76个文化素质,因此各种人才素质因素的测算标准也应随着时代的变迁而改变。

三、人才素质因素

人才素质因素是人才素质和人口素质的基础,是人和人才素质的基本成分,同时反映出基本成分的功能、能力、品质和社会质量。人才素质因素有身体素质因素、思想素质因素和知识素质因素三类,且只有这三类。人才素质因素是人类的共性特征和个性差别的有机结合体;充分体现了“事物的个性(特殊)和共性(一般)总是相联系而存在”的哲学观点。每一项人才素质因素都是每个人都有的,这是人类的共性;每项人才素质因素的大小却因人而异,这是人类的个性差异。

人的有些非致命因素为 0,不是说他绝对没有或不可能有,他

还是有这个人才素质因素的项目用0参与运算，他还是有这个共性因素；他遇到有关条件时，他的这个非致命因素也可以升值。

人才素质因素是人的零部件，是人才素质、人口素质和人类的根基。过去，人们也懂得一些人才素质因素，但只知道有或者没有，比如说："这个人有道德"或者说"这个人没有道德"、"这个人有知识"或者说"那个人没有知识"等等，都是不合理的说法。不是有就是无，这是形而上学的观点。有多少算多少，才是实事求是的，可是过去办不到。

各种素质因素都是由各自的素质因子组成的，素质因子有一个结构因子和若干个功能因子。素质因子是人才素质结构功能性的最基本的组成单元。身体素质的结构因子，人们已经有深刻的了解；思想素质的结构因子就像一个个十分复杂的软件程序；知识素质的结构因子就是知识素质因素所包含的各科知识。结构因子是人才素质的物质基础，证明了任何人才素质都是物质的，否定了唯心论者及宗教界等的有些虚幻的人文理论。

有些素质因子在不同的素质因素中重复出现，说明有些素质因素具有共同的素质因子互相牵连，这是客观存在的，是人才素质整体性联结的一种标志，但同样一个素质因子在不同的素质因素中所起的作用、所占的分量是不同的。如血液可单独构成身体素质因素，又是循环系统以及所有身体素质因素的一项素质因子；各项身体素质因素中都包括该素质因素的神经因子，而这些神经又都是神经系统素质因素的组成部分；兴趣素质因素也是记忆力素质因素、学习精神素质因素、创造力素质因素等的因子；语文是文学家的专业知识素质因素，数学是数学家的专业知识素质因素，而语文、数学又是文化素质因素、技术业务素质因素、科学知识素质因素等所有知识素质因素的素质因子，等等。

一个素质因子的变化会引起一些相关素质因素的变化；一个

素质因素的变化又会通过一些牵连因子使其他素质因素也起变化。这叫做**素质因素效应**。所以素质因素有互相适应、互相促进、互相制约的内在功用。

一般说来,每个素质因素都是相对稳定的;但若一个素质因素增长了,通过关联因子,会带动相关的素质因素增长,会有几个素质因素共同推动人才素质的增大;这是锻炼身体和学习都能起更大作用的道理。而人才素质增大了,并不能使原有较小的无关联的素质因素都增大起来;这是锻炼身体和学习应该多样化的道理。

人才素质因素是客观存在的,是已经具备的,是经过成长和学习培训已经达到的基本功,是一个人历史的磨炼,会影响到现在和将来。每项人才素质因素都会反映出每项基本成分现有的功能、能力和社会质量,同时体现“个体人”和“社会人”的特征。

每一项人才素质因素都必须制定国际测算标准。这是人才素质因素社会性和国际性的标志。制定人才素质因素测算标准是人类的需要,是人类发展的必然趋势。

身体素质因素和知识素质因素大多已有评估标准可作参考。预计,身体素质因素和知识素质因素测算标准的制定较容易实现。比如说,手素质因素和脚素质因素除了结构因子的测算标准容易确定以外,还可以通过测算手和脚的各种功力作为素质因子,如手的举力、握力、提力、推力;脚的蹬力、摆力、平举力等等,都是可测算的手或脚的能力;按人才素质因素规范,制定出折算标准(草案),把手力和脚力都折算成 0 到 2 之间的手素质因素某某因子的数值或脚素质因素某某因子的数值,然后按公式计算出手素质因素或脚素质因素的数据;可用作评价手或脚的健康和力量的依据,也是评判人的健康和体力的基本数据之一;往后,还能参与人的身体素质和人才素质的计算分析。

每项人才素质因素测算标准开发成功,对人类都是一大贡献,

都会推动人类不断进步。每项人才素质因素的测算标准应尽可能全面，包揽该素质因素的所有内容，就是说，该素质因素的测算项目都不能遗漏。

人才素质因素（因子）的国际测算标准，实际上也是人才素质因素的计量工具，计量单位是标准人（该素质因素的量），计量范围是 0 到 2 标准人，计量刻度为 200 或 2000，可以是均匀的，也可以是不均匀的；一个人的各项素质因素正常的都可以“以 1 为标准”，一项好的表现加零点零零几，一项差的表现减去零点零零几。这里有一个关键的问题是：每一项人才素质因素的“一个标准人”都是很大的量。增减要注意分寸。这意味着所有的人才素质因素都包括从最好到最坏、从最强到最弱、从最大到最小等所有的状态和表现，容纳了过去所有的正确的有关学说。当然，其中好坏会有许多争论，不能统一的可以暂放一边或区别对待。

环境因素对人才素质因素也有一定的影响，光线、温度、气味、空气、音响等都有影响，将来在具体测算人才素质因素时也要考虑环境因素的影响。

科学研究是人操作的，过去不把人及人才素质因素作为科学研究的主要对象，人类研究别的多、研究自己的少。今后应把人才素质因素作为科学研究的主要对象，而其社会价值不比自然科学对象的价值低。

本书列了许多素质因素，对各项人才素质因素的理解和说明，都只是初步认识，仅供参考。各项素质因素都有待专家学者专门的研究，直到制定出适用的该素质因素的测算标准（草案），才能确认其是否为真正的素质因素，才能确认是致命因素还是非致命因素，才算对该素质因素有较成熟的真正的认识。否则，对任何人才素质因素的研究都是不成熟的，甚至不是人才素质因素。有些现在还没有想到的知识或思想功能，将来也可能成为知识素质因素

或思想素质因素，比如说计算机知识在20世纪初还没有人知道，现在已经成为中小学的课程，成为计算机知识素质因素。随着人类社会和科学技术的发展，人才素质因素也会得到发展。

人才素质因素总有高低，这势必形成人的社会威望，每个人必须以后天获取的能力，来提高自己的素质因素，来争取自己在社会中的威望和地位。人才素质因素高，有本事就是威望，会受到赞扬和尊重。

较高的素质因素都不可能偶然或者侥幸得到，都是要人们脚踏实地、主动地努力、付出艰辛的劳动，才能获得较高的素质因素水平。

不同的人才素质因素和不同的人才素质因子，在人类现有水平中，暂时不考虑权重问题。比如说：眼素质因素的视力因子和色盲因子，知识素质中的文化素质因素和安全知识素质因素，互相之间不考虑权重问题，都要按人才素质规范，各算各的。

人才素质因素的测算，同样要遵循人才素质公式的构成原理，即：

人才素质因素＝致命因子的乘积再乘以若干个“非致命因子的平均值”。

只要每一项素质因子都符合人才素质规范，测算出的人才素质因素都不会大于2。否则，测算标准或具体应用就有错误。

由于过去人们不懂得人才素质因素，现在要认识、要制定人才素质因素的测算标准，都是难题；还会遇到一些预想不到的问题，甚至出现非常棘手的矛盾现象；只要人们加强对此事物的钻研，提高知识水平，抓住该事物的本质，遵循人才素质理论规范，凡是人才素质因素的问题，都是可以解决的。

在人才素质中的任何一项素质因素都是有生命、有能力的。

四、人才素质公式的构成原理

我们要紧紧抓住"人的基本成分"的特性，基本成分是每一个人都有且不能没有，所以，基本成分有致命作用。人才素质因素是人才素质的基本成分，因而，人才素质因素必然有致命作用，致命作用是人才素质因素的重要特点。实际上，人才素质因素有致命因素和非致命因素两类。致命因素为 0 时人会死亡。非致命因素为 0 时，人不会死亡；但几项非致命因素的综合作用也会有致命作用。就是说，人才素质因素都是人的基本成分、都是不可少的致命因素、都应该是乘法公式中的因数。这是人才素质因素的本质。

现在，我们可以进一步推出各种**人才素质公式的构成原理**：

由于各种素质因素均在 0 到 2 之间变化，都具有 1 和 0 因数的特性，利用许多相关理论，凡是对人有致命作用的素质因素(即致命因素)用乘法参与运算；凡是没有致命作用的素质因素(即非致命因素)其类似项目达到致命程度的，用其平均值参与乘法运算。这也是人才素质因素的一个原理，可以叫做**人才素质因素的 0 因数原理或"人才素质因素的致命原理"**。这个原理的核心是人的基本成分的致命作用；决定了人才素质因素为 0 时(包括几项非致命因素联合后为 0)，其人才素质必须为 0；这样，就确定了人才素质公式必须是乘法公式。在乘法公式中，还同时体现出 1 的自然特性和物理特性：

(1)每一个人，每一项人才素质因素都是 1(即 1 个，可以大一点或小一点，都在 1 上下波动)；1 是数量的基本单位，1 是自然的基础，1 是 1 个基本构件的本质。

(2)无论多少个 1 相乘其积都是 1。即 $1=1\times1\times1$ 与 $1=1\times1\times1\times\cdots\cdots\times1$ 都是正确的。这里的每一项 1 都有它的物理意义和带有偏差值的数学意义。等式左边的 1 个 1 代表身体素质或思

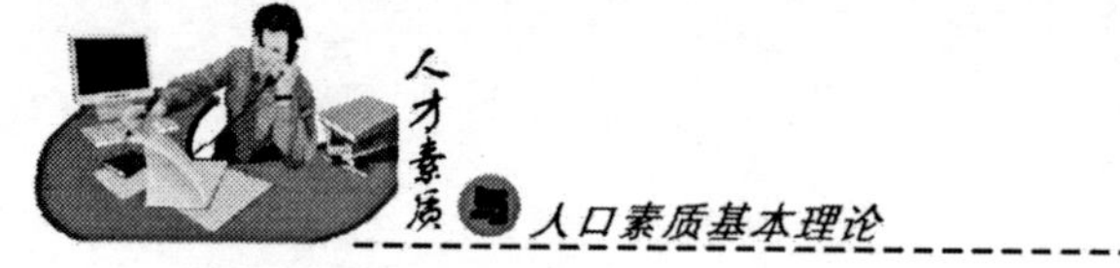

想素质或知识素质或人才素质，等式右边的素质因素可以是由权威认定的任意项。就是说，人的许多致命因素确定几项都可以带入公式计算，相乘组合的结果都是一个人的，都可以说明问题，这与人类的不断发展是相适应的。

(3)每一项人才素质因素都只有1个，一经确定就不能“没有”，也不能有两个以上，超过2个就违反了人才素质因素定律、也没有1的特性了，人才素质公式就不成立了。

(4)一个因数大于1时，大一点，积就扩大了；当一个因数小于1时，小一点，积就缩小了；物理意义是，人的每一种基本成分即每一项素质因素都只有1个，可以大一点或小一点，都会促使人才素质相应地增大或缩小。在所有自然数中唯有1才具有这种特性。

根据人才素质理论规范、人才素质因素的致命作用、0因数原理和1的特性，可以推出许多人才素质公式，如身体素质公式、思想素质公式、知识素质公式和人才素质公式及许多派生公式等，形成身体素质、思想素质、知识素质、人才素质和人口素质等一系列理论。

第二章

论身体素质

本章论述人的身体素质的本质及其测算、人的体力，推动读者加强锻炼、注意自身身体素质的发展，启发人们去研究、制定“身体素质因素的测算标准(草案)”，去创造身体素质因素测算器具，对于医务工作者、工程师、干部、教师和大中学生，以及保健器材厂、医疗设备厂等都有很大的参考价值和实用价值。

第一节　身体素质概述

身体素质至今还没有完整的理论。但是，人的身体素质是客观存在的，正在被人们逐步认识的过程中，人们对身体素质的了解和引用已经愈来愈多，人们对身体素质也越来越重视。

从研究人才素质出发，必须要研究人的身体素质。身体素质理论的主要观点有:(1)身体素质与思想素质和知识素质都是人的三大基本成分之一，身体素质理论是人才素质理论和人口素质理论的基础。(2)身体素质是由身体素质因素组成的。身体素质因素是身体素质和人才素质的基本成分，并具有人的生命性。(3)身

体素质因素是人体基本成分的功能、能力和潜力。(4)身体素质和身体素质因素都具有人的社会性。(5)身体素质因素必须遵守人才素质规范,必须制定国际测算标准。(6)身体素质因素、身体素质和体力都是可以测算的;并能参与一系列有关的统计、计算和分析。

医学发展了几千年,虽然人们对各器官和系统的结构和功能、对人的身体素质都有了深刻的认识和精深的研究,使人的寿命不断延长;但也只是就事论事,孤立地研究,一盘散沙,没有融合于人类的统一体中,各用各的标准,各行其是,事倍功半;人们只知道器官的个性、不知道它们还有共性、不知道人体的社会性;各个组织的功能与人体总功能脱节,违反了人才素质因素定律,阻碍了人们对人体的认识;连"人的体力"都不知道,更不懂得人和人口的体质为多少?无法知道身体素质和人才素质的大小,对人口素质研究和正确的用人制度带来桎梏,阻碍了人类的发展。

人的身体素质,简称身体素质或人体素质,有些也称生理素质。我们给身体素质作如下定义:

人的**身体素质**,是由组成人体的各器官或系统的健康因素即身体素质因素所决定的健康水平和综合能力的大小。人的身体也是一种物体,而身体素质体现了身体各种基本成分的功能和能力,身体素质具有社会性和生命性。

研究衡量人体各器官和系统的功能、力量及健康标准,也是全世界每个人都极为关切、非常需要解决的问题。研究身体素质,把器官的结构和功能结合起来,把局部和整体结合起来,将使医学研究进入新的境界;能用全人类的身体素质因素测算标准,进行全方位的诊断、治疗,从而提高人口的身体素质,延长人的寿命。

影响身体素质的,既有先天遗传和胎儿培养的因素,也有后天抚育和锻炼的因素,又有对身体素质认知上的因素。而后天抚育、锻炼的因素,又同社会经济条件和社会环境相互联系。

身体素质是思想素质和知识素质的载体和执行者,没有身体素质,也就没有思想素质和知识素质。身体素质直接影响到思想素质和知识素质的成长和发挥。由于身体素质因素的项目数是固定不变的。因而,身体素质的发展不像思想素质和知识素质那样宽广。生活和锻炼对于身体素质显得更为重要。

身体素质是由身体素质因素按身体素质公式构成的。研究身体素质必须首先研究身体素质因素。

第二节　身体素质因素

身体素质因素是由组成人体的基本成分即各器官或系统的结构因子和功能因子组合成的,反映了该基本成分的健康水平和综合能力的大小。

人的身体素质因素是天然构成的,具有随着生命活动而发展的特征,因此,人的生产(生育)、生活、学习、锻炼、防病、治病、和防止外因破坏等对于稳定和提高人的身体素质具有决定性的作用。

身体素质因素是每个人都必不可少的"致命因素"。当一个器官或系统彻底死亡或不存在时,即该素质因素为 0,人便死亡或完全失掉了人的意义,他就无法在社会中单独存活、不能发挥人的作用。所以,身体素质因素是有生命的,其大小是会变化的。

在研究身体素质因素的时候,首先要知道人体有哪些身体素质因素?根据身体素质的定义,要把组成人体的所有器官和系统分清和归类为最基本的致命因素。作者初探,人有 15 项身体素质因素(具体项目数得由医学专家确定),一旦全部确定了,既不能减少,也不会增加。每一个人的身体素质因素都是一样的,只有大小强弱之分,没有有无、先后或主次之别。

随着身体素质研究的发展，有些身体素质因素可能分得更细，使身体素质因素的项目数增加，比如说，循环系统素质因素可能成为“循环系统素质因素和血液素质因素”。

身体素质因素不但表明了身体结构，而且表明了结构的强弱和功能的大小。

身体素质因素具有七个特点：(1)身体素质因素具有生命性和活动性。每项身体素质因素都具有随着生命活动而发展的特征，身体素质因素的生命是和人体的生命紧紧地联系在一起的。(2)身体素质因素只有致命因素，没有非致命因素；非致命因素都附属于致命因素。(3)每个身体素质因素都有一个结构因子 a_{i-1}，结构因子是指组成人体的最基本的器官或系统的结构，人体的各种结构都只有一个，结构因子一般只有等于 1 或小于 1 的；结构因子是否能大于 1，要在制定测算标准时才能确定。(4)身体素质因素有若干个功能因子，都会影响到整个因素和人体的健康。功能因子有致命因子，如睡眠因子等；也有非致命因子，如视力、手脚的各种力等。功能因子的大小也在 0 到 2 之间变化。身体素质因素会大于 1，主要是功能因子大于 1，计算后，身体素质因素的值才可能大于 1。这样，身体素质就可能比思想素质和知识素质小一些。(5)身体素质因素的大小直接表明了该因素健康功能的大小。(6)身体素质因素具有全人类的社会性。每项身体素质因素都要用全人类统一的该素质因素的国际测算标准来衡量，每一项身体素质因素都可以进行全人类的比较。(7)身体素质因素的项目数是固定不变的，人类诞生几万年了，还是如此。

归结起来，每项身体素质因素都包括：(1)名称，即人体最基本的器官或系统的结构名称；(2)大小，即该素质因素按人才素质规范测算的健康水平和综合功能的大小。重要的是，这种健康水平的大小能够参与一系列的比较和计算分析。

人体的基本结构是遗传的、是天然构成的、是大同小异的。人体构造十分复杂,对人体的认识,中医和西医的观点不同,人类对自己都没有过统一的认识;对身体素质因素的划分和确定也带来一定的难度。人类对身体素质因素必须有统一的认识、统一的标准,这与中西医的治病,都没有矛盾,只会有利。

对于身体的非致命结构,比如头发、牙齿、手指头、脚指甲等不会威胁到生命,因而不能单独列为人体的素质因素;但它对于人的健康和生活也都有影响,所以都要归入相关的身体素质因素中去。就是说在所有的身体素质因素中,人体的任何结构都不能遗漏。

身体素质因素不但具有器官和系统的个性特征,这是人们已经熟悉的;身体素质因素还具有人类的共性特征,如:每一项身体素质因素都是身体素质和人才素质的一个构件、都是客观存在的、都是人的基本成分,都是致命因素,不同人的同一种身体素质因素都有共同的结构和功能,都具有局部与整体的辩证关系,都具有社会性和健康质量,都要符合**人才素质因素定律:**

每个最基本的素质因素对于每个人都只能有一个,可以强一点或弱一点,可以大一点或小一点,但一个人不应该有二个以上同样的因素构成(复合因素除外);正如一个人不能没有头也不能有两个头,不能没有手也不能有两双手一样,否则就不符合客观事实或变成不能在社会中独立生活的畸形人。

这是人类最基本、最简单的定律。该定律导出人才素质规范。

规定一:任何人每个素质因素的大小只能在0到2之间变动。我们把当代标准人的素质因素定为1,比他弱的定为小于1大于等于0,比他强的定为大于1小于2。若用千分数为单位,则有二千个等级,很能说明强弱了。刻度可以是等分制或不等分制,这只是技术性问题。

规定二:每项人才素质因素都要在规定一的原则上制定国际

测算标准，作为测定人才素质因素的尺度，对任何被测人一视同仁。这是人类的标志，是社会性的标志，是对身体结构度量转化的准则。

以上说明，任何人的每一个身体素质因素都是有大小的、有限的、可测算的、都必须遵守人才素质规范，其大小都在 0 到 2 之间变化。这是身体素质因素的一条铁定的规律。

这些规定使得人体的每个器官或系统都具有人类的社会性，都能表达出人体的社会质量。而且各器官和系统的健康状况都能用全人类统一的尺度来衡量，使器官的结构研究和功能研究由分离状态走向团结和互相促进。

身体素质因素都能参与全人类的统计、计算分析。这是过去的人们熟视无睹又无人提及而难以想象的伟大事业。

按身体素质理论和人体素质结构区分，人的身体素质因素有：

一、脑素质因素

设 a_1 为脑素质因素。脑素质因素由人的大脑、小脑及神经系统组成，是人体结构之一，是人生命的根本，是人的身体素质的组成部分。人的大脑复杂非凡，具有思维和抽象能力，现代医学认为：大脑统帅着身体各器官和系统的一切功能活动，使其密切合作，协调一致。人类的行为、感觉以及说话的能力都受到大脑严格的控制，即使是人脑中那些难以估量的意识因素，如责任感、个性和同情心等，也会在人脑中有各自的脑功能部位。

脑子是储藏信息和信息活动的场所，是管理全身知觉、运动、记忆和思维等活动的器官，大脑的不同层次都参加心理活动。脑子与神经系统相连，神经系统是传递信息的，神经系统贯穿到所有的身体结构之中、贯穿到所有的身体素质因素之中。

人的大脑结构和功能都极为复杂，目前对它的研究还处于初级阶段。英国《人脑与思维》杂志曾经报道，“全球电脑内存不如一个人脑”；研究人员经运算发现，单个人脑的容量比历史上所有已生产出来的电脑内存总和还要大。目前世界上最大的电脑内存容量是 10 万亿比特(10 后面 12 个 0)，一个人脑的内存容量达 10 后面加上 8432 个 0；一个人的人脑有 1000 亿个神经细胞之间相互连接搭配形成的排列组合，每天能录制 8600 万条信息。一个发达的大脑，平均大致相当于两个半“大图书馆”的信息量。一个勤奋的科学家一生所接受的信息量还达不到大脑容量的 1%到十万分之一。

刚出生的婴儿，脑重约 400 克，9 个月后脑重增加近一倍，2.5 岁至3.5岁脑重达 1000 克左右，7 岁时脑重已达 1300 克左右，接近成人的脑重，12 岁前是人的一生中大脑发育最快的时期，也是反应最敏捷的时期；13 岁以后的大脑活动就与成人相同，所以，大部分人 13 周岁时人脑的结构因子就可以达到 1 个脑素质因素。大脑的记忆同脑细胞的活动有关，20 岁左右的青年，脑神经元细胞的数目达到最高峰值，精力充沛，记忆力极好，是一生中的“黄金季节”。越过此峰，便是平稳或下坡；到了 70 岁，脑细胞明显减少；到 80 岁，神经元细胞不仅数量上减少了 37%，而且质量上日益老化，记忆力明显下降，智力衰退，思维紊乱，性格改变，行动迟缓，情绪单调。

人的大脑能不断吸收新知识，其能力一直保持到 80～90 岁。当然，不同的人，生活条件不同，体质不同，头脑的发育状况也是不同的。

成人的大脑，约占体重的 3%，肥胖者例外；成人的脑重约 1.5 公斤，它所需要的血液占心脏总输出量的 13.9%，所需要的氧气占人体总耗氧量的 18%，当缺血、缺氧、缺水持续 6 分钟后，就会导致脑组织结构的损伤，并产生严重后果。

生命在于运动，脑子如果不活动，也会很快僵化死亡。人的记忆力同用脑程度也有很大关系，脑子用得越少越容易老化；用得越多，脑子的功能就越能得到锻炼和发挥，脑子越用越灵活，脑细胞的老化也就越慢，就会减轻脑子的衰退。多用脑可以保护脑、可以减少患抑郁症等心理疾病的风险，聪明者只是比普通人更多地开发了自己的大脑功能而已。

据报道，现在，人们已经能够用语音控制电脑；德国科学家利用大脑神经原理，研制出一种不用手、不用鼠标可以由人脑控制的新型计算机。如果说人类能够把计算机中的信息特别是好的软件程序拷贝到一个人的头脑中；或把一个人大脑中的信息拷贝到计算机，或拷贝到另一个人的大脑中，那人类才会出现真正翻天覆地的变化。

制定人的脑素质因素的测算标准是当前的主要问题。现在，科学家已经能够利用电子技术，监视脑电波来阅读人的思维，并将其译成文字，科学家也能从外部测定人脑的容量、主要部位神经的粗细等等。大脑接受信息的比率、对触觉和运动的反应时间等均可与测算脑素质因素联系起来。人类已经可能制定脑素质某些因子的测算标准。

苏联生理学家巴甫洛夫研究发现，人的大脑不但在大小、轻重方面有差异，更重要的是在结构的精粗和在神经细胞的组织，如树状突的分支等等方面都大有区别；大脑皮质与神经活动过程的力量，它们彼此之间在平衡性和变异的灵活性方面，神经联系接通的广阔性和敏捷性，以及输入和输出两种信号系统的相互关系和工作特征等等都有很大的个性差别。这些差别都可以反映出脑素质因素的大小。

我们可以取 22 周岁正常的男女各 50 名，测算他们人脑的结构因子和功能因子的平均值，当作标准人的脑素质因素 1。

因脑神经损坏、衰退或发育不全、脑营养供应通路闭塞、脑代谢垃圾排泄不掉等造成的脑瘫、脑痴呆、帕金森、脑外伤、精神分裂症及中风后遗症等都使脑素质因素偏低。

中国卫生部制定有“脑死亡诊断标准”，对脑死亡做了严格定义，脑死亡是包括脑干在内的全脑技能损失的不可逆转的状态，通过脑干反射、脑电图、颅脑多普勒超声仪等已可准确诊断。脑死亡就是脑素质因素等于 0。

人体生理学研究显示，在所有器官中，脑是最容易疲劳的，因为脑部神经最多，思维活动频繁，营养物质需求量大而本身储藏少，如若脑子过度疲劳，将给大脑皮层带来恶性刺激，积劳成疾。所以要注意劳逸结合，要有足够的睡眠。只有在奋发工作的同时又能讲究科学用脑，轮换用脑，做到有节奏、有规律，弛张有度，才有可能攀登事业的高峰。

做梦是脑素质因素的一项功能因子，是脑素质因素、信息知识素质因素、记忆力素质因素和有关素质因素等在人睡眠状态下局部活动的结果。做梦是头脑的一种调节功能、是每一个人都有的、是头脑生命活动的一种依据、是脑素质因素的一种表现形式。人类至今还没有发现不会做梦的人；真正不会做梦的人，头脑就僵化了。

做梦是由于人在睡眠时，头脑中一部分细胞在休息、一部分细胞在活动；随着头脑中的信息、细胞、氧气、血液、水分等的活动，产生信息搬迁、信息挤压变形、想象信息、合并信息、调整信息仓库，信息演变，形成做梦。简言之，做梦是人在睡眠时，头脑中的一些信息活动。

梦者是处在现实环境（床上）和梦境两个世界的交界处。梦境一般来说都不是梦者当时所处的真实的景观，真实的景观是梦者在睡觉，而梦境都是动态的又是假的、都是过去输进头脑的信息的

重新组合和活动。

当脑中移动的信息经过视神经中枢时，就会看到梦境，亲历其景，你身边的人都会看到你眼睛在转动、在看什么东西，而你这时看不到眼睛外面的东西，只看到脑子中活动的信息。当移动的信息经过听神经中枢时，你会听到声音，并与之对话，你身旁的人能看到你嘴巴在动、会听到你的梦声，有时声音还很清楚。由于你在睡眠中，处于休息状态，说话功能没有全部调动起来，所以梦话大多数听不清楚。你在梦中走路甚至飞奔，身旁的人会看到你脚在动，甚至脚打床铺拍拍响；有时看到你手也会动，是你与梦中人打架或是在做什么事。由于你在睡眠中，你的身体素质并没有全部调动起来，只能表现出局部动作；身边的人是看不到你精彩的梦境，说明你的梦境只是你脑中的信息在活动，并无其事。比如说，我曾经做梦：某熟人死了，可直到如今几年了他还是安然无恙。我有时做梦与坏人打架，一拳打过去，没有打着坏人，却打着我身旁睡觉的爱人。因为那个坏人只在我的梦境中，事实上是不存在的，而我的手确实是打过去了。说明“梦境并无此事”，不要去计较；而做梦的人却似参与梦境中、有时回忆梦境像真的一样。有些做梦会得到验证，那是由于该梦境是你客观遭遇的必然巧合。

人做梦大部分是醒来就忘了，有些梦境却记得很清楚，你有回味，就不会忘记。

有些梦境往往含有旧信息拼凑成新的信息，有时也有新的价值；有时在白天百思不得其解的难题在晚上似梦非梦之中理出了头绪，给人启发，捕捉到它会产生新的力量；抓住它，你就走向成功；丢掉它，你就难以解开这个难题。

梦中移动的信息不经过眼神经中枢的，你做梦就见不到景物；梦中移动的信息不经过耳神经中枢的，你做梦就听不到声音。所以，做梦本人不一定都知道。

人们常说:“日有所思,夜有所梦”,那是白天进入脑中的信息,晚上继续在脑中活动;但不是绝对的,这不是普遍现象。比如,我经常有研究和购买彩票,有开市都天天看股票信息,但晚上极少做彩票梦或股票梦。因为白天的“思”对晚上的做梦没有直接的作用,没有因果关系。倒是对睡眠者的刺激和姿态,可能产生相应的梦境。比如说,人在睡眠时,手压胸部或者身体局部受压,容易做噩梦;尿急会引起找厕所的梦境;出汗后遇冷气或在他脚上喷些冷水,会引起做大水的梦境;闻到浓郁的香味,会梦见鲜花等;睡眠时的姿态往往会导致相应的梦境。有时,你在半睡之中还想着某事,你真的睡了,有可能刺激你做类似的梦。

人们不懂得做梦的机理,有人把梦当真,或者把梦境加以普遍的解释,都是不科学的,严重者会害你自己。

英国心理学家埃文斯编著的《夜的风景线》一书认为:“做梦,是人类在下意识的状态下进行的思考”、“做梦有目的性,这是人类最古老的奥秘之一”。这不是普遍的。谁都不能根据自己的目的性下意识地做梦,谁都不能下意识不做梦。

做梦是人类生命活动的一种形式,不做梦和过多过少地做梦都是不正常的,其脑素质因素都在1以下。做梦首先是人在睡眠状态;人没睡就不会做梦;做梦时,人体又有部分功能在活动,部分中断了休息;所以,做梦会影响休息。正常的做梦,人们不易去改变它、不易轻信它;而对梦游等有危险的做梦,则要改造他。梦游是能够治好的。

把做梦列为一种脑功能,并要测算做梦功能的大小,这是新鲜事,难度很大。不过,制定“脑素质因素做梦因子测算标准”是一定会实现的。

脑功能因子还有睡眠因子、图像因子等,过去很少人研究,有待专家去开发。

二、手素质因素

设 a_2 为手素质因素。手素质因素包括左右手的健康功能。手是人体的一个重要特征，因为手只是人的运动部件，外伤较多；手有皮肤保护，病菌很难侵入；医学上没有单独把手列为一种器官，因而对能够测算的许多手功能都置之不顾。实际上十指连心，手上还有许多穴位，内脏是通过手脚锻炼的，手是人们生活和生存所依赖的重要的上肢部分，是人健康和人体力量的体现。没有手，人就无法单独生活；没有手，人就无法劳动；没有手当然不像人。所以手也是致命因素。

手已经有几个因子力可以测量，所以，手素质因素的测算标准相对说来比较好制定。我们可以根据手所能发挥的作用和力量，测验出各种手素质因子的力，如：

a_{2-1} 为手的结构素质因子，两手结构都完好的为 1，标准人的手结构素质因子也等于 1。手的结构素质因子属于致命因子，都在 1 和 1 以下，一般说来，不可能有 1 以上的结构。可按手的损坏程度制定出“手素质因素结构因子测算标准(草案)”。手素质因素会大于 1，是由于其他“手素质功能因子”共同作用的结果。功能因子一般都属于非致命因子。

a_{2-2} 为手的握力素质因子，人类瞬间最大握力，右手约为56.7公斤，左手约为 43 公斤。我们把单手的极限握力达 58 公斤定为 2 个素质因素。再确定标准人的握力，比如可以取 22 周岁的男女各 50 名，按照统一规范，采取统一器具，测算其手握力的平均值作为标准人的手握力素质因素 1。当中再作标准划分，就很容易制定出“手素质因素握力因子测算标准(草案)”。测算时把左右手的平均握力素质因素作为人的手握力因子素质因素。

a_{2-3} 为手的拉力素质因子，向前或向左右伸直手臂，按规定的

姿势和动作，成年男子平均拉力约为70.3公斤，女子约为38.6公斤。如若平均拉力72公斤定为极限拉力，等于2个拉力素质因素；1个标准人的手拉力素质因素取30公斤手拉力，就可以制定出“手素质因素拉力因子测算标准（草案）”。

a_{2-4}为手的前面提力素质因子，前臂向前伸平，手掌向下，然后往上提东西，脚站直，提物的手与身体成90度。如若人的单手极限提力为23公斤，我们把它定为2个提力素质因素。按上述办法确定1个标准人的单手提力素质因素＝提力为12公斤，就可以制定出“手素质因素前面提力因子测算标准（草案）”。

a_{2-5}为手下垂提力素质因子，人立正，伸手把身旁的重物提起，脚站直，把人类的单手极限提力作为2个手下垂提力素质因子。再确定标准人的手下垂提力素质因素为多少公斤。就可以制定出“手素质因素手下垂提力素质因子测算标准（草案）”。

a_{2-6}为手的扭力素质因子，身体直立，双手拿扭力器扭转。如若手的极限扭力为42公斤＝2个手扭力素质因素；1个标准人的手扭力素质因素＝扭力为20公斤，则可以制定出“手素质因素扭力因子测算标准（草案）”。

a_{2-7}为手的举力素质因子，世界举重冠军能举起380公斤左右；如若人的极限举力为395公斤＝2个举力素质因素，1个标准人的举力素质因素为160公斤，则可以制定出“手素质因素举力因子测算标准（草案）”。如若手素质因素只有这7项因子能够测算，则：

$$手素质因素\ a_2 = a_{2-1} \times (a_{2-2} + a_{2-3} + a_{2-4} + a_{2-5} + a_{2-6} + a_{2-7}) \div 6$$

公式的依据是：结构因子是致命因子，必须是因数；其他素质因子都是非致命因子，要用平均数参与运算。

还可以测验出其他的手力表现，如摆力、引身向上、俯卧撑等凡是能测定的手素质因子都应列入平均计算。

由于手的各种因子力规范不同、类型不同，它们的公斤力不能平均计算，只能按各自的素质因子测算标准折算成手素质因素后才能计算。手素质因素因子的测算标准，制定了几项就要测算几项，对任何被测人都要一视同仁，才有可比性。还有其他因子，研究出测算标准后，经权威机构批准了可加入计算，使测算标准逐步完善。

现在许多健身器都有上述锻炼项目，但不能显示公斤力。我们可以把健身器加以规范，使不同高矮的人受力方向都一致；并增设“公斤力显示器”，使健身器具提高档次，很受欢迎；同时制定该项手素质因子的测算标准，把公斤力转换为 0 到 2 之间的手素质因素因子的素质力，就成为手素质因素因子力标准的测算器具。这是当今机电工程师都会的事情。

这种手素质因素，不但能说明这个人的手力，还可参与全人类手力的比较，而且能参与这个人的身体素质和人才素质、人口素质的计算、分析。

手素质因素的这些特点在其他身体素质因素中也有类似情况，人们可以灵活应用。

三、脚素质因素

设 a_3 为脚素质因素。脚素质因素包括左右脚的健康和功能。在医学上，脚不是单独的器官。人就是靠双脚站立起来区别于低等动物的；脚是人的主要运动部件，若没有脚，人就无法行动，就不是人；所以脚也是人体的一种致命因素。

人的双脚也有区别，多数人的左脚主要起支撑作用，右脚是做各种动作的；这样，左脚脚底的接地面积会大于右脚，买鞋试鞋首先要左脚合适。脚离心脏最远，血流量相对较少，但脚底汇集很多穴位，是各经络的汇聚处，所以有人把脚称为人体的第二心脏，人老脚先老。脚比手粗，所以，脚力要比手力大。脚力是人的体力的主要表现形式，由于脚力能测量，所以脚素质因素的测算标准也容易制定，我们可以先测出脚的各种因子力。如：

a_{3-1}为脚素质因素结构因子，是一项致命因子。双脚结构都完整的，其脚结构因子素质为1，标准人的脚素质结构因子也等于1。脚素质因素结构因子没有大于1的，有缺陷的按损坏程度减少。这样就可制定出“脚素质因素结构因子测算标准(草案)”。

a_{3-2}为脚素质因素蹬力因子，在蹬力动作规范下，右腿最大蹬力约为262公斤，左腿最大蹬力约为241公斤。如若单脚的极限蹬力为270公斤，我们可把它定为2个蹬力素质因素。一个标准人的单脚蹬力可以随意取22周岁健康的男女各50名，测算其脚蹬力的平均值，作为一个标准人的脚素质因素蹬力因子的值；则可以制定出“脚素质因素蹬力因子测算标准(草案)”。

a_{3-3}为脚素质因素肩力因子，大力士的肩力可达380公斤。肩力必须由双脚支撑，因而肩力也是一种脚力，如把肩力极限定为390公斤=2个脚素质因素肩力因子，一个标准人的肩力为150公斤；就可以制定出“脚素质因素肩力因子测算标准(草案)”。

a_{3-4}为脚素质因素举重因子，举重因子既是手因子力也是脚因子力。如若举重极限为390公斤等于2个举重素质因子，1个标准人的举重因子力=160公斤举重素质因素；则可制定“脚素质因素举重因子测算标准(草案)”。

a_{3-5}为脚素质因素左右张开角度因子，人坐在铰链圆形棒上，两脚离地往左右张开，两脚的极限夹角达190度为2个脚素质因素，一个标准人的脚素质因素左右张开因子的标准值由上述办法确定。则可制定“脚素质因素左右张开角度因子的测算标准(草案)”。

a_{3-6}为脚素质因素前后张开角度因子。

还有前后摆力，左右摆力，立定跳远等等都是可测算的脚因子素质。

脚功能因子都属于非致命因子。脚素质因素可参照手素质因素的测算办法进行测算。

四、眼素质因素

设 a_4为眼素质因素。眼素质因素包括左右眼和视神经的健康功能。眼在医学里归属感觉器官。眼睛是人体精气汇集的地方。人脑子反应快，眼睛就显得灵活、目光炯炯有神，是精气旺盛、特别是心肝肾功能良好的证据。眼睛的作用主要是视力和辨色力，眼睛还能反映出一些全身疾病。沙眼、青光眼、白内障等眼病都要纳入眼素质因子中。

两眼都失明的盲人，不会死亡，因为盲人的视神经并没有死亡，盲人还有潜视力，一旦一个人连联通到大脑的视神经都死亡了，他做梦也是黑暗的，没有图像，也会影响到大脑的新陈代谢和正常的脑活动。一点潜视力都没有的人，才是真正没有眼睛的人，是活不了的。没有眼睛就不是人，所以眼素质因素也是致命因素。

世界上测验视力有多种视力表，最通用最普遍的是 0 到 2 的“国际视力表”，已经接近人才素质规范。所以，制定眼素质因素的测算标准是相对容易的事。但是，按国际视力表，视力好的人，其视力可能超过 2，甚至达到2.5，这就不符合人才素质规范。因而，国际视力表应重新制定成“眼素质视力表”，使得人类的视力极限为 2。视力表和视力箱以及测视要求等都要统一规范。

色觉也是眼素质因素的一个因子，色觉会影响到人的智力，影响到人的生活和作为，比如，有色盲的人辨别不清颜色和讯号灯，不得开车，不得驾驶飞机，不能从事天文和侦察工作。过去只能大体上检验出有没有色盲或色弱，无法判断出色盲的程度。今后也要制定“眼素质因素的色觉因子测算标准”，就可以参与所有眼素质因素的计算。

在制定眼素质因素的测算标准时，要求测验视力的多种特征，如采用远双目镜测试人的近敏度、远敏度、深度知觉、色彩区分、眼肌控制等等；采用视觉分类机测定近视、远视、侧视、双眼明晰度、单眼明晰度、色盲、夜盲等，所有能测算的项目和结构因子都是眼因子，都要制定“眼素质因素某某眼因子测算标准”，测算出的大小都要换算成眼因子 0 到 2 的眼素质力。

每项眼素质因子的极限值都可定为 2 个眼素质因子力，标准人的每项眼素质因子都是 1，就可制定“眼素质因素各项因子的测算标准（草案）”。把各项眼素质因子的素质力放入眼素质因素公式就能计算出眼素质因素的大小，能反映出眼睛健康水平和眼功能的大小。

五、呼吸系统素质因素

设 a_5 为呼吸系统素质因素。呼吸系统素质因素就是鼻、咽、喉、气管、支气管和肺的总体健康功能。每一个部件都可以制定“该部件素质因子的测算标准（草案）”。呼吸系统有两样综合功能，一是呼吸功能，一是嗅觉功能，也要制定呼吸系统素质因素呼吸因子测算标准和嗅觉因子测算标准。

呼吸功能，可测算呼吸频率，标准人的呼吸频率为 15 次/分钟，且呼吸平稳，有规律；还可用肺活量和一次最大的吸气量、一次最大的呼气量等来测定，吸气是空气，主要是吸取氧气和氮气；但人们经常不注意吸气卫生，如：抽烟时自己和旁边的人都要吸进烟气；枕头被口水和头部的汗水、油脂浸染变味，没有经常清洗、晒晒，天天睡觉吸臭气；你到新装修的房子、垃圾场、卫生间、化工店

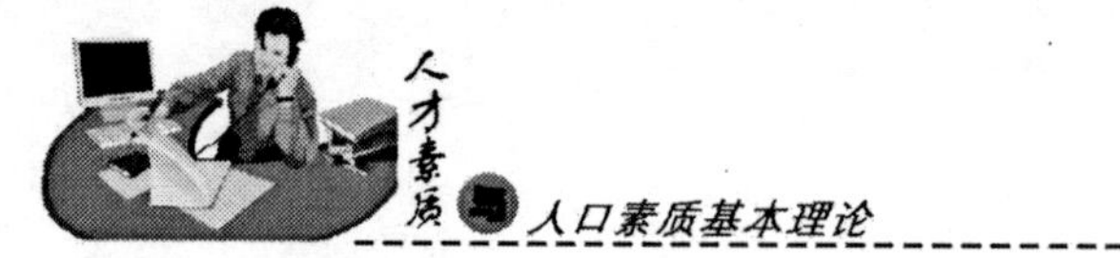

等也要吸臭气；有时还会吸进空气中的细菌和灰尘。呼气有氮气、二氧化碳、水蒸气、病菌和其他对人有害的废气。有的人呼出的气很臭，并没有引起医生的重视和检测。对于呼吸，人们往往忽视呼气量、呼气的成分及含量、呼气是否顺畅；这些对人的健康和疾病也有重大影响。现代医学已经能用灵敏快速的方法测定呼气，但应用不普遍，许多医院都没有。制定呼吸因子的素质标准是非常必要的。

人的嗅觉种类和各类嗅觉的功能(包括嗅觉的记忆力)也可以制定出“呼吸系统素质因素的嗅觉测算标准”。

然后把呼吸系统中所有的测算项目都按测算标准转换成 0 到 2 的素质力，综合起来作为呼吸系统素质因素的大小。

嗅觉在 65 岁至 69 岁开始下降，80 岁以后有明显下降。嗅觉下降也会影响到味觉变坏。

六、耳素质因素

设 a_6 为耳素质因素。耳素质因素包括左右耳的健康水平和功能。双耳主要功能是听声音。听声音的能力用“听力”表示。听力，是指人能听见和辨别声音的能力。中医还认为，耳是肾脏的外窍，肾脏和其他脏腑有许多穴道布满在双耳上面。没有耳朵，没有听力，就不能进行语言交流，就不是人；在绝对无声的环境里，人的听力真正不起作用，人就活不了。所以，耳素质因素也是人的致命因素。

人可以听见的声音从 20 赫到 2 万赫的宽广范围。听觉最常用的测验工具是纯音听力器。听力检查通常使用 11 个频率的纯音信号，习惯用“正常听力标准”作为基准声压，就是用没有环境伤害影响的 18～25 岁青年人的平均听力，作为“正常听力标准”。当实际声压等于正常听力标准时，听力级即为 0，听力正常。因为人的听力在个体之间差异可达 10～15 分贝，所以把听力比听力 0 级高 15 分贝以内的人都视为听力正常。听力级在 0 以下时，说明听力比一般人好，听力级越高，表示听力越差。这种听力测验说明了一定的问题，但是不符合人才素质和身体素质规范，应把标准听力级 0 改为标准听力级 1，作为标准人的听力；听力好的为 1 到 2 之间，听力差的在 1 以下，听力真正到 0，人便活不成了。日常说的耳聋，听不到声音，实际上并非完全聋，因为耳聋人的听神经并没有死亡，耳朵的振动还会有些感觉，听力还不会等于 0，不会致死。

人的听力好坏与身体健康也有很大关系，如感冒、心血管病等都会影响到听力，环境噪声也会损伤人的听力。听力差也是人走向衰老的一种表现。

一般说来，在人的一生中，以 18～28 岁时的听力为最好；9 岁以下和 40 岁以上，听力都比较差些。80 岁以后有明显下降。

除听力以外，对耳朵有影响的可以测试的因素，也要纳入耳素质因素的测算标准中。

七、血液素质因素

设 a_7 为血液素质因素。血液是循环系统的重要组成之一，是循环系统也是身体素质的基本因子之一。没有血液，人就死了，因而血液也是人的一项致命因素，且人们已经能够检测血液，所以血液可以单独作为素质因素。血液在循环系统中仍然起作用，它还应当作为循环系统的一个因子参与循环系统素质因素的测算，但充当的角色不同。

血液中有许多因素都是可测算的，都可以作为血液素质因素的素质因子制定出测算标准。

八、其他身体素质因素

其他身体素质因素，如：

设 a_8 为神经系统素质因素。神经系统素质因素包括中枢神经系统和周围神经系统的功能，神经系统的主要功用是传递信息，神经系统是各部位生命的象征，神经系统可拆分到相应的素质因素中。

设 a_9 为消化系统素质因素。消化系统包括口腔、唾液腺、咽、食管、胃、肝脏、胰腺、小肠、大肠、肛门等等，消化系统素质因素就是整个消化系统的功能，我们可以把各个部件当作一项素质因子，制定出该素质因子的测算标准。还有像食量等可测算的有关消化方面的功能，也要制定消化系统素质因素该因子的测算标准。

排便功能也可以看作是消化系统素质因素的一项素质因子。

设 a_{10} 为循环系统素质因素。循环系统素质因素包括心脏、血液、动脉、静脉、毛细血管和淋巴系等的功能。每项部件及它们的功能都是素质因子，都可以制定循环系统素质因素某某因子测算标准。循环系统的功能因子包括：脉搏、血压、心脏的血液输出量等。

还有如，设 a_{11} 为泌尿系统素质因素、设 a_{12} 为生殖系统素质因素、设 a_{13} 为内分泌系统素质因素、设 a_{14} 为皮肤素质因素、还有 a_{15} 骨骼素质因素等，这里不一一详述。

从以上看出，身体素质因素还不是身体素质的最小单元，如呼吸系统素质因素、消化系统素质因素等等都是由若干个更小或最小的单元组成的，这些最小的单元，如肺、心脏、胃、血液等都叫素质因子。就是说，身体素质因素是由身体素质因子组成的，有些身体素质因子也可以从系统中分离出来，单独成为身体素质因素，只要能制定出该素质因素的测算标准。但它们在系统中依然存在，仍然要参与系统的测算。

以上仅仅是为读者认识和确定身体素质因素提供必要的启发性的参考，正式的身体素质因素要由医学专家制定成测算标准后才算确定。由于人体结构十分复杂，实施起来会发现很多问题，但在医学专家等的努力下，都是可以解决的。

第三节 身体素质因素的测算

人们对人的身体结构已经有深入的研究成果，但许多功用不能衡量其大小、多少；各器官或系统的健康水平和功能的大小又是不同类型的，无法互相比较。现在要确定能够统一测算的身体素质因素，人们的认识还没有转过来，难度很大，但一定会实现的。

身体素质因素既然是人体基本成分的健康水平和功能的大小，那就是可以测算的、可以互相比较的。身体素质因素能够测算和互相比较，要归功于人才素质因素定律和人才素质规范。

身体素质因素能够互相比较，关键在于制定国际测算标准和引入“标准人”的概念，标准人的各项素质因素，应取各器官或系统完全正常的功能定为“1”，既表示功能正常，又表示是标准人的功能，又是身体素质因素的计量单位。

现在，人类的科学技术、医学和知识水平都达到相当的程度，我们可以一项一项、一点一点地确定，每确定一项身体素质因素的测算标准，都是人类的一大进步。

体质较好者，有些表现力会比常人大几倍，因而在制定身体素质因素测算标准时，不能简单地按等分制来制定。人的各种表现力都是有极限的，其大极限必须小于标准人该表现力的 2 倍。就是说任何人的任何身体素质因素的大小都不得等于大于 2，物理意义是任何人的任何身体素质因素都只有一个，可以大一点或小

一点，强一点或弱一点，但不能有二个以上同样的身体素质因素。

人才素质规范使得人体的每个器官或系统都具有人类的社会性，都能表达出人体的社会质量；而且各器官和系统的健康状况都能用全人类统一的尺度来衡量，使器官的结构研究和功能研究由分离状态走向互相促进。

在制定身体素质因素测算标准中，有条件的还需要指定所用的测算器具和设备。许多测算器具和设备要到测算标准制定以后随之发明出来。

由于人体的器官或系统是由一些基本要素组成，我们把所有的基本要素都叫做素质因子。每一个素质因子都有它的可测算的功能，其功能的大小都直接影响到各种相关器官或系统的健康水平。素质因子是素质因素可测算的最小的单元，每项素质因子都要制定身体素质因素的测算标准。把各种方法测算出来的各种素质因子的健康功能对照测算标准转换成标准人相应功能的倍数，就可以互相比较了。

这里说的素质因子有两种，一种是身体素质因素的结构因子的完整程度，用 a_{i-1} 表示，每一项身体素质因素的结构因子都完整的为 1 个标准人的身体素质因素；结构功能不全或有缺损的可按缺损比例和影响程度折算成结构素质因子的值。正常的、大部分人所有的身体素质因素结构因子都是 1；结构因子没有大于 1 的。结构有缺损的其结构因子都在 1 以下；对于结构增生、结构肿大、结构病变等都应视为病态，不是健康的表现。比如，胃病、肝病、肺病、肠癌、肿瘤、结石等，其结构因子都小于 1。如小得不多，是可治好的；如小得较多，就难治好。这决定了身体结构也有差别，但没有太大的差别。所以身体素质的结构因子 a_{i-1} 的测算标准比较好制定。

身体素质的结构因子属于致命因子，它还有一个特点，就是当

身体素质因素为0时，人便会死亡，这里的“0”很特殊，是指结构病损部分导致人死亡时的基本情况，并非指整个结构都全部损坏；实际上导致人死亡的结构病损只是结构的一部分，就导致该结构完全失去功用，而其他部分还是好的，比如说食道癌把一段食管全部堵住，尽管消化系统的其他部分仍然完好，人也要死亡；又如：脑血管堵塞或某段血管破裂使血液流完，都会导致死亡。所以，在制定身体素质因素的测算标准时要确切地说明导致死亡的0的标准；是结构功能为0，不是结构为0。

另一种身体素质因子是指功能因子，比如呼吸功能因子、手或脚所能表现的各种力的功能因子、视力因子、听力因子等等。这类素质因子的大小都在0到2之间变动。

在一项身体素质因素中，所有素质因子都要遵循人才素质规范，根据人才素质公式构成原理，身体素质因素 a_i 的值可用下式表示：

$$a_i = a_{i-1} \times a_{i-2} \times \cdots\cdots \times a_{i-m} \times (a_{(i-m+1)} + a_{(i-m+2)} + \cdots\cdots + a_{i-n}) \div (n-m)$$

单位：标准人的 a_i 素质因素。$n > m$ 的自然数

下标 i 为身体素质因素 a 的序号，i 的数据原则上是按其测算标准确定的先后顺序来标识，一确定就固定不变，以便后来者按顺序跟上。

第二个下标为身体素质因素 a_i 的素质因子的次序；m 为自然数、是致命因子的个数，不多，而且，致命因子都为1或小于1；n－m 为非致命因子的个数，n 为已定有测算标准的身体素质因素 a_i 的素质因子的总个数；n 为多少，要看人类的认识发展水平，对于身体素质因素的因子来说，是个很有限的数据，不大，一般都在10个以下，少数也会在10个以上。不同的身体素质因素，其素质因子的个数也不相等（当然也可以相等）。

由于人体各器官和系统都不是孤立的，而是有机地联合成一个人体，因而有些身体素质的素质因子是几个素质因素共同的素质因子，在不同的素质因素中起着不同的作用，其测算标准也有不同。

我们应当看到，身体素质因素是客观存在的，身体素质因素的测算是必然的，可以按部就班地进行：

第一步，用现有的科学知识和技术手段测算出身体素质因素各种因子的健康功能的大小。除了测算人的承受力和发力情况以外，还可以通过测算人的耐久力、血压、血液各种成分的含量、血流量、体温、尿、糖、盐、酸性、脂肪、皮肤感觉、水分、睡眠情况等等所有可测算的办法来测算各种身体素质因素的功能。

感觉，是人脑对直接作用于感觉器官的客观事物个别属性的反映。感觉包括视觉、听觉、嗅觉、味觉、痛觉、温度觉、运动觉、平衡觉、和内脏觉等多种现象，如见到颜色、听到声音、闻到气味、冷、热、软、硬、痛感或压痛等都是感觉现象。感觉能力也可以用来衡量身体素质因素的功能。

现在，社会上已经有许多医疗器械和健身器材都能测定出人体的某种功能、物质含量和各种力，有的能直接显示数值，如视力表、血压计等；有的不能显示数值，如音叉、健身器材等。有些器械经过改装以后也能显示数值，如健身器材加上电子秤、拉力表或压力表等，就能显示各种力的大小，还能打印出力的数据。这样，在人类的发展中，已经有许多身体素质因素的测算已经走了第一步。

第二步应由广大的医务专家学者制定出“身体素质因素因子的测算标准（草案）”。把用各种方法测定出的各种素质因子的健康功能的大小，按人才素质规范和身体素质因素的测算标准，换算成身体素质因素 0 到 2 的大小。

第三步，把一个素质因素中的各种素质因子的大小，按公式计

算后作为该素质因素的值。整套方法步骤制定成身体素质因素的测算标准，推广应用。经实践证明以后，就是条件成熟了，必然会由国际或国家权威机构认定和统一制定为身体某素质因素国际测算标准或国家测算标准，统一使用。

第四步，随着人类的认识水平、科技和医学的不断发展，身体素质因素的国际测算标准和国家测算标准要适时改革创新，身体素质因素的测算器具也要随之更新。这是事物发展的必然规律。

现在有身体素质理论指导，人们在研究和制造测验身体素质因素的器具时，也可以一步到位，创造出能直接显示素质因素大小的器具，并申请专利。各种素质因素的测算表格、仪器和设备都会应运而生，创造出巨大的社会效益和经济效益。

总之，现代医学及科技文化对人的身体素质因素按人才素质规范制定测算标准已经不是很困难的事。凡是与健康有关系的事情，已经逃脱不了科学技术和医学计量的范围，任何身体素质因素的测算都是可以办到的。特别是现有的视力和听力测算标准都很接近人才素质规范，只要五官科医生和专家按照人才素质规范认真地改一改，就可以制定出“眼素质因素的视力因子测算标准（草案）”和“耳素质因素听力因子测算标准（草案）”，使人的视力和听力都在 0 到 2 个标准人的视力（或听力）之间变化。还可以很容易制订出手素质因素和脚素质因素的测算标准。

第四节　身体素质公式

以往医学界曾从人的精神状态、外在表现和器官实质三方面的标准来衡量人的健康，比较笼统。1988 年世界卫生组织提出人体健康的 10 条具体标准，也是不科学的，比如“没有头屑才算健康”这种标准没有什么实质性的意义。10 条标准都只有表观现

象，有参考作用，但没有量上的意义，也没有标准界线，缺乏实用价值。

运动医学专家认为“体商”是更能反映人体能力和质量的新标准。体商要测量的项目内容有力量、速度、耐力、平衡能力、定向能力、柔韧性、协调性、灵活性、适应性等。这种“体商”多是外在的、分散而无法综合的表现，仅有参考作用。

根据人才素质和身体素质理论，在人们能够测定身体素质因素以后，就能够计算出人和人口的身体素质、健康状况、体力等一系列有用数据。并且这种身体素质是人内在的社会质量。

一、身体素质公式

由于所有的身体素质因素都是致命因素，且能够测算，根据人才素质公式构成原理，我们就可以进行身体素质的计算。

设 a_i 为各种身体素质因素的代码。如：a_1 为脑素质因素，a_2 为手素质因素，a_3 为脚素质因素，a_4 为眼素质因素，a_5 为呼吸系统素质因素，a_6 为耳素质因素，a_7 为血液素质因素，a_8 为神经系统素质因素，a_9 为消化系统素质因素，a_{10} 为循环系统素质因素，a_{11} 为泌尿系统素质因素，a_{12} 为生殖系统素质因素，a_{13} 为内分泌系统素质因素……从 a_1 到 a_m 包括人体的所有器官或系统的主要素质因素。其主要的程度是指当这个器官或系统彻底死亡或不存在时，即该素质因素为 0，人便死亡或完全失掉了人的意义，他就无法在社会中存活且不能发挥人的作用。这叫做“致命因素”。

根据人才素质理论规范，标准人的各项 a_i 值均为 1，强的 a_i 值可大于 1 小于 2，弱的 a_i 值会小于 1 大于等于 0。根据人才素质公式构成原理，人的身体素质 S_a 可用下列公式表示：

$$S_a = a_1 \cdot a_2 \cdot a_3 \cdots\cdots a_m$$

m 为人的身体素质因素的总个数，是个自然数。m 由制定出

身体素质因素测算标准的实际情况决定。

各项身体素质因素 a_i 的名称、顺序、测算标准和测算方法等已由上述确定，已知其大小，那么，这个身体素质公式就能实现、就能计算得出来。并且，根据乘法公式中 1 的特性，无论多少个 1 相乘，积都等于 1，所以确定了几项身体素质因素测算标准，该公式都适用，都能说明问题，但要统一。

不管是个人、国家还是国际权威机构，在制定身体素质因素的测算标准时，都要遵循人才素质规范，否则就不能参与身体素质和人才素质的计算分析。没有人才素质规范，就脱离了人的社会性，身体素质公式就不成立了。

二、身体素质公式的特点

1. 各项身体素质因素在公式中都是一项因数，都是致命因素，是互相平等的，没有主次之分，没有什么最重要或不重要的。

2. 公式中身体素质因素的先后位置可以互换，没有先后次序之分，人们先研究什么素质因素都可以。

3. 身体素质公式可以说明身体素质因素与身体素质的辩证关系。如若只研究某项素质因素，我们可以设 f 为其他素质因素的计算值，把它当作是一个固定数；就可以把公式写成 $S_a = a_i \times f$。这里有几个意义：(1)当其他素质因素都等于标准值 1 的情况下，其他素质因素的计算值 f=1，则 $S_a = a_i \times 1 = a_i$。这就是说，许多身体素质因素组成了身体素质，本质上每个身体素质因素都是身体素质之一；且可以一个一个地研究身体素质因素，每确定一项素质因素，就可以随时带入公式计算，不必等所有素质因素都研究好了才带入计算。(2)身体素质因素 a_i 只在 1 上下波动，当 a_i 大于 1 时，S_a 增大，a_i 起促进作用；当 a_i 小于 1 时，S_a 缩小了，a_i 起促退和制约作用；(3)身体素质因素促进或促退作用的大小还与其他素质因素的计算值 f 有内在的联系，这些理论分析与人体的实际表现是相当符合的。

4. 身体素质公式中有几个素质因素，作者初探 m=15，就可以包括人体所有的器官和系统，而实际使用的项目要以制定的“身体素质因素测算标准”为依据。如若再细分下去，m 就会大于 15。

5. 在实际应用时，要测算几个素质因素项目对所有人都要一致，不能对我测算一个项目，对你测算二个项目；或者说，对我测算这个项目，对你测算另一个项目，这样就没有比较意义了。公式中的素质因素不能随便取舍，一经确定，对任何人都一视同仁。

三、身体素质公式分析

从身体素质因素的特点看，身体素质因素都在 0 到 2 之间变化，正常人的变化都不会很大。从身体素质公式可以看出：

(一)标准人的身体素质

当一个人的每项身体素质因素 a_i 全部等于 1 时，带入身体素质公式，计算得 $S_a=1$，这个人的身体健康是最标准的，他的体质就是标准体质，他的体力就是标准体力。

一般健康的青年人各项身体素质因素都在 1 上下波动，由身体素质公式计算的结果，健康青年人的 S_a 也在 1 上下波动。一般说来，这个人的身体健康状况是正常的，即使有外因造成的疾病，身体素质 S_a 也会下降，如感冒、拉肚子等；但不要悲观，要及时医病，加强锻炼，注意营养调节，病好得较快，其 S_a 值很快会恢复到 1 左右；若不注意锻炼和调养身体，其 S_a 值可能会继续降低，应查清病根。当然，许多身体素质因素出现问题后难以锻炼，如近视眼、老花眼、蛀牙、耳损伤、断手、断脚等，即使病情固定好了，也难以恢复如初。但是总体上 $S_a=1$ 左右的人都是健康的，人数最多，而全部身体素质因素同时都等于 1 的标准人不多。

（二）健康人的身体素质

当人的身体素质 $S_a \geq 1$ 时，说明这个人体力好，身体各部分都较健康，安然协调，脑子健全，记忆力好，全身感到舒畅，活动能力大，较敏捷、活跃，时常精神焕发，身体适应性强，体质上就可以胜任较多、较重、较苦、较复杂的工作。他每天的工作时间可以较长，且工作效率较高，贡献较大。

（三）不健康的人的身体素质

对成年人，当 $S_a < 1$ 并趋于变小时，这人的体质变差了，有病，身体的活动能力变小，适应性也差，常常感觉痛苦，从体质上就决定了他只能干较少、较轻松、较简单的活计，甚至不能坚持一般的劳动，这样的人对社会所能起的作用就差了。

孩子的身体素质小于 1 是正常的发育过程，健康孩子的身体素质会不断提高，如果说孩子的身体素质不长反跌，或者不符合人体的生长规律，就说明孩子有病。

如若一个人的 $S_a <$ 休养点时，他就无法独立劳动或工作了，应回家医病休养；他还有生活自理能力，尚不需要别人侍候。

当 $S_a <$ 危险点时，这个人的生活无法自理，完全需要医治并需要有人护理，若治好病，他的身体素质还会提高；若治不好病，S_a 趋向 0，这人就会死亡。

运用身体素质公式，能够指导身体局部缺陷或残疾的人，在痛苦中看到希望，如断腿、断手、聋哑、双目失明的人，其相应的身体素质因素 a_i 值很小，但其根基还在，该素质因素还不等于 0，还不会死亡，而且只是某项素质因素有缺陷，其他素质因素还可锻炼得加大，身体素质仍然可以达到休养点以上，他还是可以成为有用之人。如残奥会上的运动员、中国的张海迪、俄国的奥斯特洛夫斯基等。大部分人都有一些身体素质因素在 1 以下，而身体素质还可以保持在 1 以上。

婴幼儿、儿童和耄耋人的身体素质 S_a 值当然大大小于 1，生活不能自理，所以他们都需要健康人的照顾。

（四）死亡

当一个人的 $S_a=0$ 时，人便死亡。因为每项身体素质因素都是致命因素，所以，只要任何一项身体素质因素等于 0，在身体素质公式中，0 乘以任何数，积 S_a 都等于 0，这个人便会死亡。

沿袭几千年的死亡标准是心脏停止跳动和呼吸停止，这是最明显的死亡征兆，最容易判断。近代国外有的死亡标准是脑死，我国也制定了脑死亡标准。这些都是“身体素质因素等于 0，人便死亡”的标准。实际上这些死亡标准都是滞后的，真正的死亡原因不一定是心脏、呼吸或脑子，而是任何一项身体素质因素的死亡都会引起和造成人的死亡。可以这么说，在心脏停止跳动或脑死亡之前，由于某项身体素质因素为 0，人就已经死了，并导致心脏停止跳动和脑死亡。就像人刚死，摸他的皮肤还感觉温热一样；死的时间长了，摸他的皮肤才感觉冰冷。就像一个人受刀枪伤，血液流完，血液素质因素先为 0，才导致心脏停止跳动和脑死亡。

（五）身体素质因素的联动作用

从身体素质因素的本质和身体素质公式的组成分析，身体素质体现了人体的内在的健康和力量。由于身体素质因素是互相牵连、互相影响的，各项身体素质因素只是相对稳定；当一个素质因素产生病变时，也会牵连和降低其他素质因素，其合力将使身体素质更加明显地下降。

比如说，一个身体很健康的男子，所有的身体素质因素都在 1 或 1 以上，他每次能够把 1 袋 50 公斤重的水泥从仓库门口的汽车上扛进仓库，约 30 米远；但是有一天这个搬运工遇事故右腿断了，治疗好也装了假肢，锻炼了能够走路，他还能扛 100 斤重的水泥吗？他还能当搬运工吗？由于身体素质因素内在的互相联系，脚素质因素的降低也会使许多身体素质因素降低，带入身体素质公式计算，他的身体素质 S_a可能还不到 1 个标准人。说明脚素质因素对人的身体素质、对体力有重要作用。

再比如，他的脚没有断，而他的两只眼睛被撞瞎了，眼素质因素只剩余 0.02，按传统观点，他的手脚和身躯都没有变，他的体力也没有变；实际上他的体力会因眼睛瞎了而大大降低了，他看不见东西、看不见走路，还能当搬运工吗？因眼素质因素的降低也会使其他身体素质因素降低，都带入身体素质公式计算，他的身体素质、他的体力 S_a都会大幅降低，说明眼素质因素对人的身体素质、对体力也有重要的作用。

同理，血液、消化系统、呼吸系统等等任何身体素质因素对人的身体素质和体力也都有这样的联动作用。

人体的任何缺陷都会影响到身体素质的大小和发挥，事实就是如此。比如牙齿痛，俗语说："牙痛不是病，痛起来要命！"有时牙座还肿痛难忍，影响吃食物，白天难工作，晚上难睡眠，就要花时间、花钱去医院看几次牙齿，不痛了拔掉坏牙齿，又影响吃食，这样，牙齿痛降低了消化系统素质因素，也会降低身体素质，从时间上、工作上和经济上都带来损失。

身体素质因素的联动作用不仅是衰退，也有促进作用，比如，在增强身体素质方面，正确地锻炼身体对各项身体素质因素也都有联动作用。一项素质因素得到锻炼，也会提高相关的素质因素。所以，锻炼身体对促进健康很有作用。

（六）身体素质变化规律

人们是根据人体自然成长来分阶段的，这种分段也反映了人的身体素质变化规律。人生一般分为婴儿期、幼儿期、儿童期、青年期、中年期、年轻的老人期、老人期，这是不可逆转的。

人的身体素质的变化规律各人不同，但正常人的身体素质发展规律都大同小异，一般是由小，快速增大，20 岁到 30 岁时体力最大，是人生的最佳年龄，从 16 周岁到 46 周岁身体素质在较高区域会稳定 30 年左右，一般认为，45 岁是衰老的分水岭，身体状况开始走下坡路，大脑、肌肉、骨骼的质量都开始衰弱，若遇病变或事故会使身体素质急剧降低，甚至突然下降。身体素质 S_a是伴随着每个人出生入死地变化着的。

运用身体素质公式可测绘人的身体素质曲线 S_a—T（T 为人的年龄），为研究人、培养人、使用人提供科学依据。

四、身体素质理论推动体检改革

由于所有组成人体的各器官或系统的健康功能，都按身体素质因素的定义范围，由专家制定有国际测算标准，因而往后体检都将按国际测算标准，采取统一的设备和方法，体检效果也是一致的。体检将更加科学、方便、准确和实用，更加社会性，也能说明更多的问题，能方便而有效地比较各国各地任何人的身体素质和健康水平，为各工种选用人才提供科学依据；促进人口体质的发展。这样，对人的健康测评就不单是用医生或病人的个人标准，而是用人类共同的、公认的身体素质因素测算标准，使每个人的身体素质因素都可以进行全人类社会性的统计、计算、对比、分析。

体检具有时间性和随机性，所以体检结果只代表体检对象当时的健康水平和体力，如若当时你身体不适，S_a较低，体检会测出毛病，经治疗恢复健康后 S_a就会提高。但对人口的体质进行分析时，都要用规定时间的体检为准。

过去的人们都是有病才治病，甚至有病还不知道；往后应该在生病前或是没有病时，就通过体检查出问题，及早预防和及时治疗，以减少大病，保持健康。

这样，能用身体素质因素测算出任何人的健康状况，不但能从表面上说明一个人的健康水平，而且能从量上反映出一个人的健康程度，说明一个人的身体所具备的综合适应能力有多少，特别对人口素质的了解和研究有更大的意义。

第五节　人的体力

按词典，体力的定义是：人体活动时所能付出的力量。但这种力量指什么？如何付出？如何测算？如何比较？却无从知晓。

人们经常描述人的体力，也常有单项的体力竞赛或对比，但对人的体力从来没有过明确的说明，从来没有过体力的大小数据，都只有表观的、相对的比较；或用局部体力来判断，如人们常常把人的手力、脚力、肩力、搬运力、举重力等都当作人的体力，既可比又不可比，这显然是不合理不科学的。

中国也有人提出过“体力年龄测定法”，通过平衡性、敏捷性、柔软性、耐久力、腹肌力、爆发力等，只能测定出体力“差、及格和优秀”三个档次，没有科学性的数据。

1988 年 9 月在汉城奥运会上，保加利亚的吉迪科夫在 75 公斤级举重比赛中，双手能把 375 公斤的重物举过头顶，中国选手雅典奥运会男子 110 米栏冠军刘翔于 2006 年 7 月在国际田联洛桑站比赛中以 12 秒 88 的成绩又取得冠军，谁能说出来他们的体力哪个大？谁都没有这个本事。可以说他们的体力都很大。但是，他们互换一下，就都得不到冠军了；如若他们生病发烧或受伤，他们还能达到这个成绩吗？当然是不能了。这些事实说明，人的体力不是光指手或脚的力量，而是各项身体素质因素综合作用的结果。某个部位的力量不能当作体力。

现在，用身体素质理论就能测算出人的体力。

人的身体素质 S_a 的大小也可以用来表示人的综合体力，它不

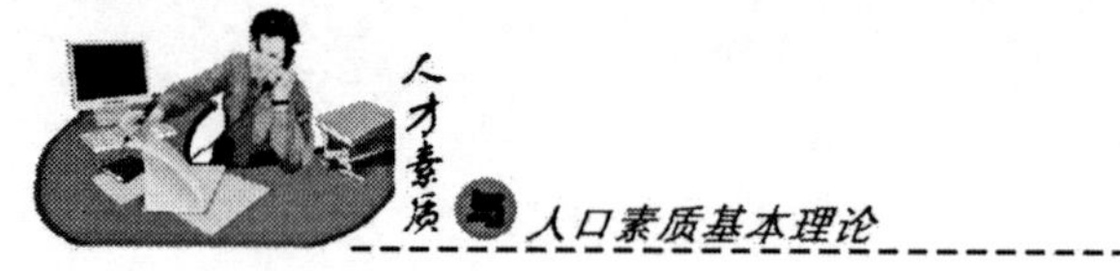

单是人体手或脚的力量，而是全身综合的力量，是衡量一个人真正的体力大小的。届时可以测算出举重、跳高、马拉松等世界冠军及任何人的体力为多少，谁大谁小。

人的身体素质 S_a 反映了人的身体健康水平和体能的大小，也体现了人的体力大小。从身体素质因素和身体素质的计量本质上看，它们都是标准人相应能力的倍数，所以有：

人的体力＝身体素质 S_a ×标准人的体力

这种体力实际上是表示“有多少个标准人的体力”，是衡量一个人真正的体力大小。这种体力表明一个人的身体所能发挥的综合功能和力量，既体现了体力概念和意义，又体现了一个人的健康程度，正确地表达了体力和健康程度互相依存的关系，所以，体力也表现出体质的大小。

由于全人类标准人的体力是固定的、唯一的，目前尚无法确定，我们可以把标准人的体力作为人类的体力计量单位，把它当作“1”个标准体力，则有：

体力 F_a ＝身体素质 $S_a \times 1$ ＝身体素质 S_a

（单位是“标准人的体力”，简称“体力”）

即：体力 $F_a = S_a = a_1 \cdot a_2 \cdot a_3 \cdots\cdots a_m$

在身体素质因素测算标准确定以后，就能计算出身体素质、计算出体力的大小。由此可下定义：

人的**体力**是所有身体素质因素的综合能力，在数量上等于人的身体素质，单位是标准人的体力。

依据人才素质理论有：

人力＝**体力**×**精力**×**知力**（知力指人的知识素质的力量）

所以“人的体力不等于人力”。

身体素质不但表明个人体力的大小，而且说明他在人类社会中能够发挥的体力作用。

人的体力是身体素质因素的综合能力，相等体力也会有不同的表现，如：你的腿力强劲，他的手力大等等特点，在体力活动中就各有千秋。如不同的运动员有不同的杰出表现一样。

对人体的力量，人们有过许多研究。有的认为人体的构造强度约有10倍的安全系数，就是说，人能承受10倍于日常压力的负荷。美国的研究结果认为，一般人的肌肉拉力能发挥出来的只是潜在力量的二十五分之一。如果从人体的某些特性来看，体力差距不是1倍，而是几倍，甚至二三十倍；比如手的举力，奥运会举重冠军能举起375公斤重，一般的人只能举起50公斤重，相差7倍多，这只是没有规范化的体力表现；这样的公斤力按身体素质因素规范以后，都在0到2素质力之间变动，素质力的差距就不是很大。

身体素质是由许多素质因素组成的，素质因素各因子不但直接作用于该素质因素，而且会影响到有关联的素质因素，就会呈现出：一个素质因素大于1，虽然变动不大，但会带动几个素质因素都大于1，共同作用于身体素质，人的体力就相差很大。我们作一些比较：

标准人所有的素质因素都等于1，带入体力公式计算得 $F_a=1$，这个人的体力为一个标准人的体力。

如若一个人有2项身体素质因素等于1.5(标准人的体力)，其他不变，带入公式计算得：体力＝2.25标准人的体力；

如若一个人有8项素质因素都等于1.5，其他不变，带入公式计算得：体力＝25.63个标准人体力。如大力士。

这些与实际表现是吻合的，证明了身体素质理论的正确性。

人的肌肉力量的大小，是体力的一部分，是人们从事体力劳动和体育锻炼的结果，一般说，人到35岁尚能保持最大体力。经常体力锻炼的人，有的到50多岁还能保持最大的体力，这样的人已

经很少数了。

一个孩子或老人的身体素质抵不上一个标准人。婴幼儿、老人，与年轻人的体力差距很大；过去把人口数当作人力统计是不合理的；应当用人口和身体素质 S_a 联系起来统计分析，就能正确反映体力的情况；既有人口数量上的分析，又有人口质量上的分析，才是科学的。用身体素质和人才素质统计，对正确认识人口资源具有深远的意义。

以上所说的人类个体的身体素质和体力，也可以用来计算人口的平均身体素质和人口的各项平均身体素质因素。

第六节　结束语

人的身体素质是由人的基本成分即身体素质因素组成的，每项身体素质因素都是由身体的结构因子和该结构的功能因子组成的。身体素质因素和素质因子都要在人才素质规范下，制定身体素质因素的国际测算标准；可以进行身体素质因素和身体素质的计算，可以进行人口的平均身体素质因素直到人类的平均身体素质的一连串的计算分析，形成一系列人的身体素质理论。

认识身体素质，测算身体素质和提高身体素质是每个人都很关切的事情，认识、测算和提高身体素质是本章的三大目标。

过去人们对身体素质因素有过精深的研究，现在是要把过去研究的成果按身体素质规范制定出各项身体素质因素的国际测算标准，供全人类统一使用和进行更深入、更广泛的计算、分析。

身体素质理论可以研究出各项身体素质因素的健康功能的测算标准和测算办法；在身体素质因素方面，创新统一的度量，使用标准人相对的量，使每个人的身体素质不但具有定性概念，而且具有定量概念；使人体不但具有自然属性，而且能表达出社会属性；还能说明人的各器官和系统对人的身体素质的辩证关系；不但对衡量该部位和诊断病情十分有用，也能参与全国以至全人类的身体素质计算分析；能计算出各国和任何人类群体的体质、总体力、总的身体素质及体力的变化情况；为人口素质的研究开辟了一条更加科学、宽广的新路；推动医学高歌猛进，对人才的评估和选拔，对提高人们的身体素质，对人类的进步事业作出巨大的贡献。

由于身体素质因素的测算是一种新生事物，专业性和社会性很强，很复杂，难度很大，要人们接受身体素质理论需要一段时间。首先需要人们知道身体素质理论，且需要有身体素质因素测算标准研究出来，用事实证明身体素质理论的正确性和必要性。

按照人才素质理论，人的身体素质是人才素质的三大组成之一，身体素质是思想素质和知识素质的载体和执行者，身体素质直接影响到思想素质和知识素质的成长和发挥。没有身体素质，也就没有思想素质和知识素质。

身体素质是人才成长和发展的物质基础，没有强健的体魄，没有正常而又灵活的头脑，就无法承受体力和脑力的强负荷。身体素质是人自身生存与发展的象征，身体素质就意味着人的生命。身体素质是人才素质的基石，人的健康是个人发挥其潜力、国家维持其社会经济发展的先决条件。人们应加强对身体素质的研究。

第三章

论思想素质

本章阐述人的思想素质的本质和作用、人的精力，推动读者去了解自己的思想、去提高思想素质，去研究、制定思想素质因素的测算标准。世界上，凡是有成就的人都是思想素质较高的人；思想素质因素低，会导致犯罪或自杀。思想素质理论对每个人特别是教师和党政公检法管理人员都有实用价值。

第一节　人的思想素质

一、概述

本章主要论述：(1)人的行为的指挥功能构成思想素质；人的所有行为都是思想素质的表现。(2)思想素质因素是人的基本成分，所有的思想素质因素组合成思想素质。(3)思想素质因素必须遵守人才素质因素定律、必须制定国际测算标准。(4)头脑、神经网络、知识和各项思想程序是思想素质的物质基础。(5)思想就是人脑中的各项软件程序，心理过程就是思想过程，心理差异的本质是思想程序的差异;思想程序是可以改变的。(6)思想素质有力量,思想素质遵循人才素质规范、是有限的、可测算的。(7)思想素质是人与动物的本质区别。(8)思想素质、身体素质和知识素质是人的三大基本成分。

人类经过长期的实践,对客观世界已经有了相当的认识;然而,人类对自己的主观世界的认识,尚未达到相应的地步。

人的思想素质是客观存在的。由于人的思想素质看不见、摸不着,人们不知所以然,感到思想素质太神秘了,神秘得有时连自己都看不清楚,以至于有时不能自控,以至于唯心主义泛滥,人的思想素质成为人类的最薄弱环节。人们只知道"思想",不知道"思想素质";人们只知道人的行为表现,不知道主导行为表现的是"思想素质"。

现代心理学的研究重点局限于心理生活、心理现象和心理状态,无法度量,与思想素质有很大的差别。心理学认为,心理就是人的内心世界,是客观现实的反映,是实实在在地存在于每个人身上的,是感觉、知觉、记忆、思维、想象、注意、情感、意志、动机、兴趣、能力、气质、性格等心理现象的总称。心理学没有把它们提升到思想素质因素的高度;没有规范;只有性的概念,没有量的概念;着重于个人表现,社会性不足;不能进行测算、统计和分析。"内心"是什么?"心理"是什么?没有物质基础,没有证据,说不清楚。实际上心理是不存在的,揭穿了,人们是"把头脑活动当作心理"、"把大脑的机能当作心理"、"把思想和思想素质当作心理"。

心理学属于知识素质因素。过去的心理学没有物质基础,过分夸大思想工作的作用,把许多思想素质因素和知识素质因素当作心理等等,而出现了劳动心理学、艺术心理学、言语心理学、军事心理学、病理心理学等。

现代心理学最近又发展了"心理素质",心理素质是心理活动的基础功能或能力，实际上心理素质也是思想素质的一部分；由于没有人才素质理论为指导，心理素质仍是心理学难以解释而客观存在的思想表现，仍局限于心理现象；心理素质脱离了人才素质和思想素质或知识素质理论，归属于虚无缥缈的心理范畴，许多问题仍无法解决。所以，心理素质要用思想素质理论加以规范。

二、思想

思想是头脑的思维活动、想法、思量；思想是人们运用头脑中的软件程序对知识、信息的反应、开发与创新；思想是客观存在、是知识反映在人的意识中经过思维活动而产生的结果。人们有时也把思想叫做精神，精神是指人的意识、思维活动和一般心理状态所表现出来的活力。精神有多方面的解释，主要指思想。

过去，人们普遍认为，在阶级社会中，思想具有阶级性，思想是社会阶级的物质利益在思想上的表现；思想表明人对现实的理性认识、表明人们与周围世界的关系；思想是由社会制度的性质、人们的物质生活条件来决定的，从而思想也变成了政治。实际上，阶级性应归于知识素质、政治知识素质因素。

过去也有人把思想归类为知识范畴，把思想理解为高层次的知识。当然，能说出对思想的认识，这种认识也是知识；思想和知识是紧密相连的两回事。思想、知识和身体是三位一体的，既不能截然分开，也不能说“谁归谁的”。

思想是头脑中的信息活动，可以是完整的过程，也可以是不完整的过程；思想活动不一定有行为表现，思而不为，想而没做，都是常有的。

三、思想素质

人的思想素质，有些也叫心理素质或精神素质，依据人才素质理论，我们对思想素质定义如下：

人的**思想素质**是指对人的行为、力量、对人所能起的作用具有决定性影响的思想功底和思维成分即思想素质因素的综合功能。

从机理上说，思想素质是输入人体的信息通过头脑中思想素质因素的软件程序和神经网络指挥人体的各个部位，产生了人的所有行为，这个能力就是思想素质。没有思想素质就没有人的行为。

思想素质是除了身体素质和知识素质以外的与思想有关的所有素质因素的总合，体现了“思”、“想”和“做”的功能，具有自觉能动性。信息在脑中程序的网络上可以这样走，也可以哪样走，这就是思想；思想的结果立即指挥身体的有关部位作出反应，这就是思想素质。思想素质都会反映出人的行为表现、体现出思想的力量。

人们知道一些思想，如：记忆力、智力、道德、自信心、思维、创造力、妒忌心等等，不知道它们是思想素质。人们对思想素质还没有一个完整、科学的认识，

思想素质的一个特点是：表面上，眼看不见、手摸不着；实际上，思想素质是客观存在的、是物质的、不是空虚的。

思想素质实际上是身体素质和知识素质共同作用的结果，反过来又直接影响到身体素质和知识素质的大小和发挥，在整个人才素质中起主导和指挥作用。

人生初期输入的无数信息都属于社会教育，结合和利用身体素质、知识素质炼造了头脑中的软件程序，形成相应的思想素质因素。人一接触到类似信息，通过感觉器官输入到头脑中相关的思想软件，立即按软件程序运行，通过神经网络路径，指挥人的相关部件作出相应的反应；指挥着人的一切实践活动，产生、支配和调节人的行为。所以思想素质是人的灵魂，是脑信息的活动，是人才成长的动力，贯穿在人生一切活动的全过程。思想素质因素的软

件程序是很奇妙、很复杂的，一个人可同时接收几个信息，每一个信息可进入相应的思想软件，经过思想，同时产生许多指令，指挥身体各个部位，协调一个人的行为。

由于大脑结构和功能的差异、神经路径粗细和阻抗率等的区别，对不同的人，相同的思想素质因素软件程序也是有差别的。人体有十分复杂的神经网络，信息活动的路径不同，就有不同的结果。所以，遇到同一件事情，不同的人会有不同的态度、不同的反应行为，反应的速度和结果是不一样的。这就是思想素质指挥行动的实质和过程。

思想素质形成了人的本性、反映了人的精神面貌，思想素质是思想素质因素综合的功能和能力、思想素质支配着每个人的言行，思想素质的大小直接说明了人的思想的力量和思想的好坏程度。

看一个人，一是看身体，更主要是看思想素质好不好。思想素质不但能说明一个人的聪明程度和文明水平；而且，思想素质可以产生一种内在动力，主导着为人处世。思想素质具有认识问题、分析问题和解决问题的能力。

思想素质是由许多思想素质因素按思想素质公式组合成的。

思想素质是由社会关系和客观存在决定的，大脑和神经网络的遗传因素对思想素质有重大的影响，但决定思想素质好坏主要是后天造就的。思想素质是可以炼造的，如何塑造和改变头脑中的思想素质因素软件程序，这就看思想教育和思想改造的结果。

思想素质因素的软件程序是可以改变的，比如说一个人经常随地吐痰，形成了习惯或本性，到了一个新地方，规定：不得随地吐痰，违者，每次罚款 10 元。这个人罚款 1 次还是改变不了随地吐痰的坏习惯；罚款 2 次、3 次，再也不敢随地吐痰了。说明他的吐痰程序改变了。无数事实说明，人的思想和思想素质都是可以改变的。要改变一个人的思想素质因素，有的较容易，有的也是很难的。

思想素质因素有的会向好的方面转变,有的会向坏的方面转变。一个人,当受到社会环境的刺激,不能正确对待,会使一些思想素质因素突然受到干扰、威胁或破坏,就会引起或产生精神疾病。

思想素质对身体素质和知识素质起着记忆、统帅和指挥作用。比如说,一个人要搬运大米,"要求他搬运的有关信息"传入他的头脑,思想素质指挥眼睛和手脚去搬运大米、并且指挥听力等素质因素协调配合,他每一次搬多少重,怎么搬法,是由思想素质联合、指挥身体素质和知识素质所决定的。而环境条件等外界因素又作为新的信息进入头脑,由思想素质和知识素质处理后由身体素质表现出来。整个搬运过程就是这样。人的任何行为,也是这样。这说明了思想素质理论和人才素质理论是符合客观实际的。

思想素质既能加强、促进人的活动力,又能减少、抑制人的活动力。思想素质决定了一个人活动的方向和性质,决定了一个人的前途,也反映了一个人对社会所能起的精神作用的大小。人的思想素质是无形的内在的"动力资源";思想素质在环境不适应的条件下,是以潜在的形态存在;只有在环境需要的时候、在心情处于较佳状态时、在知识素质的作用下,才有所表现、焕发出充沛的精神与活力。

思想素质是通过人的行为表现出来的。所以,通过一个人的行为表现就能看出一个人的思想动态和思想素质。在学校中,每学期,班主任都有对学生作"操行评语"或鉴定,以评价学生一学期的行为表现,一般只写遵纪、道德和学习表现,而对更多的思想素质因素置之不顾,说明学校中的思想素质教育很薄弱,说明老师对思想素质都不是十分清楚。

思想素质决定了一个人的行为习惯。一个人的行为习惯是在

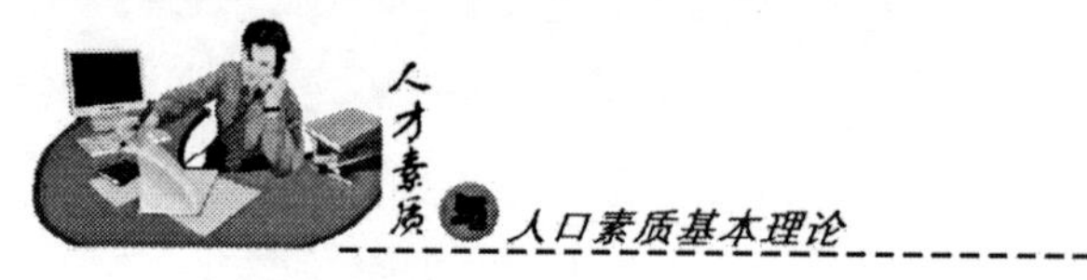

一定年龄阶段形成的，过了这个年龄阶段，思想素质稳定了再进行教育，往往难以奏效或事倍功半。一个人要学习、要树立一种观念不是容易的事，而要改变一种观念更难。

习惯是思想素质软件程序的一种具体表现。习惯就是人们在长时期里逐渐养成的、一时不易改变的行为、倾向或社会风尚。习惯一旦形成，就会在人们的言行等方面自觉不自觉地经常出现，有的还因此被当成是自然的。好习惯与人有利，与己有益，会成为上进的推动力；坏习惯形成惰性，害人又害己，会阻碍进步，甚至导致犯罪。童年时期的经历造就了各种习惯，对人一生的思想素质的影响是最大的。习惯只要是违理的，不文明的，不管“自然”与否，都应受到教育和纠正，使之不再习惯、无法自然。习惯的形成和改变是有条件的，它一靠自觉，二靠强制，两者相辅相成，它的形成并非一定要长时期，改变也不一定“一时不易”，只要思想上有所认识，主观上下决心改，即使已成自然的坏习惯也不难改变。行为一旦变成了习惯，俗语说：“习惯成自然”，就会成为人的一种需要，成为他的社会本性，俗话说：“江山易改，本性难移”，可见适时的思想素质教育是多么重要！思想素质的稳定性是相对的，不是绝对的；本性难移，不是不可移。思想素质的好坏是可以通过教育、训练和有力的措施来改变的。

人的思想素质一方面表现为对自身能量的开发和挖掘，对个人言行的控制和调节；另一方面表现为对社会对他人的影响和感染，对群众的带动和激励，对所处系统和环境的作用和贡献。

思想素质是造就人才，乃至造就天才的重要基础。古今中外，凡是有成就有作为的人，几乎都具有良好的个性品质，他们好学、勤奋、专注、意志坚强、毅力过人、有百折不挠的进取心和持之以恒的决心。

思想素质具有强有力的难以阻挠的力量。成功的奥秘不在于

外界，而在于人的思想内部。你的财富、一切成功和成就，最初的源泉就是思想素质，环境只起辅助和激发作用。

一个人的思想素质好，有强大的精神力量，他做事会一帆风顺，会为社会作贡献。一个人的思想素质差，做事效果低，严重者会导致犯罪或自杀。当思想素质为0时，人便死亡。这是思想素质的特性。

思想素质低的人，危害是巨大的。不要说全世界，就说在中国，每天都有人犯罪，每天都有人自杀。所有犯罪，对社会都会造成危害和损失。

思想素质低的人会患心理疾病，而且有些心理疾病还会传染，比如癔症等。这是一种心理或精神现象在不同人之间的互相感应产生的现象，是由于思想素质因素接近的人，在得到癔症信息时产生的共鸣，如若一个人的思想素质较高，他遇到癔症病人，不会产生思想共鸣，他就不会受到癔症传染。世界卫生组织估计，全世界有500万人患有精神疾病；思想颓废枉活一生的人不计其数。

犯罪、自杀、精神病和颓废是思想素质问题带来的四大祸害，但是人们没有从思想素质这个根子上找原因。党、政、公、检、法花了巨大的代价来对付和处理这些祸害，祸害仍此起彼伏。可见思想素质多么重要。

现在不是自然界阻挠人类，而是人类落后的思想阻碍了人类的进步！思想素质关系到个人的一切，关系到国家的前途，关系到人类的安全和进步，我们不能熟视无睹。

尊重人才，首先应当尊重人的思想。社会和个人都必须重视怎么样使人的思想活跃起来，多动脑筋，勇于探索，勇于创新。

四、对思想素质的不同看法

思想素质是人口素质的重要组成部分。过去，人们对思想素

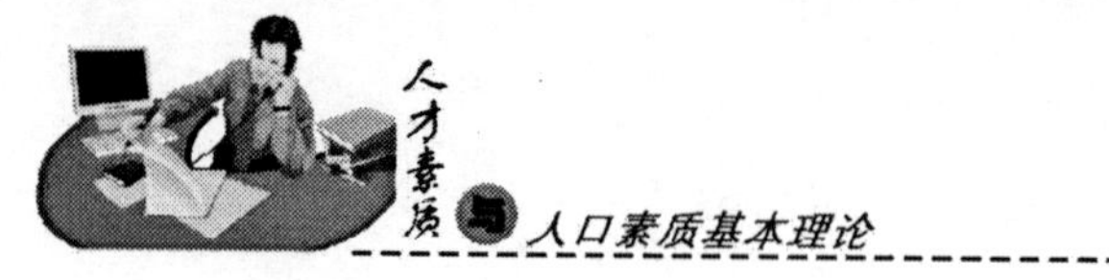

质因素的认识还很薄弱，因为没有思想素质理论指导，无从研究人口的思想素质；人口学界有人认为，他们承认身体素质和知识素质是人才素质，因为它们是物质的；而思想道德等非物质因素，是意识形态的东西，是精神，不是物质的，不是人才素质。这种唯心主义的观点严重影响了人们对思想素质和人才素质的认识和研究。

对于人口的思想素质研究，人们只抓几点而丢了一大片；许多思想素质因素还是一项一项的空白。现在运用人才素质理论和人的思想素质理论就可以有条理地研究个人的思想素质和人口的各种思想素质。

本理论认为，(1)人的思想是人与动物、与任何物体的本质区别，承认这个区别，就是承认思想和思想素质因素是客观存在的，不存在如何区别？(2)区别就是物质的区别，如若思想不是物质的东西就没有东西，就不存在这样的东西，没有东西如何区别？(3)承认这个区别，就是承认区别的一方——“人的思想”是‘人’特有的、是人所共有的、是人的基本成分之一；而区别的另一方(如动物)没有思想或与人的思想相差悬殊可以忽略不计。(4)人的身体素质、思想素质和知识素质都是物质和精神的统一体，每种思想素质因素都是以身体素质和知识素质为基础。人脑是产生思想素质的器官，思想素质是人脑指挥全身的功能，没有思想素质就等于人脑和神经都死亡了，也就没有身体素质了；没有思想素质，头脑中就没有信息、就没有知识素质；承认知识素质是物质的，就应该承认思想素质也是物质的。(5)每项思想素质因素都是一种复杂的软件程序，软件程序是知识是物质的，也应承认思想素质是物质的。(6)从勤劳素质因素测算标准和智力测验等已经证明：思想素质因素是可以测算的。能够测算、能够比较就是物质的，非物质的东西是不能测算、不能比较的。而测算的方法不限于“用尺量”、“用秤称”，人们的思想要跳出旧的框框套套，凡是能区别大小、区别强弱的方法都可以是测算的方法。(7)过去人们的思想中有意识形态部分,应归入相应的知识素质因素中,如政治素质、阶级素质、政党素质等都属于知识素质。

总之,应该确认“思想素质的存在”、“思想素质是人的基本成分”。不承认思想素质的存在,你就不会去研究思想素质,可能还会阻碍思想素质的研究。

五、八荣八耻强调抓好思想素质

中共中央总书记胡锦涛于 2006 年 3 月 4 日提出了中国社会主义的荣辱观、道德观:

以热爱祖国为荣,以危害祖国为耻;(这是思想素质的爱国素质因素)

以服务人民为荣,以背离人民为耻;(这是道德素质因素、为公素质、爱国素质和勤劳素质因素)

以崇尚科学为荣,以愚昧无知为耻;(这是知识素质和学习精神素质因素)

以辛勤劳动为荣,以好逸恶劳为耻;(这是勤劳素质因素)

以团结互助为荣,以损人利己为耻;(这是为公素质因素、爱国素质和诚信素质因素)

以诚实守信为荣,以见利忘义为耻;(这是诚信素质因素、为公素质因素)

以遵纪守法为荣,以违法乱纪为耻;(这是遵纪守法素质因素)

以艰苦奋斗为荣,以骄奢淫逸为耻。(这是道德素质因素、人格素质因素、勤劳素质因素)

八荣八耻还都含有自尊心素质因素、羞耻心素质因素和人格素质因素等等,八荣八耻充分体现了一个人思想的好坏和知识的深浅,反映了一个人精力和知力的大小。

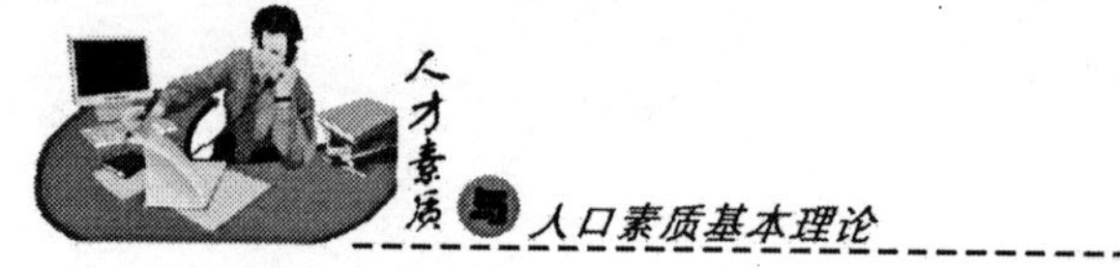

这八荣八耻都是人的思想素质和知识素质，是人的行为表现，证明了这些思想素质是客观存在的。为荣的是大于1、大于1个标准人的思想素质，有好的表现；为耻的是小于1、小于1个标准人的思想素质，有坏的表现。这些思想素质因素都在1上下波动。

八荣八耻是胡锦涛总书记伟大而崇高的思想素质，是国家安定和强大的思想基础。“八荣八耻”也是人们思想素质的一面镜子，能照出一个人的思想面貌。每个人都可以将自己的行为表现用这面镜子来对照，以促进自己的进步。荣耻只居其一。为荣就是好思想，为耻就是坏思想。为荣者会有好前途，为耻者会成为社会的渣滓。谁都希望有荣耀，谁都不喜欢耻辱。

我们应认真学习八荣八耻，社会应认真贯彻八荣八耻，使荣辱有别，才能促进人口的思想素质的提高。

第二节　思想素质因素

思想素质因素是思想素质基本成分的思想功底，是人在社会实践中积淀形成的能长期发挥作用的基本的思想功能，是人的一种潜在的精神力量。思想素质因素是头脑接收贮存了一定的信息后，对相关信息的反应能力和处理能力。

每一项思想素质因素都是思想素质和人才素质的一个构件、都是客观存在的、都是思想素质的基本成分、也是人的基本成分，都要符合**人才素质因素定律**：

每个最基本的素质因素对于每个人都只能有一个，可以强一点或弱一点，可以大一点或小一点，但一个人不应该有二个以上同样的因素构成(复合因素除外)；正如一个人不能没有头也不能有两个头，不能没有手也不能有两双手一样，否则就不符合客观事实或变成不能在社会中独立生活的畸形人。

该定律导出人才素质规范。

规定一：任何人每个素质因素的大小只能在0到2之间变动。我们把当代标准人的素质因素定为1，比他弱的定为小于1大于等于0，比他强的定为大于1小于2。若用千分数为单位，则有二千个等级，很能说明强弱了。

规定二：每项人才素质因素都要在规定一的原则上制定国际测算标准，作为测定人才素质因素的尺度，对任何被测人一视同仁。

思想素质因素是用标准人作参照点，用标准人(相应的量)作计量单位，而标准人各项相应的量是人类现代化的水平，不是人口的平均水平。

以上说明，任何人的每一个思想素质因素都必须遵守人才素质规范，都是有大小的、可测算的、有限的、其大小都在0到2之间变化。这是思想素质因素的一条铁定的规律。

人的思想素质因素，或者说人的思想素质软件，现在知道的就有几十种，各式各样，多彩多姿，非常奇妙，而且一些思想素质因素又互相串通、互相作用、互相影响。所以，人的心理被恩格斯誉为"在地上的最美的花朵"，绚丽多彩。

思想素质因素在人的思想活动和发展中是相对稳定的、并具有广延性。

思想素质因素指挥人的行动。每种思想素质因素都可以通过人的表情和行为表现出来；所有的思想素质因素都是从社会实践中产生的、人类特有的和所有人所共有的精神活动。所以说，思想素质因素也是客观存在的。

思想素质因素在人的学习、创造性活动中，起着动力、定向、指挥、激励、维持、强化等作用。

在思想素质中，大部分的思想素质因素尚没有引起人们的注

意。人并非完全受智力所控制，许多非智力因素如情感、性格、勤劳、道德、人格等等几十种思想素质因素都会构成一个人行为的原因。

所有罪犯都是因为一些思想素质因素低、侵犯了别人或社会或国家的利益而造成的，思想素质因素低是所有犯罪的真正原因。当然，罪犯也有一些思想素质因素是好的，发现之，有利思想教育，以好治坏，改变他不好的软件程序，改变他不良的信息路径，就会取得更佳效果，才能彻底改造罪犯。

思想素质因素也有思想素质因子，每项思想素质因素的素质因子并不多。在测算思想素质因素时要包括所有能够测算的思想素质因子。不能测算的思想素质因子可以暂且放在一边，什么时候研究出该思想素质因子的测算标准，到那时再拼入计算。

思想素质因素分为致命的思想素质因素和非致命的思想素质因素两类，都是人类的思想活动之一；都是人所共有的，任何人都不能或缺的思想素质；对人的社会生活、工作和个人的前程都有重要作用，甚至是决定性的作用。

我们在研究思想素质因素中应尽可能分解成最基本的素质因素。以下对思想素质因素作些介绍，主要是说明该思想素质因素的知识、存在和作用、为制定思想素质因素测算标准提供一些参考，对于读者对照自己的思想素质也有参考作用。

第三节　思想素质的致命因素

当一项思想素质因素等于 0 时，人才素质也等于 0，人会死亡，它就是思想素质的致命因素。思想素质的致命因素有：

一、思想素质的记忆力素质因素

设 b_1 为思想素质的记忆力素质因素。记忆力素质因素是记住和想起过去经历过的事物的形象或事情经过的能力。

没有记忆便没有继承、没有知识，也就不可能认识客观事物。一切智慧的根源都在于记忆。记忆是整个心理生活的基本条件。记忆是智力的一个重要因素，是思想素质的基础，是人类智慧的基石，是评价一个人聪明与否的重要标志。当一个人的记忆力为 0 时，他全忘光了，一句话都不会说，一个字都不会写；不是濒临死亡，就是像动物那样活着。所以记忆力是人的一种致命因素。

记忆力的实质是神经元通过感官把外部信息通过神经输送到大脑某位置，贮藏入信息，当你需要的时候能够找到大脑该位置的信息，你就记起该信息，这就是记忆。如果说神经元找不到存放信息的位置，就取不到原先信息，就记不起来了。这个原理对于研究人的神经和大脑、研究计算机、研究智能机械，可能都有参考价值。如何接受信息、搬运信息、摆放存储信息、处理信息，对于研究记忆都是有意义的。

记忆方法有逻辑记忆、分类记忆、类比记忆、纲要记忆、图像记忆等。记忆方法按记忆的内容分为形象记忆、逻辑记忆、情感记忆、运动记忆等；按记忆保持的时间分为感觉记忆（瞬时记忆）、短时记忆、长时记忆、和永久记忆等。

人的记忆不可能一下子得到强化。当你存好信息以后，接着再回忆或重复这个信息，反复几次，你的记忆就非常深刻；多次反复输入同样的信息，使这个信息增厚、增广、增大，容易被发现，才能防止遗忘，这是提高记忆力的重要方法。每晚临睡前和次日早晨，如把一天所经过的主要事情回忆一下，能增强记忆也是这个道理。

对一些重要的书或文章，反复阅读，伴之深思；深思就能反复增厚信息，组合或扩展信息，往往会产生新的体会和新的认识，甚至发现新的知识，这叫温故知新。

对记忆对象有兴趣，注意深入细致地观察记忆对象会明晰和增加进入脑子的信息，会提高和增强记忆力；要理解记忆对象的意义，对记忆对象进行与它有关事物的联想，都能有效地提高记忆力；利用自己得意的感觉如：听、看、读、写等特长会增强记忆力；抄写也是许多名人的高效记忆法。记笔记是帮助记忆的最有效的手段，即使是非常简短的记录都好。

研究表明，有信心的人记性好。你有信心记住某信息，通过专心和努力，你就能记住它，记忆力就好。忘了可以再记，多次再记就不容易忘。

要善于掌握帮助记忆的窍门：背诵是记忆的根本；争论是记忆的益友；理解是记忆的基础；重复是记忆的技巧；趣味是记忆的媒介；联想是记忆的捷径；应用是记忆的动力；简化是记忆的助手；抄写是记忆的手段；卡片是记忆的仓库。

据欧美的心理学家测定，人体短期失水 2%，人的记忆功能和计算能力等都会比正常功能差得多，所以每天喝水、喝茶补充水分是必要的。

遗忘是记忆力素质因素的低级部分。遗忘有两种，一种是记忆力差的表现，要算入记忆力素质因素在 1 以下；一种是下意识不去记它，也是一种天赋的能力，对无用信息的遗忘，对伤心事件的遗忘，有助于有用信息的记忆。列宁说："忘记过去就意味着背叛！"优良传统是不能忘记的，受苦受难是不能忘记的，基本知识是不能忘记的，真理是不能忘记的。而错误的信息、无用的信息和落后的信息，都要善于遗忘。遗忘能力强的人，容易接受新生事物，老是忘不了过去就意味着保守和落后，保守会阻碍发展，落后是要被淘汰的。这种遗忘不是真忘，而是一种振作、一种成熟、一种超脱。

记忆力好坏，受智能高低、教育程度、生活经历、环境、爱好、性格等诸多因素影响。在同一天里，清晨、上午、下午、傍晚、深夜的时段，记忆效果大不一样，因为不同时刻，人脑的疲劳程度不一样，清晨时，因为经过夜睡眠，细胞得到充分休息，醒来觉得特别清爽，记忆力较强，其他时段，记忆力好坏因人而异。每个人都可以自己理出头绪，充分利用记忆力好的时段，记忆力好，思维能力也强，工作效率较高，容易出成果。我是上午 9 点钟左右到 10 点半记忆力差，要喝茶提神；我有午休习惯，早晨、下午和晚上记忆力都不错。各人不同吧！

衡量、评价一个人的记忆力可从以下几点综合评判：(1)记忆的正确性：是指对记忆材料回忆的准确程度。记忆的正确性在记忆的各项指标中居于首位。(2)记忆的持久性：是指对记住的事物所保持时间的长短。(3)记忆的敏捷性：主要指记忆的速度，即对于某种印象(信息)一次呈现后能复现多少。记忆的敏捷性是提高记忆效率的先决条件，只有记忆得快，才能获得大量的知识。每人的记忆大有不同，有的人视觉记忆好，有的人听觉记忆强，有的人记得迅速，但忘得也快。(4)记忆的准备性：是指能够根据自己的需要，随时从自己的记忆中迅速而准确地提取有用的材料。(5)记忆力的强弱：我们可以通过一个人能记住多少个零散不连贯的单词来衡量。

记忆力素质因素要求人们对大脑仓库的信息能取放自如，若不能根据需要随意提取，就是学而不能致用，知识就变成摆设、变成名不符其实的空架子了。

记忆力素质因素低的人，容易犯痴呆症，年龄大了会发展为老年痴呆症。

人的记忆力潜力很大，是一个开发不尽的智力资源。

人们对记忆力已经有多种衡量和评价的标准，现在还需要按人才素质规范进行折算，制定出“思想素质记忆力素质因素的测算标准”，就可以参与各种计算分析。记忆力的大小也是在0到2记忆力素质因素之间变化。

二、思想素质的爱国素质因素

设b_2为思想素质的爱国素质因素。爱国素质因素是指热爱自己国家的思想素质。

世界上每个人都有他的祖国，都要有爱国思想，都要了解和热爱自己的国家，努力建设祖国；建设世界，为祖国争光。如若一个人背叛祖国、出卖国家利益，就会犯罪坐牢，如果他的爱国素质因素降到0，他就会被祖国处死。所以爱国素质因素也是一项致命因素。

爱国思想是对自己祖国的一种深挚感情及其理性升华，是各国凝聚力的重要源泉。爱国主义是要有主人翁责任感；你是这个国家的人，就是国家的成员，就要坚持自己国家的自尊、自主、自强的精神，振奋民族精神，提高民族自尊心和自信心，实实在在地努力建设祖国。爱国也包含爱人民、爱家乡、爱学校、爱老师、爱国旗、爱父母、爱家庭、爱祖国的文化和历史地理、从灵魂深处去关心祖国的命运和前途。对同胞要互尊、互敬、互爱、互谅、互让。

爱国不仅是一种个人的义务，更是每个国民的责任。国家兴亡，匹夫有责。要像热爱自己的母亲一样热爱自己的祖国，一个热爱祖国的人，才会热爱人民，热爱自己的人民才会热爱全人类的进步事业。

改造自然，建设世界，为全人类服务，为祖国争光，这是热爱祖国的升华。通过合理渠道到外国学习、奋斗、拼搏，只要不出卖祖国的利益，其爱国素质因素不算很低。有的出国深造，学好更多、更大的本领，为祖国服务，这也是爱国思想素质好的表现。

爱国思想素质因素也包括爱集体，集体观念的大小和团队精神也是爱国思想素质因素的具体表现。不爱集体的人是不会有好的爱国思想；集体观念可以分别作为爱国思想素质因素和为公思想素质因素的因子。

爱国思想素质因素并非人人都清楚，比如说一个人的创造、发明，在创造中和创造后都表现了较高的爱国思想素质因素，创造成功还要千方百计地发表，以迅速地推广应用，也是为国争光的具体表现；但人们不一定这样看，有些出版商看不到自己的利益，就会有种种原因和借口给予“冷处理”；使一些发明创造或重大成果迟迟无法出版，以后被外国人发表了，本来是中国人首先创造的却变成是外国人首先创造的。说明一些出版商和社会上有关的人的爱国思想素质因素较低。就是说，爱国思想素质因素还包括你对别人爱国思想的态度。一个人不支持别人为国争光的行为，能算爱国吗？

爱国思想素质因素也要制定测算标准，其素质因素的大小也在 0 到 2 之间变动。

三、思想素质的遵纪守法素质因素

设 b_3 为思想素质的遵纪守法素质因素。遵纪守法素质因素是指自觉遵守国家法律和群体的规章制度的能力。

国有国法，家有家规，每个单位都有规章制度。人类的群体是靠纪律制度统一成一个整体。一个人要有法纪观念。法是国家法律，每个公民都要维护国家法律、遵守国家法律，国家才能巩固和发展。有些国家还有省或者州的地方法律，地方法律必须服从国家法律。纪就是你所在单位或任何群体的纪律制度，谁不遵守，他就破坏了群体的统一性、损害了群体的利益，是任何群体都不允许的。遵纪守法素质因素为 0 的人，他在人类社会，目中无人、胡作非为、违法乱纪、祸国殃民，必无立足之地，甚至被判死刑。所以遵纪守法素质因素也是一项致命因素。

人们从小就培养着遵纪守法素质。国家及任何单位，都需要人们形成“有章可循，有令则行，有禁则止”，自觉遵守各项规章制度的好风气。

法和纪是人类群体的象征，是团结的基础。纪也是家规，家规要服从国法。

遵纪守法是人类每一个“人”最基本的一个思想素质因素，要按人才素质理论加以规范。当 b_3 等于 1 时，为标准人的遵纪守法素质；当 b_3 小于 1 时，一个人就很“任性”，想干什么就干什么，甚至目无法纪、犯法坐牢。

四、思想素质的学习精神素质因素

设 b_4 为思想素质的学习精神素质因素。学习精神素质因素就是人想学习的精神动力，一个人所拥有的学习能力。

学习是人的一种本性、本能。人一出生，就通过眼睛、耳朵、口鼻、皮肤和头脑接受信息，进行学习，就要学吃，学看、听、走，学说话，学做事；人一有生命，人的感觉器官就要传入景物、声音、冷热、触感等信息，传入信息就是学习。通过学习提高知识素质，增强思想素质和身体素质，如若真正没有学习精神，他就无法接收和处理信息，他就什么都不会，他就不是人或不像人。所以，学习精神素质因素也是一项致命因素。

过去是以个人自然状态的学习为主，比如文盲。中国 2000 多年前的孔子时代，文化已经比较发达，但绝大多数人还是以自学为主，教师很少；20 世纪以来教师增多，才逐渐以社会培训为主。中国早在清朝就把“学”作为人才要素之一，“学”就是指学习、学问和知识。说：“非学无以广才、非学无以明识、非学无以立德”。马克思说过：“不学无术”。可见学习何等重要。

人们天天都在接受信息、天天都在学习知识，学进什么是人才素质的关键。学进什么？要看家庭和国家给人们创造和提供的社会环境。

学习有共同的内容，但更多的是不同；你学这个，我学哪个；你想东，我想西。所以，有些人读书不好而有些方面又很出众，各有前途。要注意的是：人们每天所学、所接受的是好知识还是坏知识；多学好知识，你会成为栋材；学了坏知识，你的知识素质很低，你会成为歪才或蠢材。

一个人要见多识广，就必须不断学习别人和前人所创造的知识，通过社会实践，经过判断、总结、提高，日积月累，就会知识渊博。“才能”越高，越会促进学习，身体素质和思想素质也越高。自学是成才的捷径。你不去学习，就不可能有知识收获；你盲目地学习，收获就很小。

现代人的学习不像原始人那样随意、自然、单调、简单；现在的学习，越来越复杂，除了自然环境知识更加复杂、更加深入以外，实用性、目的性和社会性很强，有很高的回放要求。人们学习的目的全在于应用，强调学以致用，并能创新；要具有现代人的学习精神和力量。现代人的学习是为了人心灵的建树；从自然中学，从书本上学，从社会上学，从小学到老，无非是学习一种把握幸福的能力。

国际上有一个通行的说法，好的学习是导致行为改变的学习。现在又有一种说法，只有导致一个人整个价值体系重塑，行为方式变得更有效率，更便捷，更合乎社会要求的学习，才是好的学习。我们最大的难题是选择的难题，我们需要有选择、有规划地进行学习。一天学了什么？学路正确，成就辉煌。贪多嚼不烂，不如把有

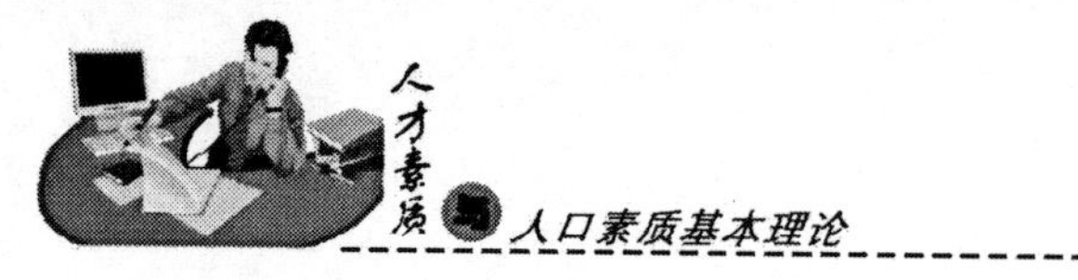

限的知识融会贯通,融入自己的生命。孔子说:“学而不思则罔,思而不学则怠。”一定要一边学,一边想,一边用。

学习是从听讲、阅读、研究、实践中获得知识或技能的。有学习的愿望和动力,有较高的学习精神素质因素,比起“有一定的知识”更重要。世界上凡是有作为的人,学习精神素质因素都很强;学习精神差的人,一生就不会有多大的作为。

在学习中,一个道理,一则公式,一条定理或定义,一个规律,都讲得那么言简意赅,要通过思考才能把里面包存的意思一条条地分析出来,一步步地讲清楚,才算学到家。

有的人非常好学,进取心强,见什么学什么,学习认真,学习效果很好,很有前途。养成良好的学习习惯是十分重要的。要主动地学习,争先恐后地学习。列宁说:“学习学习再学习”。

有的人害怕学习,即使参与学习,因基本功差,成绩不好。有的人学习没有兴趣,只是混时间。不听话的孩子,也不听“学习的话”,学习也不好。

许多学生学习不好的原因,就是不去找重点,不去记重点;学了一节课,时间是付出了,但不知道学了什么,作业不会做,考试不及格,收获很少。学习没有收获哪儿来的知识呀?人每天都在观察信息,随时都在学习,你不可能全部都学好,你每天最少要学一些重点。你要找着重点,记住重点,就是关键、就是经验、就是知识。

司马光曾说:“读重要之书,不可不背诵。”古来有句名言:“熟读唐诗三百首,不会写诗也会吟。”培根认为:“有的书则应当全读,勤读,而且用心地读。”对于知识类的书要熟读,重点要背诵,是为了更好地学习和理解、更牢固地掌握知识。读书要在理解的基础上增强记忆,在记忆的基础上去理解。熟读、背诵的书、文,久存于心,算是生了“根”,随着人们新的经历、新的学习,能使这些根得到知识营养、发芽、长叶、开花、结果。书本知识是不断发展的。我们提倡读书多思，提出疑点，多问几个为什么，有根据地质疑，才有进步。

读书有两个阶段，第一是初级阶段，读什么学什么，背诵书文就像小和尚念经一样，能够背诵“经”就算是学会了；小和尚念经，有口无心，是不会有多大作为的。第二是读书的高级阶段，只有通过思考才能真正理解书里的精神实质。认识真理是一个曲折艰苦而快乐的过程，在这个过程中，只有思考，才能迸发人的智慧之光，把所学的知识举一反三，触类旁通，获得透彻的了解，揭示事物的本质，认识和掌握真理。有几分努力，就必然有几分的收获。文化素质高的人，知识基础好可以不经过初级阶段，而径直进入读书的高级阶段进行研究、取得成就。

记忆力是学习精神素质因素的一项因子，没有记忆就没有学习。记忆力素质因素差的人就要花更多的精力、更加勤奋学习，也会有前途。

模仿能力是学习精神素质因素的一项因子。信息因模仿而传播和传染，好坏都会；在人生一定时期，人的思想素质还没有定型，见好学好，见坏学坏，“近朱者赤，近墨者黑”，这应引起家庭、学校和全社会特别关注。只有当一个人具有明辨是非的本领、具有批判能力，才能自觉地拒绝坏信息，模仿好信息，你才会进步。

当别人做某种事情时，有的人看一次就学会了，有的人看好几次也学不会，说明模仿能力也是有大小的。

求同心理也是一种学习精神。在孩子的生长发育过程中，求同心理占有重要位置，求同心理贯穿人的一生；人一出生就模仿大人，到成年后关注社会、追求时髦、崇拜名人，以及渴求社会对自己的承认等等都是求同心理的表现。

好奇心既是兴趣素质因素的一种因子，也是学习精神素质因

素的一种因子。

好奇心是学习精神的一种动力。儿童的好奇心最大,儿童对人对事都感到好奇,才使他们不断地学习、思考和探索。老年人的好奇心还起到延年益寿的作用。

人们在好奇心驱动下会促使人们去动脑思考,不断地进行新的探索和实践。好奇心驱使人们不懈地寻求事物变化的原因、方式及诸事物间的联系并试图得出令人满意的解释。好奇心强的人,疑问性强,不盲从,敢大胆发问,探索精神好,善于发现问题,勇于冲破旧的传统观念,勇于创造,勇于改革,锐意进取,不满足现状,有独创精神。

多疑也是一项学习精神素质因素的因子。多疑具有两重性,好的方面会促进学习,差的方面会阻碍甚至放弃学习。

改错也是学习素质因素的一项因子,是一个人进步快慢的决定性因素。改错素质高的人,经常注意寻求真理,自觉克服坏习惯,社会教育对他最起作用,见好就学,知错就改,是很有前途的人。改错素质差的人,懒惰,顽固不化,不易接受新事物,学习精神差,学习和工作表现都不好;严重者腐木不可雕也,但社会还是要尽力帮助他。

虚心也是学习精神素质因素的一项因子。虚心的人,不易自满,谦逊好学。俗语说:“虚心使人进步,骄傲使人落后。”

勤奋也是学习精神素质因素的一项因子。勤奋的人学习较好,懒散的人学习较差;反过来说也一样,学习好的人比较勤劳,学习差的人比较懒惰。这是必然的规律。

人们普遍认为,差生不是弱智就是行为习惯、甚至品德有问题。据江苏省教育科学研究所对全省的一分调查表明,大部分差生是由学习障碍导致,有学习障碍者占儿童总数的14%。家长和教师因不了解这些孩子“差”的真正病因,不能正确对待这些孩子,使这些孩子的学习障碍成为痼疾，成为本性，很难改变。作者劝告读者，在你的孩子4岁到15岁时，要注意矫治孩子的学习障碍，越早越好。学习障碍往往是学生学习不得法，教师、家长和一些同学旁门左道的影响造成的。比如说，不懂得抓重点，定义和公式记不住，基本功差，就形成障碍；往后遇到有关题目，都无法解题；基础打不好，学习无兴趣，成绩很差。这是学习素质因素的重要问题。学习不好，不能乱套品德问题。

"学如逆水行舟，不进则退。"知识需要积累，需要不断学习，才能跟上科技发展的需要，你不学习，人家前进了，你原地踏步，甚至于忘却和落后了。

到大学毕业，在学校所获得的知识只是人生所学会全部知识的20%左右，而80%以上的知识要在走上工作岗位以后的社会实践和再学习中获得。因此，职工自学和抓好在职培训都是非常重要的；要掌握现代化的知识，就要不断地加紧学习。同时，年岁大的人，要能动地调动头脑中贮藏有的丰富的知识信息，组合成新的知识信息，也会有创造和发现；社会应当充分重视这些知识的进步，这是人类进步和发展的宝贵财富。不挖掘这个潜力，许多宝贵的智慧就随同个人走向消亡，这是人类最大的、最可惜的浪费。

学习知识需要时间，需要付出精力，一个人所拥有的知识是与他所付出的时间和精力成正比的。付出时间，也必须付出精力和体力；不付出精力和体力，只是虚度时光。在同样的时间内，刻苦钻研的人硕果累累，而碌碌无为的人落得两手空空。

有好学精神是任何有成就者的共同特点，无一例外。这是人类的一条真理。有成就者的学习精神素质因素会大于1。学习精神差或害怕学习者，其学习精神素质因素都小于1。

真正好的学习，是把一切学习用于自我，让学到的知识为我所用。任何事都可以探讨，任何事都可以研究，任何事都可以做出成

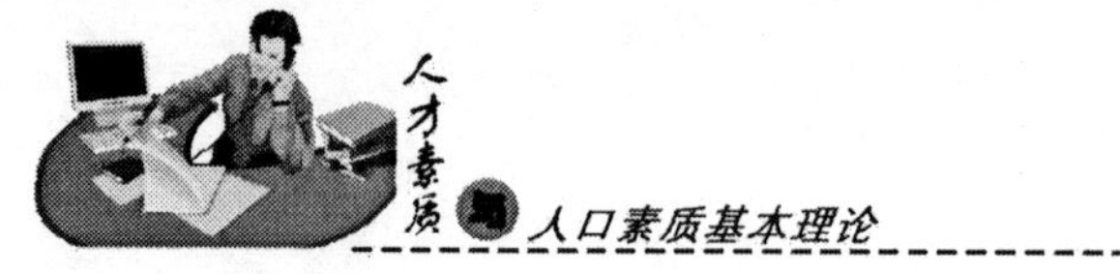

绩和贡献。

学习精神素质因素也要制定国际测算标准，其大小都在 0 到 2 标准人的学习精神素质因素之间变化。

五、思想素质的创造力素质因素

设 b_5 为思想素质的创造力素质因素。创造力素质因素是致力于发现和努力创新的思想表现能力，是一种产生出符合某种目标或新的情景的观念，是创造出新的社会价值的能力。

创造力素质因素也叫创造性、创造性思维，创新精神；就是在思维领域追求“独到”、“最佳”、“立奇”、“创见”、“创新”和“发展”。简单地说：一个人说出没有学过的话、做出没有学过的事，都是创造力素质因素的具体表现。创造力素质因素是每个人都有的，是“思”和“想”以及“实践”的具体表现，是人才的本质特征之一；无论是智者或愚者，只要有思想，都有自己的创造力；没有创造力素质的人就等于没有思想的人，就不是人，所以创造力素质因素也是致命因素。

创造力素质因素有对个人的作用和对社会的作用。过去人们只重视创造力对社会的作用；人们普遍认为，凡前人没有想过或没有做到的，对人类社会有益的事情，后人想到了、做到了，并有了成果，这就是创造、创新。美国科技人员认为：“创造是已有知识的重组，信息的重组。”你只要拥有足够多的信息，记住许多“已有知识”，在创造力素质因素的作用下，就会重组出新的东西。日本的说法是“用已有的知识去解决新的问题”。人们常说的创造力是能产生新东西、有较大贡献、能创造出财富的创造力。

创造力素质因素是以许多基础知识为基础的，知识基础是创造的土壤，知识越丰富，创造性的可能越强。较高的创造力素质必须建立在广博的知识基础之上，知识面较宽的人，考虑问题就易于从多角度着眼，进而融汇不同领域的知识，发现问题并寻找出解决问题的最佳途径，创造出新的东西。创造力是人运用知识去分析、去解决实际问题并进行发明创造的本领。我中学的老师常常教导我：学能生巧，举一反三，触类旁通。这"生巧"、"反三"、"旁通"就是创造力素质的表现。日常人们不重视、不善于发挥创造力素质的作用，想过就忘，用过就丢，十分可惜。这是思想素质偏低的必然结果。

没有相应的基础知识、没有思想素质的作用，就没有创造性，这是一条基本规律。

有创造才有人类的新生活。创新才有发展，创新是一个民族进步的灵魂。创造力是人类发展的动力。人类的发展就是依靠人的创造力素质因素；没有人的创造力，人类社会就不能发展；而且，人的创造力会带来新的社会价值。所以，社会上非常看重创造力素质因素；因为创造力素质因素有巨大的社会效益和经济效益，会使工作、生产、经济以致人类社会突飞猛进。据报道，美国自第二次世界大战以来到 20 世纪末的经济增长中，有 52％是来源于科技进步和革新，来源于创造力。

创造力素质因素与人的思维、想象力、知识、智力、兴趣、动机、勤劳精神、意志、灵感、情感等素质因素密切相关，这些素质因素形成创造力素质因素的内因。情绪欢快的人和有幽默感的人可能比个性冷酷或整天愁眉不展的人更富有创造力。创新需要灵感，创新也需要艺术的思想。

对某事物发现问题，由于好奇心和强烈的兴趣，收集有关问题的材料，对之不断地思索，试图改进事物、解决难题，这就形成创造性思维。大凡创造，必须有一定的知识基础，由创造动机开始，进入创造境界，经过创造的苦斗，在思想火花的启发作用下，豁然开朗而实现的。人的创造动机，是人的创造的原动力。一个人才的

动机，就是要为科学、要为发展生产力、为社会、为人类而进行忘我的解决问题的劳动。没有动机，创造性就会流失。

创造力素质因素与勤劳素质因素紧密相连；创造力需要付出时间，创造者通常是不会把工作时间和业余时间截然分开的，如若一项工作使他真正感兴趣，他就会挖掘更多的时间倾注在这项工作上，甚至于连在床铺上未入眠时都在考虑这个问题。

创造都是艰难的，创造力往往很脆弱，容易被窒息。内在的动机可以助长创造力，外在的动机却对创造力有害。假如他们的目标出自别人对他的要求、来自外部的压力，或出于其他利害得失的考虑，或者创造成果被社会冷淡，创造力就会萎缩，并影响到人口创造力的衰退。重要的是，当重大的发明创造在萌芽和诞生以后，社会应及时给予热情的支持和运用、推广，这是扶持和培育创造力素质因素的重大举措。

现代人才必须具有创造性，发展创造性要同尊重个性、尊重思想素质相结合。领导者下任务给员工“今年你要创造某某东西、某某产品”，如果这个任务是本专业的，不是很复杂的，只要接受任务的员工具有相应的水平，这个任务就能完成；这些多数是或者只能是简单的创造，或者是在原有基础上的革新或发展；而较高级的、较复杂的全新的创造往往都不是领导者下任务就能如期完成的，因为历史上凡是重大的发明创造往往是连领导者本身都想不到的事，他就不可能下任务强令发明出来。一项重大的发明创造，事前都是不存在的、别人不知道和难以想象的。创造力往往在凌乱的环境中滋生，是发明者在前人和旁人智慧启示下，在社会和自然现象启发下，在各项人才素质因素综合作用下显露出来的。

独创性也是创造性的一种表现。独创性就是一个人单独创造的，实际上独创性也要用到人类的许多知识，没有真正意义上的独创性。

创造精神是一个人成功的诀窍。创造力素质因素强的人，创劲强，能带头；而不是人家带了头，你跟在后面走；对于新事物，能跟在后面走的人还算好，不跟或跟不上的人，就会成为落后分子。创造力素质因素强的人，有一颗永不衰竭的进取心，善于打破旧的平衡，把各项工作推向新的境界，善于在探索中改革创新；与前人有所不同而独具卓识，有独出心裁的见解，有新的发现、新的突破，勇于弃旧图新，别开生面。

当一个人受兴趣和爱好激发的时候，如若他的创造力素质因素大于1，他较能试探不同寻常的途径，以至取得一些独特的成就；具有创造性能力的人，观察问题、处理问题不受框框的约束，可以灵活地驾驶知识，能根据客观的发展变化规律，随时提出新的观点、新的思想和新的解决问题的方式；在比较中另辟蹊径；有伟大创造发明的人，往往很聪明，但并不绝顶聪明，有些方面还很笨，不同的是他们有进取心，有创造意识，有创造热情，有创造能力。敢干怀疑，坚持真理，有冒险精神，有坚韧力，有创新力是发明家应有的品质要素。最美好的感觉在于借助辛勤的劳动和幸运，将自己独特的想法变成现实。在所有的人类活动中，创造发明新事物要算是最困难、最让人欣赏、最令自己满足的事情了。大多数富于创造力的人，终身都有成就。

一个人在其成绩没有频繁遭到非议和批评时，才思最为敏捷。过于顺从的奴才式的人，一味地迷信权威和听从权威，会束缚自己的创造力，丧失了独立思考能力；用老办法办事和按部就班，可以维持正常的工作，但使人看不到超越常规的创造性解决办法。

发明也是创造力的一种表现形式。发明和革新是创造力素质因素的成果，发明和革新是一个国家经济繁荣的基石。发展中国家对发明的定义是："发明是发明人的一种思想，这种思想可以在实践中解决技术领域里所特有的问题。"日本定义为："利用自然法

则对技术思想的高度创造。"罗马尼亚的定义是:"发明是一种技术的或科学的创造。……它代表一种技术方案,并可用于解决经济、科学、保健、国防或其他经济或社会生活的问题。"发明都是创造,但创造不一定都能构成发明。比如说,舞蹈、文艺、体育、学说等的创造,却不能构成发明。

人是在 25 岁到 55 岁创造力最旺盛,许多人认为人到老年之后就慢慢失去了创造力,可是也有研究人员发现,人的创造力在老年时期也能到达高峰。老年人较稳重,思考会慢些,但老年人知识和经验丰富,理解力强,有些脑力活动对老年人来说会更容易些,老人具有丰富的创造力。本书的许多创新观点都是作者在退休以后产生的。

一个企业、一个部门所有人的平均创造力素质因素高,这个企业就会欣欣向荣,如若人口的创造力素质因素低,这个企业、这个部门就会像一潭死水没有生气。

创造力素质因素也要制定国际测算标准,其大小都在 0 到 2 标准人的创造力素质因素之间变化。

六、思想素质的勤劳素质因素

设 b_6 为思想素质的勤劳素质因素。

(一)勤劳素质因素的定义

劳动使人从动物界分化出来,人类劳动的特征是付出自己的人力和生命的时光去制造和使用生产工具,生产出人所需要的产品。勤劳就是勤奋劳动,勤劳是人的本性之一。

勤就是"尽力做"或"不断地做",勤是成功的主要因素,勤是人类的传统美德。劳包括劳动和工作、学习,所以劳也可称为"劳作",以与单纯的体力劳动相区别。勤劳就是善于劳动、努力劳动、不怕辛苦、吃苦耐劳的精神,勤劳就是爱劳动的思想表现能力。所以，我们可以如下定义：

勤劳素质因素就是勤奋劳动的能力，也是思想素质的一项基本成分；勤劳素质因素就是在人的思想指挥下，善于付出自己的体力、精力、知力和生命的时光去从事各种劳作（包括学习和办任何事情）。勤劳素质因素等于0的人，什么都不想做，什么都不会做，他就无法独立生活，所以，勤劳素质因素也是致命因素。

（二）勤劳素质因素概述

勤劳素质也包括勤奋、积极性和艰苦奋斗；艰苦奋斗才能克服困难，艰苦奋斗才能创造出物质财富和精神财富，艰苦奋斗才能争取到胜利。

如若人们的艰苦奋斗精神淡薄就会对社会的道德风尚和精神面貌带来严重的损害。许多国家都有人相信"命中注定"；命中注定是唯心主义的；命中注定，就是改变不了，就不要艰苦奋斗了；对一个人，这意味着执迷和懒惰，并且不愿意或不敢去做任何改善。实际上没有命中注定，前途要靠自己、靠自己勤奋努力、靠自己奋斗。许多民谚古训，如：读书要勤，"书山有路勤为径，学海无涯苦作舟"；谋生要勤，"民生在勤，勤则不匮"；做事要勤，"一勤天下无难事"，连许多古代官府都高悬"勤政"匾额。日本学者研究也表明"勤奋多寿翁"。人越勤，对社会贡献也越大，自己寿命也越长。就不是命中注定的问题。

俗话说："勤能补拙"，就是说一个人要爱惜时间，在勤字上下工夫，提高时间的利用率，纵然自己的智慧不甚高，也能成才，做事也能成功。比如说，文盲学"生字"，聪明的人，教一下，他就会写了；笨一些的人，一个生字抄它二三十字也会写了。爱迪生童年时智商中等，但却历经许许多多的失败而发明了蓄电池。这些说明"勤能补拙"的道理。

勤劳也包括了劳动观念和劳动习惯。勤劳对一个人的生活、学习和工作，都有重要影响。

勤劳素质高的人会形成勤于动脑、勤于动手的习惯，这是人们全面发展的重要基础。勤劳素质因素高的人，办事勤勤恳恳、任劳任怨、埋头实干；勤俭节约，艰苦朴素，不怕苦，不怕累；主动性、积极性都很强，勇于锻炼自己，助人为乐，讨人喜欢；以身作则，实践丰富，遇到困难会想法克服，有艰苦奋斗的精神；勤劳的人耐心好、耐力强，能顽强地对付生活中遇到的各种坎坷和障碍；勇敢，坚毅，也能忍受挫折，学习好，工作出色。爱因斯坦说："勤奋几乎是世界上一切成就的催产婆。"凡是有重大贡献的人，都是勤劳工作不计时间、不怕劳苦的人，只靠每天 8 小时工作制的人是不会有重大贡献的。马克思说过："在科学上没有平坦的大道，只有不畏劳苦沿着陡峭的山路攀登的人，才有希望到达光辉的顶点。"鲁迅先生说："伟大的成功和辛勤的劳动成正比例。有一分劳动，就有一分收获；日积月累的人，从少到多，奇迹就可以创造出来。"发明大王爱迪生说："天才，那是百分之九十九的血汗，加上百分之一的灵感。"要成才就必须勤奋，勤奋使人聪明，勤奋使你富有。

做事才有成功，不干活的人是没有成功可言的。任何行动都胜过什么也不干。一天什么也不干或只是幻想的人，浪费时光，白吃饭，枉为人，是有罪的。休息是人的生理需要，休息的目的是为了保证人的健康、提高工作效率和生产能力，休息不等于什么也不干，休息是干累了必须休息，以利再干。但休息不算劳作，休息时间过长就是病态。在人生岁月中只有休息和劳作两种。

勤劳素质与社会背景、与劳动制度和分配制度也有很大关系，中国改革开放前，为了提高就业率，实行吃大锅饭的社会主义制度，三个人的活要五六个人干，在许多单位形成干多干少一个样、干好干坏一个样，干与不干一个样的落后局面。在一些机关常常可见"一杯茶，一包烟，一份报纸看半天"，多劳不能多得，分配不公，养懒人，对勤劳的人还要批判他“出风头”，谁要去冒傻气？懒人和能力低下者受到保护，反对技术挂帅，技术高就是不讲政治甚至要受到批判；人们不敢钻研技术、不敢搞发明创造，怕走“白专道路”；使相当一部分勤劳的中国人不得不成为懒汉。这是经常要吸取教训的历史。那时，职工的勤劳素质因素降低了，技术落后，经济落后，说明人口的勤劳素质因素也反映了社会面貌和经济水平。

香港的繁荣昌盛与港人的勤劳素质因素高是分不开的。大部分香港人一天的工作都不只8小时，一般都要工作10到12小时，拿相应的工资；有些是包任务的，每天按时完成任务就行，干完一份工作又去另一个单位再干；年轻人体力好，精力充沛，有本事的人，一天干两份工作是常有的，你问他累不累？每个人都说：不累！我进一步追其原因，如果说累！老板就会叫他休息，收入就减少了；使我感到“不累就是港人精神”。在大陆，这种情况很少。香港人的平均勤劳素质因素比大陆人口的勤劳素质因素高，是香港比大陆繁荣的重要原因。

懒惰是勤劳素质因素的低档部分。懒惰还会损害自己的身心健康。儿童懒惰，体育锻炼少，其中不少人成年后可能患重病，或者寿命缩短。懒惰的人怕苦怕累，工作上拈轻怕重，学习上一遇难题就放手，有畏难情绪，遇到困难就唉声叹息，懒散的人在消磨时间里走向衰老，正像中国的民族英雄岳飞说的：“白了少年头，空悲切。”所以，懒惰就是愚蠢，懒惰无以成才，懒惰是赤贫之道。

主动性是不等外力推动而自觉行动的能力。主动性是勤劳素质因素的高档部分。只有勤劳素质因素高的人，才有较强的主动性。主动性也有称自觉性，包含积极性、自主性和自为性。主动性是勤劳素质因素的一项因子。勤劳素质因素关系到而且决定了人才素质主动实现价值的程度。

工作中如能达到自觉状态，能够突破外在压力，而进入内在的

自为的理想境界,工作就会非常出色。主动性强就能综合思维,精确分析,注意细致的变化和事物间微妙的联系。

主动性强有旺盛的求知欲和强烈的好奇心,会驱使他们积极进取。

(三)勤劳的时间测算

要测算勤劳素质因素,首先要测算勤劳的时间。勤劳的时间就是劳作的时间。

1. 测算勤劳素质因素首先要分清劳作项目和休息项目

勤劳素质因素的特点是"劳作才是勤劳"。每个人一天都是24小时,1秒都不差;在思想指挥下,不是劳作就是休息,劳作需要时间,休息也需要时间。我们可以用每天劳作时间即干活时间的多少来衡量人的勤劳素质因素。

人们干活的劳作时间为:任何的劳动和工作、增强知识的读书、学习,做家务,上下班的路途时间,上班中真正的工作时间等都算是劳作时间。上班时应扣除各种实际休息的时间才是劳作时间。

休息时间为:吃喝拉、睡觉、看电视、看电影、娱乐、玩耍、单纯的休息、看与工作无关的小说、上班非需要的看报等时间都算作休息时间。

什么算是劳作?什么算是休息?需要全世界统一规范,制定出"劳作定义的国际标准"或"劳作定义的国家标准",用以计算每天的实际劳作时间,才有可比价值。

2. 计算劳作时间

根据测算对象每天24小时的实际作为,遵照劳作定义的国际标准或劳作定义的国家标准填写"作息时间表",就可计算出平均劳作时间。

表 3-1　________年____月____日________(同志)的作息时间表

序号	自几点几分至几点几分	劳作项目	劳作时间（小时）	审查得劳作时间（小时）	备　注
1					
2					
3					
至					
30					
合计					

测算对象所在单位：

填表人：(签字)

测算员：

填表日期：　　年　月　日

备注：

(1)本表由测算对象和测算员共同完成。

(2)劳作项目必须统一遵照《劳作定义的国际标准》来填写。

(3)填写本表从 0 点 0 分开始直到当天 24 点正。表格有 30 行应该够填了，个别人一张表不够用可一天填二张表。

(4)劳作时间采用十进位的小时。准确到小数点后 2 位。

(5)本表只填劳作时间，休息时间不填。

(6)“审查得劳作时间”一列和“合计”一行，由法定测算员审查、填写。主要审查测算对象有不清楚的问题。

(7)测算时，应填写昨天以前、连续 7 天的“24 小时作息表”，最近 7 天记忆犹新，且包括劳作时间差距较大的双休日与工作日，比较准确。测算对象可以提前 7 天起，天天如实登记；否则，时间长了，会忘记，也不准。

算出每天的平均劳作时间，就可用来折算成勤劳素质因素的大小。

（四）勤劳素质因素的测算

根据人才素质理论，**规定一：任何人每个素质因素的大小只能在0到2之间变动。我们把当代标准人的素质因素定为1，比他弱的定为小于1大于等于0，比他强的定为大于1小于2**。世界上普遍实行每天8小时工作制度。我们确定：每天劳作时间达8小时的勤劳素质定为标准人的勤劳素质因素1；人的休息时间包括吃喝拉玩乐和睡眠等平均每天最少为8小时（实际上都不止8小时），那么，任何人每年每天平均的劳作时间最多达16小时，这是人的一种极限。那么，勤劳素质因素的极限值2等于每天劳作时间16小时。

一个人每天干活时间在8小时以上到16小时的，就是勤奋，其勤劳素质因素在1到2之间。个别人因特殊任务劳作时间一天超过16小时的也只能按16小时计算；实际上，他一天16小时的劳作时间也包含一定的休息时间，而且，他完成特殊任务后还需要补休。

每天劳作时间在8小时以下的，是懒惰和倦怠或者病休，其勤劳素质因素定为1到0之间。倦怠不但使平庸者无所作为，也使一些具有才华的人磨掉创造的锋芒。

利用勤劳素质因素本质上的特点，遵循人才素质规范，我们就可以制定“思想素质的勤劳素质因素测算标准（草案）”。

表 3-2 思想素质的勤劳素质因素测算标准(草案)

序号	每周平均一天的劳作时间（小时）	勤劳素质因素（勤劳素质）	备　　注
1	0	0	不会动的重病人的平均劳作时间才会为0，人会趋于死亡。
2	0.5	0.0625	
3	1.0	0.125	
4	1.5	0.1875	
5	2.0	0.25	
6	2.5	0.3125	
7	3.0	0.375	
8	3.5	0.4375	
9	4.0	0.500	
10	4.5	0.5625	
11	5.0	0.625	
12	5.5	0.6875	
13	6.0	0.75	
14	6.5	0.8125	
15	7.0	0.875	
16	7.5	0.9375	
17	8.0	1	标准人的勤劳素质因素
18	8.5	1.0625	
19	9.0	1.125	
20	9.5	1.1875	

序号	每周平均一天的劳作时间（小时）	勤劳素质因素（勤劳素质）	备　　注
21	10.0	1.250	
22	10.5	1.3125	
23	11.0	1.375	
24	11.5	1.4375	
25	12.0	1.500	
26	12.5	1.5625	
27	13.0	1.625	
28	13.5	1.6875	
29	14.0	1.750	
30	14.5	1.8125	
31	15.0	1.875	
32	15.5	1.9375	
33	16.0	1.999	极限值

备注：

(1)使用本表时，时间要换算成十进位的，便于计算。

(2)一天的劳作时间和休息时间都应采用一周连续 7 天的平均时间。

(3)平均一天劳作时间为 0 者极少。没有工作的人也要、也会做一点事情，比如上街买菜、煮饭菜、洗碗、洗衣、扫地、刷牙、洗脸、配合治病等等，只有不会动的重病人一天的劳作时间才会为 0。如极特殊病人不吃、不喝、不输液、不动几十天不死的人，在人生意义上应属于死人。

在作息时间表中计算得平均一天的劳作时间，对照“勤劳素质因素测算标准(草案)”，就可查到勤劳素质因素的数值。

这样测算出的勤劳素质因素的数值与其他素质因素一样，都

是已经发生、已经具备的、现在能够发挥的能力，具有人才素质因素的共同特点，可参与有关的人才素质的任何运算。

测算中可能遇到的问题：

1. 对测算对象，不管男女老少或病残都一视同仁。在条件允许的情况下，临时有病的人可待病好后再测算。

2. 婴儿一出生就会听声音，睁开眼睛看东西，应定为学习，算是劳作时间。其勤劳素质因素就大于 0。

3. 测算的劳作时间及勤劳素质因素只表明当时想干活的思想能力，一个人的劳作时间和勤劳素质因素是经常变化的，但在正常情况下变化不大。比如，有上班和失业的人的勤劳素质因素差距较大，一般看来，上班者的劳作时间不会低于 8 小时；失业者又无事干的人劳作时间不会高于 8 小时。勤劳的人，整天忙得不亦乐乎，其勤劳素质因素较大；懒惰的人，整天吃喝玩乐，其勤劳素质因素较小，犯罪的可能性较大。

4. 如果往后发现其他的勤劳素质因子，也制定有测算标准，几种素质因子测算后就要按人才素质因素公式计算，作为勤劳素质因素的值。但要统一规定。不能对张三只测算一项素质因子、对李四测算二项素质因子的值。

5. 作息时间表都是本人自填，当然会有水分，这是各人自己的事。一般说来，既要测算都希望能准确些；自己乱填表，倒不如不测算。乱填表，不诚信，测不准，后果自负。

6. 不同工作制，如一天工作 6 小时、7 小时、8 小时、10 小时等，勤劳素质因素都按上述规定测算，而不能用工作制的时间测算。因为在相同的工作制时间里，人们的劳作时间还有差距。

过去人们只是倡导勤劳、赞美勤劳，而不知道勤劳的程度；现在制定了“勤劳素质因素测算标准（草案）”，只要计算一个人平均一天的干活时间，就能计算出他的勤劳程度。

（五）勤劳素质因素测算标准的作用

1.能够非常方便地测算任何人的勤劳素质因素的大小。

2.勤劳素质因素测算标准会鞭策人勤劳、进步。勤劳素质因素表明了一个人每天有多少时间在干活，在作为。这种劳作时间也是一个人主动实现价值的标志。如果通过测算对比，你感到你的勤劳素质因素太低了，你还有条件每天多干一些劳作，并且真的多干了，你就可以提高一些勤劳素质因素；超过标准人的勤劳素质因素1，是可能的；这样，测算勤劳素质因素就起到促进作用。每天干活时间，是受到各方面的限制和影响的；你想干活，你要有活可干；社会需要你干，而且你能干好；社会不需要你干，你失业了，你想干活都很难；再有，就是你要主动干活，你要有能力做你力所能及的对社会对别人有益的事情，比如做生意、当小工，参与培训深造、研究、创作与发明、助人为乐等等，发挥出你勤劳素质因素的能力；如若你不能主动干活，你就不能提高你的勤劳素质因素，你还会给人产生不良印象。

勤劳素质因素低的人，工作都不会很好，人际关系也差，这是一条普遍的规律。

3.为评审和招聘人才提供一项重要的分析数据。招聘人才时，请应聘对象填写到昨天止连续7天的“24小时作息表”，可以了解很多问题，并能计算他的勤劳素质因素，还能看出应聘者“做什么”和诚信素质因素的大小。

4.勤劳素质因素低会反映出思想疾病和身体疾病。

5.测算出的勤劳素质因素还能参与思想素质和人才素质的计算、分析。

6.能够测算出人口的平均勤劳素质因素。比如进行中国大陆与香港或与其他国家人口的勤劳素质因素的对比分析等。现在世界上也有统计并公布各国“勤劳国家”排行榜，比如《福布斯》杂志公布 2008 年 32 个成员国最勤劳国家排行榜，韩国第一，一年全国平均 2357 工时/人，韩国人最勤劳，荷兰人排在最后。说明勤劳素质因素已经成为世界上重要的人口素质之一，但没有经过人才素质规范，只能粗略地排排名次，不能进行进一步的计算分析。还有上下班路途时间、上班休息时间、第二职业、在家里的干活时间等等都没有统一规范，那样的勤劳程度显然是不科学、不准确的。

7. 计算国家或地区人口勤劳素质的年增长率。

8. 计算国家或地区各种人口的总的建设时间（即总的劳作时间）。统计每个人的劳作时间就是人们建设祖国的时间，这里还可以进行许多有意义的分析。

七、思想素质的智力素质因素

设 b_7 为思想素质的智力素质因素。智力素质因素是指人认识、理解客观事物并运用知识、经验等解决问题的综合能力；智力包括记忆力、观察力、想象力、注意力、思维力、判断力、学习能力、研究能力、表达能力、组织能力、创造力和相应的知识能力等认识能力的总和。

智力是在掌握人类知识经验和从事实践活动中发展的，实际是几项素质因素的综合素质；是先天素质、社会历史遗产、教育的影响和个人努力等几方面因素互相作用的产物，往往通过观察、想象、思考、判断等表现出来。智力到底是什么，有待人们深入研究。

由于智力是伴随人类而产生的、是人的认识能力，属于大脑官能的一部分；智力是人与动物的本质区别之一。所以，智力素质因素也是一项致命因素。

人的智力主要表现为收集、加工、传播和运用知识、信息的能力。

智力也有的叫智能。智能是人的内在智力和由智力外化的行为的总和。智能是人的智慧和能力。智慧是辨析、判断、发明创造的能力。

美国哈佛大学著名心理学家霍华德·加德纳认为智能应包括更广泛的能力,提出七种彼此相互独立的分类方法:(1)语文的智能;(2)音乐的智能;(3)数理逻辑方面的智能;(4)空间观体方面的智能;(5)体育和身体动觉方面的智能;(6)善解人意,知人之明的人际关系能力;(7)探索心灵,自知之明的智能。

在中国,有的人说:智力是知识库。也有的说:智力因素就是知识、技能等,莫衷一是。说明人们对智力并不是很清楚。

智力是20世纪人类的二十项重大发现之一。法国心理学家比奈于1904年发表了“智力量表”,将测验题按照难度顺序编选成册;提出人有智力年龄和实际年龄之分,如果一个儿童的智力年龄低于其实际年龄两年以上,就有严重的缺陷。1914年德国心理学家斯坦恩先生进一步提出,用实际年龄除智力年龄所得商数如果是1,就是正常,小于1者为弱智,大于1者为超常。我们可以把智力进一步深化改革,使智力测算题按人才素质理论规范发展成思想素质智力因素的测算标准,还能参与思想素质和人才素质及人口素质的计算和统计分析。

智力在心理学研究中已经产生深远的影响,它无意中开创了测算思想素质因素的先例。但德国心理学家斯坦恩先生考虑到1左右数据太小,为了消除小数点,又提出用实际年龄除智力年龄所得商数再乘100,就可得到智力商数,简称智商,使得检测智力脱离了“1个人的本质”,违反了人才素质因素基本定律,并且脱离了人才素质的统一体,不能参与其他的素质运算。

当然,智商的实际作用已不忍否认。比如,2006年5月10日中国卫生部宣布,2002年在11个省份开展了儿童智商调查,显示儿童的平均智商在100以下;2005年进行全国抽样调查,显示中国儿童的平均智商为103.5,已经处于正常水平。说明中国儿童的脑发育已由落后状态超越世界儿童的平均水平。如果智力测验按人才素质规范进行,这项平均智商103.5可能变成平均智力1.035标准人的智力,同样能说明原来的所有问题,还能参与思想素质、人才素质和人口素质的计算分析。

人类智商非常优秀者很少,心智不足者也很少。

智力差异的基础是个体心理活动速度的差异,还有耐心、性格、毅力、细心程度、个人努力等等的影响。

人的智力的维持和发展主要受健康、营养、知识、脑力的运用、遗传因素和环境教养的影响。

先天性因素对智力影响较大,所以,要花大力改变自然生育的落后状态,要讲究优生。据说遗传基因在很大程度上影响着我们大脑某些部位的生长,决定了智力水平的极限;人的智力55%左右靠先天遗传,45%左右靠后天训练。

环境的优劣能很大程度地提高或减少孩子的智力。据调查,在富裕家庭里长大的儿童,获取的信息比较多,其智商指数比在穷苦环境中长大的儿童平均要高出12个百分点;体育锻炼能提高智力,缺乏锻炼的人精力不易集中,智力会明显衰弱。只要为孩子创造一个良好的环境,婴儿的智商可能提高12个百分点,孩童有可能提高20～30个百分点。

孩子出生以后就全在于后天开发,依赖于环境教育。2～3岁是儿童学说话培养语言能力的最佳年龄,5岁是儿童学习数字概念的最佳年龄。在5岁以前是儿童智力发展最迅速的时期,儿童的知觉能力发展较早,其次是记忆,然后是思维能力。在5岁以前的智力开发可以达到他成人时的50%。

人们普遍认为,人的智力潜能在上小学前被大致决定了,1岁到7岁是智力发展的关键期,心理学家称之为人生的“敏感期”。

这一时期人体各种组织系统处于快速生长阶段，智力反映特别敏感，如果没有提供足够的教育和训练，人的智力发展受到的影响将是终生难以补救的。

试验证明，人的智力在12岁以前是直线发展的，父母对孩子的教育是最重要的。从小培养孩子明辨是非的能力和独立性、坚持性、自信心，孩子长大才有作为。智力的黄金时代是在20岁前，是智力发展的最佳期，此后，数学智商随年龄增加而下降，言语智商则与日俱增。在30岁到40岁智力达到高峰，50岁到65岁之间是智力的第二个黄金时代，至少有30%的大发明是在第二个黄金时代作出贡献的。人的智力的维持，和年龄并无重大的关系。智力和健康状况、与是否经常多方面运用脑子有关，用则进，废则退。

现代心理学研究表明，智力与成就没有必然关系。人的一生发展和成就，智力因素仅起20%的作用，其余80%依赖于个性、意志、创造力、自信心、对自己的研究项目充满信心，有百折不挠的精神等非智力素质因素。社会环境的支持程度，对于个人的成就，也有很大的作用，故有时势造英雄之说。一个人能否成才，在很大程度上是取决于教育和思想素质的主导作用。

智力不能完全代表一个人的才能，由于个人的勤奋与环境都是可变动的，一个孩子的智力并非恒定不变，智力平平而有专长的人也有可能获得成功。如有的儿童计算能力差，但有较高的艺术天才，也可以有较大的作为。

按心理学家的说法，智商达130以上就是天才。实际上，智力超高（超过一定范围）不一定会促使创造力随之提高，不一定会成为成功人物。智力只是一项思想素质因素，成功人物是由许多人才素质因素共同塑造的，所以，人们对智力不要过于迷信。美国的研究表明，智力特别发达的人（智商一般在160～170），更容易冲动行事，讲话不拐弯抹角，兴趣十分广泛，更富有独立精神。脑力劳动者每每非常自信，做什么事都要以自己为主。智力高的人在择偶和家庭生活上更成功更圆满，能在许多方面帮助爱人，循循善诱，不是皱起眉头、拉长面孔或嘀嘀咕咕地发牢骚。事实证明，脑力劳动者的智力素质因素要比体力劳动者高许多。

智力偏低也不必担忧，不应悲观失望，智力偏低者，应找出智力偏低的原因，采取有效措施，促进智力发展。勤能补拙，只要勤奋，还是有前途的。北京宣武弱智学校证明，弱智儿童通过培养，智力可以提高。爱因斯坦四岁时讲话尚不清楚，达尔文小时候也因说话困难，被疑为弱智儿；爱迪生、华罗庚、麦克斯韦等人在童年时期都被认为是低能儿，他们经勤奋努力，终于成为世界发明大王，著名数学家或物理学家。

测算智力水平的方法有观察法、实践法、谈话法、作品分析法与智力测验法等，最常用知识考试来测定智力，就是用统一的各种各样的观察、检查项目，按统一标准打分，以评估其运作能力、精细动作能力、观察力、记忆力、想象力及思维能力等。综合分析评价后用数字表示，即为智力，标准值为 1，实际就是标准人的智力素质。各种智力素质因素的因子都要按照人才素质规范制定测算标准，统一使用，智力强的为 1 到 2 之间，智力弱的在 1 到 0 之间。通常总是把思路敏捷、灵活、善于应变当成智力水平高的标准；把迟钝、呆滞、懒惰、成绩差等当成智力水平低的标准。普通孩子的正常智力素质因素在 0.90～1.10 之间，孩子的智力素质因素在 1.50 以上，说明天赋很高，若在其他方面有特别才能，就是神童。智力素质因素在 0.9 以下就趋向于弱智。智力素质因素测算标准只能说明测算当时的智力水平，并不能有效地预测以后的智力发展状况和日后表现的优劣。

经美国研究人员对成人测试，凡在入学初期接受测试的人中，有三分之一比从未作过试验的人智商高 12～15 个百分点，说明智

力测试是有利的;对 10 万个智力高于一般的人做了研究,发现这些人远比智力平庸者的寿命长得多。

我们要辩证地看待智力测验。智力在一定程度上反映了孩子的智力水平,但也不是绝对的,直到如今,任何智力量表都不可能准确无误地描述人的智力,因为智力毕竟不像体温那样容易测量、那样准确。而且,人是不断发展的,不是一测不变。

八、思想素质的人格素质因素

设 b_8 为思想素质的人格素质因素。人格素质因素是人受到家庭、学校教育和社会环境等的影响,逐步形成的道德品质、气质、信仰、情操、诚信、价值观、态度、能力、兴趣、爱好、习惯和性格等心理特征的综合能力;是人所具有的能作为的权利、义务主体的资格能力。心理学家将人格定义为:“人格是个人对人对己对事物及对整个环境适应时所显示的独特个性,此独特个性是由个人在其遗传、环境、社交、学习等因素交互作用下表现于个人身心各方面的特征所组成,而此特征又具有相当的完整性和持久性。”

人格也有人叫气节、气质、节操,人格是指一个人特有的行为方式和思维方式,是个人与他人之间交互作用的方式,或个人认定自己在社会中所扮演的角色。人格本质上是社会关系交互作用的产物,它表现为一个人特有的社会本质。一个人最起码要有做人的资格、人格高于一切,做人要自珍、自重、自爱、要维护人的尊严。人格是人的精神支柱,没有人格当然不是人。人格素质因素低会有人格障碍,就是人格不良。此时其内在体验和行为具有持续的并偏离社会期望范围的倾向。常见的人格障碍有偏执型、分裂型、强迫型、表演型、反社会型、焦虑型等。人格障碍会驱使他走向背离社会的危险境地,危害了别人,也会导致他死亡。所以人格素质因素也是思想素质的一项致命因素。

从人格本质上说，大家都是人，应人人平等，可是世界上主基调却是人人不平等，所以，研究人格素质因素对于争取人人平等有重要意义。

人格是由许多特性因子组成的，在制定各特性因子的测算标准以后，通过测验就能知道其人格水平和大小。人们的任何心理现象，不论是心理过程，还是心理品质，既有共同之处，也有相异之处；既有共同人格，也有自己独特的人格模式。每个人的人格都有与他人相异的特性，影响着人格素质因素的大小。

人格也是一个人的基本的精神面貌，人格会激发自信心和尊严感。学习则不断地使人格丰满、完整。丰富的知识容易使人自信、坚强、理智。无知会使一个人的人格平庸苍白，人格发展缺陷如自卑、粗鲁、怯懦、狭隘、虚荣等等都是源于知识贫乏，孔子曾经把健康人格的基本要素概括为“智、仁、勇”三德，孔子的人格标准是“君子”，而君子的标准是善良厚道、不忧、不惧、不惑；孟子强调了人格独立性，“富贵不能淫，贫贱不能移，威武不能屈”。

勇敢也是一项人格，有“义”当先的勇敢才是真正的勇敢，比如救人；否则，一个君子会以勇犯乱，一个小人会因为勇敢沦为盗贼。能够反省到自己的错误，并且勇于改正，这是儒者所倡导的真正的勇敢。

马斯洛的健康人格理论是相对较完整的，但其评判标准，要按人才素质理论规范制定出人格素质因素的中国测算标准和人格素质因素的国际测算标准。人格的内容包含：(1)为人类进步的献身精神，标志着人格中的价值准则；(2)富有强烈的人类同情心；(3)有较强的自我反省能力和道德感；时时检查自己的不足，反省错误，是人格完善所不可缺的；(4)自信而又虚怀若谷，自信不固执，谦虚不虚伪；妄自菲薄的人不仅看不起自己，而且找不到自己在社会中的位置，因而处处被动；傲慢出于浅薄，狂妄源于无知；(5)宽

容而又疾恶如仇;上进的人只思己过,落后的人只论人非。

按照人格与社会发展之间的关系可分为四种类型的人格;落后人格、普遍人格、先进人格、精英人格。其中普遍人格是一个社会中大部分人的人格。落后人格是不健康的,其他都可以归属为健康的人格。

健康的人格,能有意识地控制自己的生活,掌握自己的命运;能意识到自己的优点和缺点,了解自己的实际情况;能坚定地立足于现在;能时时注意到不断前进的生活,向未来的目标努力;渴望生活的挑战和刺激。人格高尚的人,有坚忍不拔、不屈不挠的精神,一旦相信一个人,肝胆相照,便不会轻易背叛。

还有传统人格、现实人格、理想人格、道德型人格、智力型人格;积累型、继承型、发现型和创造型等人格。按照人才素质理论观点,所有的人格都归属人格素质因素,可以制定出“思想素质的人格素质因素测算标准”。

气质也是一项人格素质因子。气质代表着一个人的学识、涵养和品格。一个有较高文化素质的人,会十分注意自己的一言一行,自然就显得高雅。人要有自知之明的气质,有宽容的气质,气质受先天因素的影响较大,具有相对的稳固性,承认气质的稳固性,可以使教育有的放矢;如对具有胆汁质特征的孩子,不要轻易去激怒他,要注意培养其自制力。在一定的生活条件和教育影响下,气质又是可以变化的、可以锻炼的。明确气质的可变性,可以增强对孩子进行教育的信心。

从上述可以看出,气质与人格、性格等思想素质因素都有内在的联系。气质也可以独立当作一项思想素质因素,或者只当作人格或性格素质因素的一项因子,这要在制定思想素质因素的测算标准时才能确定。

诚信是人格素质因素的一项因子。守住信用,就是守住人品,

守住人格。人格素质因素高的人很讲诚信，人格素质因素低的人不讲信用。在民间常听说："我以人格担保"；可见人格是一种至高无上的精神财富。

志气也是人格素质因素的一项因子。谚语说："好汉在志气"，"不怕知识浅，就怕志气短"。

虚荣心是人格不足的一种表现，是指追求一种名不符实的名声或荣誉时的一种心理倾向。有虚荣心的人，多半缺乏自知之明，不能正确地估价自己的长处和短处。

标准人的人格素质因素等于1。健康人格和高尚的人格，其人格素质因素都大于1。有人格障碍的人，其人格素质因素都小于1。

九、思想素质的道德素质因素

设 b_9 为思想素质的道德素质因素。道德素质因素是人们在社会中对行为准则和行为规范的实行能力，就是实行道德的能力，也可叫"德力"。

如若一个人的道德素质因素为0，他会严重地危害人类社会，他在人类社会中是无法生存的，所以道德素质因素是一种致命因素。

德即涵养、修养。道德主要体现在如何处理自己与他人、与社会的关系。道德一词含义很广，道德是从风俗习惯发展来的，它同一定社会人们的风俗习惯有很密切的关系。道德是人们实际所履行的行为规范，而且总是现实的、实践的。归结一点，道德素质因素就是：个人的言行对旁人、对社会的影响。人类在过去的历史中是以个人对社会的善恶作为道德标准，人们在对未来进行选择时，也是依据对人类的善恶标准作出判断。凡是有害别人有害社会的言行都是不道德的。过去的道德或不道德只能一概而论，以后应

当按道德思想素质因素的测算标准来判断道德的大小。

古今人们说的“德”都是广谱的德行，由于人们认识发展的局限性，过去没有完整的人才素质理论，人们把德看成所有的思想素质，以为思想素质只有道德一种，从而把道德扩大化了，误把德力当作精力。比如，中国的教育方针“德智体全面发展”中的“德”就代表了所有的思想素质。这作为传统观念，作为代表，也是可以的。

词典给道德的定义为：“道德是社会意识形态之一，是人们共同生活及其行为的准则和规范。道德通过社会的或一定阶级的舆论对社会生活起约束作用。”人们普遍认为：“在阶级社会里，人的道德是有阶级性的。”把道德和思想套上阶级性成为意识形态，这是一种普遍的观点。中国的德育首先要包括政治态度、政治立场、共产主义理想和信念，还包括思想品德、思想政治教育和世界观、人生观、道德品质、民主和法制观念、心理素质等问题。

本书研究的是共同的“人”的道德素质。资产阶级是人，无产阶级也是人，我们的目标是按照人才素质规范建立全人类共用的道德素质因素标准，才能参与人的思想素质、人才素质和人口素质的统计、计算和分析；才能进行世界性的对比分析。各国的政治目的不同，政治道德也不同，因此，不能把一国的政治道德当作全人类的道德素质。我们应当把意识形态部分、把政治和阶级性部分转到对应的范畴，如政治教育和政治素质应当归于政治课、归于政治知识素质因素；阶级性部分还可以转到阶级素质因素中。在道德素质因素中也有不属于意识形态、不属于阶级舆论的部分；比如爱祖国、爱人民、不骂人、不打人、不害人、不随地吐痰、尊老爱幼、爱护公物、助人为乐等等都是全人类共有的道德，人们必须树立全人类统一的道德标准，而把不能统一的部分先搁到一边。

按照人才素质和人口素质理论，道德素质因素是人的思想素

质因素之一;思想素质因素是没有阶级性的、没有国界的,是人特有的,是全人类共有的,不是哪个阶级才有的。如若道德素质载上阶级性,就不是人类共有的特征,就不是人类的思想素质因素,而是阶级的思想素质。

道德素质也是一种人格,是人的精神支柱,是反映思想面貌的镜子。道德是人的社会性行为、是人才的灵魂、是人才成长的动力。在人才鉴别上,德居首位。

道德素质因素是由人在社会行为过程中产生和体现出来的自我意识、自我反思、自我教育、自我规范、自我发动、自我控制、自我调节的能力。道德素质表明了一个人潜在德力的大小,过去,有些是符合人类社会规范,有些也不符合甚至会违反人类社会规范,在制定"道德素质因素测算标准"时,要坚持符合全人类的社会规范。"是否维护人类的利益"是衡量道德的标准。

原先,人们把个性心理品质,如;专注力、好奇心、认真、持之以恒、不怕失败、态度等都归人道德品质,实际上它们都有各自的思想素质因素,不应都说成道德品质。

许多人认为,历史永远以人的物质私欲为动力;而道德永远以抑制人的物欲为基础。德行就意味着或多或少地牺牲个人。人的本性中具有精神性的一面,精神本性赋予人以强大的理性能力,这种理性是人类调节物欲的基础,也是道德产生的根源。为了维护社会的稳定和人们的尊严,人们精心制定了一些常规,形成种种禁忌观念,这些禁忌观念和常规就是原始形态的伦理和道德。现代的道德应当是个人与社会的统一、利己与利他的统一、人与人类的统一、人与人类的和谐发展;德行并非要牺牲个人。

道德健康已经被世界卫生组织列入"人类健康的定义"。中国古训云:"健康之道,贵在养德"、"积德长寿",良好的道德修养有利于身心健康。大德之人,精神高尚,心情愉快,往往能长寿。良好

的道德行为能令人保持坦荡心态，促进生命细胞活跃；与人相处，善良耿直，不贪不占，精神昂扬，能使人产生乐观心态，促进身心愉悦。有良好德行的人追求高尚、崇尚正义、勇于调整自己的心态，有明确的是非标准、荣辱标准、美丑标准。一个人善心多一点，多讲一点道德，你关心了别人，证明你的善良、有良好的道德素养，必然得到别人的尊敬，使你产生一种由衷的快感、心灵的慰藉。

道德健康必须保持平和的心态。平和心态拥有知足常乐的喜悦，免疫功能会增强，血液循环及神经调节就可达到最佳状态。平和心态就是净心不移。净心就是心灵的净化；心净而不贪、不占、不污。心灵充满污秽的人，是不可能快乐的、不可能和谐的、不可能是健康的。

善良也是道德的一种表现形式。助人为乐，成人之美，为人作嫁，以德报怨，对人滴水之恩涌泉相报，对己施恩不图报，都会带来快乐和长寿。

道德分为道德品质、政治品德、伦理道德、社会公德、职业道德、理想的道德、主体性道德、人性化的道德、传统的道德和现代化的人类道德，等等。

政治品德在中国是指热爱祖国、坚决拥护中国共产党的领导、实行人民民主专政、坚持走社会主义道路等等。

伦理道德是以高尚的思想情操处理人与人之间的关系，是个人道德修养和表现。伦理道德已成为一种理论。伦理学是研究人类社会中的各种道德现象及其发展规律的学说。在中国古代哲学史上，“伦”是指关系，“理”是指道理和规则。伦理就是处理人们相互关系所应遵循的道理和规则。在西方，伦理学原意是品性与习俗的意思，也被称作“道德哲学”或“人生哲学”。伦理学在中西方都有，但是人类对伦理道德并没有统一的国际标准，还是各自为政、各取所需。

每个人生活在任何社会中都必须执行该社会的社会公德。

每个人从事任何职业都必须实行该职业的职业道德。否则，他就会对社会对周围的人带来危害，对他的思想、生活和工作也带来不利影响。职业道德往往以“守则”、“公约”和承诺等等形式来表现。为人民服务是职业道德的最高准则。

道德是社会生活的反映，不同的历史时期有不同的道德。

每个国家每个时代都有理想的道德。理想的道德是时代精神在个体人格上的凝聚与表征，体现着一个时代的人生追求和价值取向，体现着做人的方向和人格标准。

主体性道德更为本质、更为实在。主体性道德，即独立、理性、自觉、自为、自由、自律的道德人格，就是处变不惊、清醒从容、有所执著、敢于担待、“立于天地之间”的道德人格。

孔子说：“大德必得其寿”，“仁者寿”。仁指的是人与人之间同情、友爱的情感；寿，一是指人的实际寿命；二是指“死而不亡”，人体死了，但有的人业绩和英名却可以传之久远。人们把好的道德称为“美德”。美德可以润身。人是物质的，也是精神的，人也必须依靠精神来生存。美德可以惠人。一个有高尚道德的人，能使自己人生的太阳光彩照人。美德可以美化社会。中华民族以礼仪之邦著称于世，传统美德世代相传；以美德孕育人生，人生才有价值；以美德浇灌生活，生活才有意义。

中华民族的传统美德是勤劳、谦让、善良，讲文明，讲良心、言必信，行必果，诚信好礼，仁爱孝悌、尊老爱幼，助人为乐，以义制利，修身养性，爱国爱家，精忠报国，献身精神和协作精神，团结友善，勤俭节约，爱护公物，自觉维护社会公德；与坏人坏事的斗争精神，见义勇为；克己奉公等都是世代相传的优秀品德。这些美德也是全人类的道德素质因素的因子。拥有各种美德的人，才值得大家对他的信任，才是企业最需要的。只有讲究道德，我们的心灵才

能得到安慰，我们的生活才会充实美满。不讲道德的人会遭人唾弃，失去别人的信任。

在现代社会中，人与人是既合作又竞争。一个人常行善积德，乐于奉献，急人所难，在帮助他人的过程中，心中会有一种欣慰感，会增强自己的自信心；多参与社会活动，多做好事，会使人摆脱孤独感。高尚的道德主要得力于后天的修养。

真诚是道德的重要组成部分，是一种美德。真诚有两种：一种是虔诚式真诚，一种是忏悔式真诚。虔诚式真诚往往表现为一个国家和民族的道德凝聚力；忏悔式真诚促使民族和个体在道德上走向成熟，是一种否定落后、走向未来的道德动力。

道德上的"伪君子"和"假道学"是对道德的最大破坏，是道德堕落和道德滑坡的标志。其最基本的特征是"假"和伪善，假装好人以欺世盗名，假冒伪善，心口不一，言行不一，表面上所说的话与内心的真诚信仰完全相反。任何道德一旦系统化、规范化和仪式化之后，就有产生伪君子和假道学的可能，道德的这种形式主义特征，往往成为这些人达到个人私欲的工具，成为借仁义之名而行贪利之实的伪君子。在制定道德素质因素测算标准时应明辨是非，予以区别。

思想品德对人的能力的形成和发展具有导向和驱动作用。《论语·里仁》云："君子喻于义，小人喻于利。"汉代董仲舒说："仁人正义不谋利。"这些儒家的道德准则，深深地影响了中国人的心理。

道德教育必须家庭、学校、社会三位一体，都很重要。

现在社会上讲的道德教育简称德育，包罗了很多思想素质因素和其他因素。

道德教育就是对受教育者进行道德知识、道德原则和道德规范的全面灌输和系统影响，培养道德认识、道德情感、道德意志、道德信念、道德行为习惯等，从而使其能够自觉地按照一定的道德规范来约束和调节自己的行为，形成良好的道德品质。

道德教育必须要“教”，还需要“育”，即需要道德养成，联系实际，在辨别善恶美丑、分清是非好歹的基础上切实触及和解决好他们的道德疑难和困惑。把道德启蒙，道德困惑，道德选择和道德人格的完善，结合相应的价值启蒙、价值冲突、价值分析和积极合理的价值导向，端正自己的行为，学会如何做人。启发受教育者知善知恶，“知道好歹”，注重对孩子好的行为习惯的培养。

在德育心理学中，人们通常从知、情、意、行四个方面来分析道德品质的心理结构。

不讲道德的教育，必将损害人与人之间的关系，对社会有破坏作用。中国许多地方都有用红布带“出世就缚手”的做法，希望子女长大后，心不贪手不伸。孩子长大了，长辈仍对其戒贪，“物各有主，不贪心妄取”、“小时偷针，长大偷金”等等道德教育，使古代形成“路不拾遗，夜不闭户”良好的社会局面。这在偏远的山村依然普遍，但在城市已经绝迹。

在人生的发展中存在着形成某种品德的最佳期，如果教育者能抓住这一有利时机，适时地予以引导，这种品德就会得以较快形成和得到增强，形成稳定的品德结构；如若错过这个时期，就会事倍功半。思想上的软件程序一旦固定了，要改变思想程序是很困难的事。

7 岁以下，做个好孩子是孩子们的普遍需求；小学一到四年级学生，做一个好学生是普遍需求，他们听话、守纪律和依赖性强是主要特点；小学五年级到初中二年级是少年期和青春期阶段，学生自我意识开始觉醒，表现出半成熟半幼稚的特点，这时期的德育主要是青春期教育和性道德教育，心理健康教育及法制教育。

对小学生要进行民族自豪感、自尊心教育，爱人民、爱科学、爱

劳动教育。在初三以前应完成道德教育。初三至高三的学生是青年初期,心理特点已由动荡多变向相对稳定与成熟方向过渡,这时期的德育主要是思想政治方向教育,因为哪个国家都有政治、都有政治方向。在中国,高中生要抓好人生观、价值观和共产主义教育,要把政治方向放在第一位。使他们树立社会主义的信念,先进分子要有共产主义的理想、信念和情操,成为有科学文化知识,勇于和善于从事改革开放,能够迎接世界经济竞争和新技术革命挑战的人。对中学以上的学生要注重理论与实际的结合,道德最重要的是实践精神。家庭、学校和社会三个方向的教育和引导,有一致的和不一致的,矛盾使受教育者感到糊涂和困惑,学校的素质教育要能及时解决这种矛盾,真正提高学生的道德素质和思想素质。

每项道德教育,不是教过就算了,而要连年评价,道德表现要记录在案,这是维持和提高道德水准的基本点,应成为我国素质教育和教育改革的重点。

道德作为评价个人利益与社会利益之相互关系的标准,作为人的行为的精神调节手段,总是同人们的生产活动有着密切的关系。道德已经成为现代的一种“生产要素”。高水平的道德素质和高水平的业务能力的统一,是人们充分参加社会生产的必不可少的条件。经济生活是思想道德生活的基础,

诚信也可以看作区别人的行为善恶、好坏的道德标准。道德要讲信誉,得信于人,才会有良好的人际关系。所以,诚信也是道德素质因素的一项素质因子

道德素质因素是由许多道德素质因子组成,每个道德素质因子都要确定人类共有的道德规范和行为准则,并按人才素质规范制定出评价和测算标准。道德品质的好坏取决于一个人内在的思想和行为表现,不管是谁,都会从你的一言一行中公正地体现出来。

道德品质好的人其道德素质因素在1以上的表现有：顾全大局、诚实守信、互助友爱、扶贫济困、作风正派、待人坦诚、处事公道、清正廉明、讲良心、讲责任等等。

道德素质因素在1以下的人道德品质不好，具体表现有：损人利己、损公肥私、贪污受贿、金钱至上、以权谋私、欺诈勒索等等。

感恩之心也是一种思想品德，是一种处世之道和做人的境界，感恩来自对生活的爱与希望，"滴水之恩，当涌泉相报"，感恩是我们中华民族的优良传统，是对生命恩赐的领略，是对现在拥有的珍惜，是对陌路关爱的震颤；懂得感恩就懂得尊重他人，对他人的帮助时时怀着一颗感恩之心。

有人曾经于2000年对北京市未成年人罪犯进行过调查，十五六岁的未成年犯罪占71.6％，这是易发犯罪的高危年龄；有95％以上的未成年罪犯存在着社会公德意识淡薄、思想品质恶劣、言行偏激等特征。说明我国对青少年的道德素质教育十分薄弱。今后，应该把学生的犯罪率列为学校评估思想素质教育、评估先进的一条标准。

道德规范作为道德评价的标准只有真正反映社会经济发展的实际要求，符合广大人民的利益和愿望，达到客观要求与主观认识的一致，才能实现道德评价的目的。

人的思想道德是否属于人口素质的内容，在人口学界一直存在较大争议。一些学者认为，人口素质的内容不包括思想道德等等。一旦人们制定出"道德素质因素的测算标准"，这个争议就自然而然地解决了。

据报道，中国建立有全国3.4亿位公民信用记录的个人信用信息基础数据库在2006年初已经正式运行；2006年4月份武汉市已经建立和完善了"市民道德档案"，包括爱国爱家、文明礼貌、诚实守信等11大类共61项内容的道德档案；说明制定"道德素质

因素的测算标准(草案)"已有一定的基础。制定和实行"道德素质因素的国家测算标准(草案)"对于推动个人的进步和社会的稳定都有积极的作用。

过去说的道德几乎包罗万象,范围非常广,给"道德素质因素的测算标准(草案)"的制定增添了许多麻烦;我们可以把道德分解,能够归于其他思想素质因素的内容,应归还相应的思想素质因素;有的可以分解成道德素质因素的因子,制定测算标准就比较容易些。制定"道德素质因素的测算标准",要成为全人类的、国际性的标准,难度很大;但却是非常需要的。

十、思想素质的思维能力素质因素

设 b_{10} 为思想素质的思维能力素质因素。思维素质因素就是思维能力,是人在客观存在的表象、概念的基础上进行分析、综合、判断、推理等认识活动的能力,是人的头脑处理信息的能力。

思维是指人们反映事物时抽象概括的过程。思维是人脑的机能、是人脑的产物、是脑中信息的活动,人脑是思维的器官。我们常说:"开动脑筋"、"想办法",就是进行思维。人的思维功能有很大的个体差异,人成熟时间的先后使思维也有很大差异。有思维能力是人与动物的主要区别之一,思维素质因素也是人的一项致命因素。

思维是人的智力核心和进行一切活动的基础。思维使人明智。人类的认识之所以能不断地深化,是因为进入脑内的各种信息并不仅仅停留在感觉和知觉阶段,而是通过分析、综合、抽象、概括、判断、推理等等思维活动进行加工提炼,达到对事物的本质特征和内部联系的揭露和认识,掌握事物发展和变化的客观规律,以指导自己的行动使之合乎客观的需要,并且随着客观事物的变化及时修正自身的行为活动。关键是要善于分析,弄清哪些信息是有价值的，哪些信息未必有用。

思维，按宽广方式区分有线性思维、二元坐标思维（即平面思维）和多维思维。

1. 线性思维：是一种排除干扰，调动一切正面因素，集中思想、瞄准目标进行思维的方法。它具有集中性、深刻性、敏锐性、把握逻辑武器一攻到底的特点。常见于习题解答、科研中的机遇性发现等。

2. 二元坐标思维：它是既考虑疑题本身因素——横坐标，又考虑与疑题有关联的因素——纵坐标，上下求索，左右溯源，既注意正面思考，又注意侧面突破的一种综合思维方法。具有开阔性、敏锐性和网络性的特点，要求思维者视野开阔，知识厚硕并具有很强的综合能力和审视能力。广泛而深刻地挖掘出人们的设想潜力，预测性和科学性很强。二维坐标思维启迪我们，面对一个问题，当悉心从一个方面屡攻不克时，应当另辟蹊径从时间或空间多方面寻找相关因素去突破。人口平均学历文化程度的测算就是一例。

3. 多维思维：是一种用变通、灵活的手法进行超空间的多渠道、多层次的推测、想象和创新的联想思维。把看来是孤立、零散的信息，通过相似、接近、因果对比等联想手段搭起微妙的桥，使之曲径通幽。多维思维有着多样性、浪漫性、科学性等特点，能够想他人所未想，做他人所未做的事情。多维思维是最具创造力的，人才素质与人口素质理论就是多维思维很成功的结果。

敏捷的思维方法是科研人员的一种基本的素质。凡是世界著名的科学家和领袖，在事业上的成功，不仅在于观察，更重要的还在于思考。思考也是思维的一种形式。

什么叫思考？思考的过程就是分析和综合的过程，一般人思考时有两个最大的毛病，一是没有厘清问题的含义，二是不能了解

答案有何理据支持，在日常生活和社会活动中常为一些含糊问题所误导。

香港中文大学李天命博士认为，思考方法分为两种。一是批判性思维，主要判别是非对错，常用的方法就是语理分析、逻辑分析等，是思考问题的起点，是最稳妥的方法；语理分析并不艰深，只要有一定的基础和若干参考资料就容易掌握；善于思考的人常常很快乐，只有思考而想不通时才会不快乐；倘若能有的放矢地掌握思考的方法、步骤，问题还是能解决的。二是创造性思维，是更明朗、更有效益的思维方式，主要用于发明创造。批判性思维比创造性思维更基本。

创造性思维是人类思维的最高形式，是一种推理的思维。创造性思维的特点是在已有知识和经验的基础上，从新的思维角度、程序和方法来处理各种信息和问题，从而产生新的思维成果。创造性思维，是根据现有的感性材料和理论，通过想象、灵感等提出一种新的见解和观点的思维方法，就是在思想领域追求独到和最佳，与前人有所不同而独具卓识，有新的发现、新的见解、新的突破。充分体现了人类思维所特有的思维能动性。

创造性思维必须建立在广博的知识基础之上，知识面较宽的人，考虑问题就易于从多角度着眼，进而融汇不同领域的知识，寻找出解决问题的最佳途径。有创造性思维的人，喜欢观察趋势，对自己专业领域以外的各种事件及形势了如指掌，创造性思维可以提高人灵活地驾驭知识，在比较中另辟蹊径的创造能力，创造性思维有逻辑性、求异性、发散性和逆向性等明显特征。

天才的思维也是创造性思维，遇到问题，他们会问："能有多少种方式看待这个问题？""有多少种解决问题的方法？""怎么样反思这些方法？"天才不是只用一种方法能解决问题就行，天才很乐意挖掘所有的方法，求得"最好"，有些方法则是非传统的、独特的。

天才需要对事物作出各种各样的无法预知的选择和推测。

还有利导思维、弊导思维、惯性思维、倒思维、可能性思维、现代思维等。

利导思维是遇事总往积极方面想。弊导思维是凡事总往坏的方面想。两者都是不利思维;如若两者都用了,就成为十分有利的思维方式。

惯性思维是一种常见的思维方式。惯性思维也有的叫复制性思维,就是以过去遇到的相似问题为基础,然后选择出以经验为基础的最有希望的方法,排除其他方法,对于所得结论的正确性非常自负。人的思维活动往往易受惯性思维的影响,即本能地习惯于按照过去形成的习惯思路和固定的思维方式来考虑类似的问题。惯性思维方式会使思想僵化,很容易犯经验主义的错误。如果你永远按照惯常的思路去思考,你得到的也将永远是惯常的东西。

倒思维,就是把问题倒过来思考,当我们对某一问题久思不得其解时,不妨从它的反面加以思考,也许就是解决问题并导致科学发现的方向。如伽利略发明温度计、法拉第发明发电机等等都是倒思考的结晶。

可能性思维,是建立自信心,探寻解决难题的"可能性",通过自身的努力,使"可能性"开花结果。1955 年,斯库拉博士被邀请到加利福尼亚筹建一个新教堂,必须先借用一间房子开始做礼拜,但是在当地要找一间空房子简直不可能,于是他非常冲动地拿了一张纸,在上面从 1 写到 10,听任自己的自由想象,列出一张表:(1)借用学校的房子;(2)借用公益团体的房子;(3)借用当地农会的小山屋;(4)借用殡葬场的礼拜堂;……(9)借用当地小剧院;(10)找个空地方,借些椅子来。这样,原来看起来不可能的事情,突然变成可能了。他忽然明白,"不可能"这种说法缺少责任感,是极端的、消极的,也是愚蠢的。他一个一个地调查,不行的划掉,轮

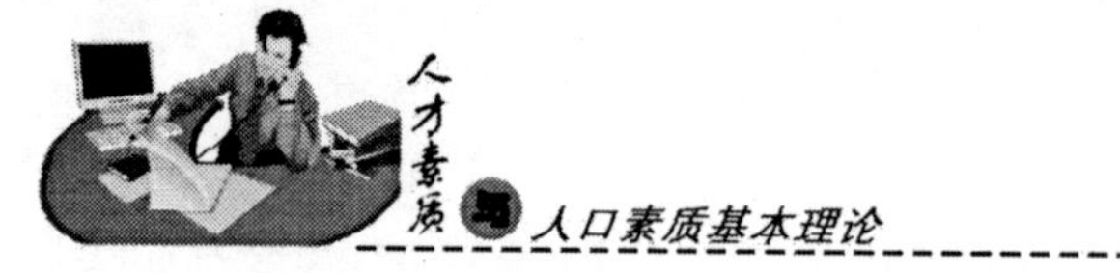

到第9条可能性，当地有一个小剧院，缺点是离镇中心远一点，但他认为说不定以后会变成镇中心，于是就在这个小剧院内进行了第一次聚会活动，后来这个小剧院发展成一个著名的大教堂。斯库拉博士运用这种“可能性思维”方法帮助你充分运用潜意识的力量，使成千上万的人化不可能为可能，战胜了看来无法克服的困难，取得了事业的成功。

现代思维就是现时代的辩证思维，它是一种革命的、批判的思维，是创造性的思维。现在世界上已经形成“思维科学”，著作代表是《认识论》。一般认为，现代思维即思维创造的产生要经过六个步骤：(1)立意阶段，发现问题后想去解决它；(2)准备阶段，尽可能地收集有关资料；(3)酝酿阶段，消化素材，孕育思维；(4)开窍阶段，逻辑思维理出头绪，思维创造成功了；(5)判断阶段，经肯定或否定，使新思维更加成熟；(6)新思维的实践、总结、发表阶段。

现代科学研究中常用的思维方法有：(1)实践思维方法，人们在做、在行动过程中的思维；(2)逻辑思维方法，把收集来的感性材料进行加工整理的思维方法；(3)辩证思维方法，把收集来的感性材料从思维内容上进行加工整理，(4)创造性思维方法；(5)形象思维方法；(6)求实思维方法，是唯物主义哲学方法；(7)系统性思维方法；(8)定量性思维方法；(9)预测性思维方法；(10)从相斥思维转向相兼思维等。

人类对人才素质因素，如眼素质因素、手素质因素、文化素质因素、道德素质因素等等都有深刻的研究，但是却看不见它们的内部联系。比如说，看不见它们对体力、对人力的影响；你没有多维思维的本领，你就很难理解人才素质理论。人必须跳出原有的小空间才能看到广阔的美妙世界。

观察力是思维素质因素的一项因子。观察是认识事物的开始，观察是创造奇迹的第一步。观察是人们进行思维联想的启迪，凡是有发明创造的人，都非常善于观察问题。观察力是文学写作的一项基本功，那些具有敏锐观察力的人，才能得心应手。观察力也是科研活动的一项基本功，是科学研究的首要环节，是创造发明不可缺少的前提。没有观察就没有科学发现。俄国心理学家巴甫洛夫说："不学会观察，你就永远当不了科学家。"达尔文小时候记忆力并不好，常常受到人们歧视，但他有极强的观察力，他历时 5 年的环球旅行，写下 50 万字的考察笔记，成为生物进化论的奠基人。

志趣、求知欲是提高观察力的心理基础，如果对事物漠然处之，不感兴趣，经常说"管它的"人，其观察力就很难提高。

要注意，观察也会经常错过似乎易见的事，而且常常臆造出虚假的现象，虚假观察可能由人们的错觉造成，或者是被权力所蒙蔽。

洞察力是观察力的深化形式。有洞察力的人富于直觉，对环境有敏锐的感受力，可留意、察觉到别人未注意的情况和细节，能够精确、耐心、客观、持之以恒地观察事物。居高临下的洞察力和敏捷的思维方式能够发现和捕捉机遇，是高级研究人员和高级管理人员的基本素质之一，经常会有新的发现。

敏感性，精于洞察问题，是由渊博的知识、勤劳素质因素、思维和探索精神、专心程度等组合成的。敏感性也有正反两面性。人的大脑中有一种特殊的"心理敏感区"，最怕别人知道、谈论或揭发自己的缺陷、弱点或隐痛之处，对此非常敏感；而且联想多疑，给自己带来苦恼、暴怒或歇斯底里大发作，造成心理变态。人的遗传因素和生活经历等都会形成心理敏感区；对自己曾有过错，带来隐痛；实际上，有认识、改过就好，不要过于敏感，过于怀疑。人贵有自知之明，要用一分为二的观点看待自己。

理解力也是思维素质因素的一项因子。爱因斯坦反对靠记忆

机械背诵，应该理解消化吸收，日积月累，就为创造力的“爆发”储备了足够的能量，记忆力差也无妨。不理解的东西，就说明你没有学好，你还是不懂。不理解的知识很容易遗忘，储备性很差，一般不能灵活使用。

想象力也是思维素质因素的一项因子。想象力是对于不在眼前的事物想出它的具体形象的能力；心理学上指，在知觉材料的基础上，经过新的配合而创造出新形象的能力。想象力也是创造力素质因素的一项因子。胆怯会磨灭想象力。

人的大脑具有四个功能部位，即感受区、贮藏区、判断区和想象区。运用想象区的能力叫想象力。

想象力善于合理的联想、幻想、空想些有趣的奇特的事，而后浮想联翩。想象力可以充分发挥人的创造精神。想象力丰富的人，创造性强，不受已有资料的局限，大胆地想象、假设，灵活性大，着意赋予事物以新的活力，这便成了思想动机，以致推出新思想、新观点、新形象。想象力强的人勤于用脑子，每天都在思索，经常避免想象力枯竭，使头脑经常处于生机勃勃的状态。

通过想象，文学创作者从已知的生活经验出发，可以达到未曾亲见的形象世界；凭着想象，以一点生活感受为引线，能把众多有关材料组成繁富绚丽的艺术整体；通过想象，可以透视生活的底层，深刻地揭示客观世界的本质和规律。要想得深、想得远、想得“象”。

想象力能把抽象的文字变得形象化，能把历史带到眼前，远方的引至身边，把没有的引入创造。爱因斯坦说：“想象力比知识更重要，因为知识是有限的，而想象力概括着世界上的一切，推动着进步，并且是知识进化的源泉。严格地说想象力是科学研究中的实在因素。”据估计，一般人仅仅运用了自己想象力的35%。如把想象力潜能都调动起来，想象力就更加丰富多彩，就能一触即发，呼之而来，为人类为社会增加巨大的财富。科学想象力是科学发展和人类进步的源泉。但是，胆怯会磨灭想象力和独创精神。

严密性也是思维素质因素的一项内容。能深思熟虑，精细推敲，就能达到完美的结果。

思维素质因素同样要按照人才素质规范制定“思想素质的思维素质因素测算标准”。

十一、思想素质的诚信素质因素

设 b_{11} 为诚信素质因素。诚信素质因素是指人的言行跟内心思想一致的表现能力。诚信是建立信任的基础，是守信用的程度，是说话算数的人格，是“实事求是”的精神。

诚信是做人的起码要求。自古以来，人们都把诚信看作是一种美德。诚实守信是当今社会的一种职业道德，也是人们交往的思想基础，是人所共有的；诚信素质因素既是老实程度，也是说谎程度。老实人讲信用、比较正直；正直与廉洁相通，与坚持真理、忠于信仰紧密相连，是一个人建立生活大厦的坚实基础。诚实守信是友谊深化的关键。做人要讲信用，对别人不可轻易承诺；一经承诺，就要尽全力去做到。有人格的人，一诺千金。

不诚实就是说谎，说谎的能力是人类特有的，也是每个人都会有的。说谎有善意的说谎、恶意的说谎和自我欺骗。人在社会生活中出现说谎现象是正常的。据研究人员调查，平均每个成年人每周说谎约 13 次。美国一些研究人员认为，一个孩子第一次成功的谎言，就是这个孩子精神发育正常的标志。

善意的说谎，比如说大人骗小孩吃某种小孩不想吃而又需要吃的东西，这类欺骗是善意的、有益的。对同事、对上级、对下级有时为了搞好团结、搞好工作，也常有善意的说谎；还有一种政治性的说谎，为了达到某种目的，骗外国人、骗上级、骗下级、骗别人；说谎者达到了良好的目的便会洋洋得意。有些说谎是“记错了”引起的，并非有意说谎。对这些说谎者，人们一般不计较。

还有一种艺术性的说谎，比如魔术表演，观众明知是假的，仍掌声雷鸣。因为这种说谎对观众无害，还能给予欣赏。这类说谎不是不诚实，而是一种艺术。

恶意的说谎是一种消极而有害的现象，是一种极坏的品德。有些人因过失，害怕批评、指责、惩罚，说谎推卸责任；有些人是为了获取个人利益，故意说谎，有意要害别人，这是欺骗行为。经常恶意说谎者诚信素质因素很低，人们无法与他相处，他在社会上无立足之地；诚信素质因素低会害人，人们要追究他的责任。所以，诚信素质因素也是致命因素。

现代医学表明，说谎对身体健康也十分有害，易患疾病，说过谎的人，心有余悸，唯恐被人识破，而谎言一旦被揭露，往往会心慌意乱，夜睡不好，饮食不香，大脑机能失调紊乱，心跳加速等。甚者，人家要追究责任，说谎者问心有愧，必须想方设法应付，使其悲愁交加，产生神经衰弱等疾病；说谎者危害对方、危害社会，有时害达不可收拾的地步；理智的人对说谎者只会避而远之；说谎者的诺言吞噬信任，一般都没有好朋友。

说谎是欺骗别人又是自我欺骗。现代研究表明，每个人都会自我欺骗，自我欺骗是在人类的自然淘汰过程中逐步滋长的一种特性。

一旦缺乏某种经验，就会造成感觉上的空白，自我欺骗就是在这一空白点上产生的，自我欺骗的活动区域是在人的左半脑内。当说谎成为顽习，对听信者有害时，说谎者就会导致犯罪，或成为精神病者。病理性的说谎者，对他们说的话的真实性不存在任何怀疑，但把他们的话与事实相比，就发现恰恰相反，病理性说谎者没有能力分辨实话与谎言。

一个企业、一个单位，如若不能诚实守信，人们就不信任它，比如说：卖假货、以劣充好、乱标价、赖账等，这样的企业在社会上就站不住脚，就会损失惨重，甚至倒闭。

坚持诚实守信是一种良好的品德；讲诚信的人，其诚信素质因素大于1；而说谎者的诚信素质因素小于1。

十二、思想素质的情绪素质因素

设 b_{12} 为思想素质的情绪素质因素。情绪素质因素是指人在活动时产生的兴奋能力。情绪是一个人对周围环境的主观反映，是在需要的基础上产生的人的身体对事物的有倾向性和动力性的反应。从人的说话、表情、走路等都可以看出他的情绪。

现代科学证明，情绪可以通过大脑影响心理活动和全身的生理活动。人都有“七情”，即喜、怒、忧、思、悲、恐、惊七种情绪表现。情绪是一个人对生活作出有效反映的能力，情绪是以体验为基础的，情绪往往影响到人的身体健康。“七情”过激即为“七邪”，对身体健康有很大的不良影响，甚至诱发情绪病变，反映了心理与生理的紧密关系。人的情绪导向能力与人的理智能力和意志力密切相关。诺贝尔医学奖获得者亚力西斯·柯锐尔博士警告我们：“不知道怎样抗拒忧郁的人，都会短命而死！”，说明情绪也是一种致命因素。

工作和生活环境、音乐、阅读、与人交谈、微笑、香味、光线、颜色、天气等对人的情绪都可能有影响。在阴、雨、雪天，人们的精神懒散，无精打采；而在晴天，人们精神抖擞，异常爽快。正如有首流行歌曲唱道：“太阳出来了，喜洋洋……”

美国纽约大学的心理学家约瑟夫·德道克斯研究发现，大脑的海马是认识事物的焦点，而扁桃是情绪反应之源，人是从记忆中提供情绪反应的，从大脑结构看来，主管情绪的系统是独立起作用的。传统看法认为，人的情绪反应是随思想产生的，触景生情。

人们应当学会调整自己的心态，学会自助，学会保持心理健康，成为一个身体和心理都健康的人。无论悲欢离合，在一定程度上对心灵的触动愈强烈，愈能使头脑开窍。

一个经常做好事的人，由于本身的行为和因此而建立的良好的人际关系，会感受到温暖和愉快，获得精神上的安慰和舒展；这种良好的情绪，可使人的神经、内分泌、心血管等系统的功能调节处在最佳水平，从而促进了身心健康。安定平静的情绪能使人的机体保持良好的功能。这是积善、积德者健康长寿的道理。

轻松、愉快、积极的情绪会增进人们的健康，能增强人的活力。一个人要心静、情绪稳定，生活中善于消除忧虑，平心静气，寓乐于心静之中，能够健康长寿。情绪健康表现为情绪稳定，心情愉悦，快乐活泼。

悲伤、烦闷、忧虑、孤独、消极、对抗等不良情绪会削弱人的活力。焦虑、疑虑、急躁、沮丧、脆弱等消极因素容易使人生闷气、使人的精力消耗衰竭，严重影响着人们的身心健康。近年来，心理失衡和心理障碍在生活中已成为普遍现象，构成了对人们健康的最大威胁。人若长期情绪消极，会积郁成疾、烦心、苦恼，忧郁时，对人的精神、心血管等系统产生较大影响，人体胃液的分泌活动就会下降，胃纳功能不佳，茶饭不香，久之，消化系统就会发生病理变化；中国古代医学记载：怒伤肝，思伤脾，忧伤肺，恐伤肾。精神疾患是诱发一些疾病的罪魁祸首，如冠心病、高血压、癌症、糖尿病、溃疡病等都与精神因素密切相关。

现代人生活方式的改变，一些人的盲目行为增多，过分追求短期效益，失败的几率较高，内心失去平衡，容易产生心理问题。家庭和社会对独生子女的期望大，孩子受到溺爱多、保护多、压力多，忽视动手能力的培养，忽视情绪教育，使孩子太脆弱，承受能力差，一旦遇到挫折和打击，容易产生心理问题。心理问题会造成不良的情绪。

情绪饥饿是人长期无所事事，精神无所寄托，缺少情绪体验时的不健康状况。人不可缺少情绪。最容易发生情绪饥饿的是生活富裕、舒适闲散和没有兴趣、爱好的人。人若长期得不到情绪体验，活力就会一天天丧失，情绪饥饿就会缠身，幸福和快乐就会远离。

情绪体验分为心境、激情和应激。心境包括快乐和开心。要懂得调适自己的情绪，明确自己的定位和目标，明晓自己的优势和不足，不去追求不切合实际的目标，形成正确的认知习惯，养成快乐的习惯。但要注意，虚荣心也是一种不好的情绪。

情绪会传染，情绪可以在极短的时间内从一个人的身上感染给另一个人，情绪的感染是人的一种本能。人们交谈时，一个人会下意识地效仿另一个人的面部表情、动作姿势、身体语言以及说话的节奏。一个人面部表情越真诚，他的表达能力越强，就会越吸引他人去效仿。不管是在家庭中还是在班组，如一个成员有突出的情绪，往往会传染给其他成员，使他们改变自己的情绪，而欣然响应那人的突出情绪，这叫做情绪感染。比如你参加一个集会，领头的人举手喊口号，大家都举手喊口号，你也会自然而然地跟着举手喊叫，尽管有时你还没有听清楚喊什么，你的手就已经举起来了，甚至喊了不相干的话，在你还没有察觉到的时候，就已经开始去效仿别人的情绪了。

情操是情绪素质因素、道德素质因素和为公素质因素等的一部分。高尚的情操是青少年求学上进和做人的根本，心胸坦荡、诚恳待人、乐观积极、热情好学，这些良好的心态促人进步。具有高尚情操的人必然具有高度的责任感和忘我的献身精神，使人产生一种神奇的伟大力量。

情感是情绪素质因素的一项因子。列宁说得好："没有人的情感，就从来没有也不可能有对真理的追求。"情感是沟通心灵的桥梁，是追求真理的动力，有利于促进科学发现与创造，情感投入的核心是关爱人、体贴人，感人者莫过于情。体谅也是一种情感，对人体贴入微，宽宏大量，这也是一种美德。情感是求知和激发思维的心理条件。热情或冷淡也是情感的表现形式。

挫折心理是指个人在从事有目的活动遇到障碍时表现出来的情绪反映，人遇到挫折时，情绪低落，容易产生消极的心态，可能陷入多疑、沮丧、苦恼、抑郁、焦虑、悲伤、失望、悔恨、恐惧、愤怒等多种复杂的情绪体验中，会产生很多消极行为，消极行为使人做事更加受挫，再次受挫更进一步影响到心态，如此恶性循环，导致祸不单行。

焦虑是人们对预期要出现的不良处境所产生的一种不愉快的情绪，主要特征是着急、忧虑。焦虑会引起情绪紧张，导致头痛、失眠、多汗、厌食、胸闷、气短等症状，会缩短人的寿命。对别人、对社会不要企盼太高，焦虑也就不易产生。正确的心态是勇于面对现实；拿得起，放得下；不着急，不上火；远离焦虑，努力使自己的心态适应生活中的新变化。

愤怒是一种普遍的情绪。人在自己的意愿和活动遭到挫折时，往往会产生愤怒的情绪，交感神经系统兴奋，心跳加快，血压上升，人在激动时肾上腺还会向血管释放出额外激素，使呼吸加深加快，口干舌燥，甚至全身颤抖，使人体的生理功能失调而危害健康，甚至诱发脑溢血或心肌梗塞，说明“气大伤身”。《淮南子·本经》说："人之性，有侵犯则怒，怒则充血，充血则气激，气激则发怒，发怒则有所释憾矣。"古人就已经对怒气有透彻的看法。愤怒是一种自我肯定的表示。一个人从来不敢愤怒，就会失去表达自己想法和需要的勇气，最后会形成抑郁情绪，甚至导致愤怒情绪累积到极限而突然暴发，造成严重后果。碰到让人生气的事，要冷静，要自控，要制怒，漠然置之，让步，转移，忘却，或是加强沟通，冷静后处理问题的方法也会理智得多，许多愤怒情绪就会在萌芽状态消失了。

情绪与人的满足有关联，行为科学和心理学用一个情绪指数公式来表达这种心理活动。即：

情绪指数等于实现值除以期望值。

当实现值小于期望值时，情绪指数小于1，情绪低落，不满意；人在情绪不佳时，心情非常沮丧，体力呈现不足，做事也没劲。

当实现值等于大于期望值时，情绪指数等于大于1，情绪饱满，很满意；愉快、乐观的情绪能使心理处于怡然自得的状态，有益于人体各种激素的正常分泌，有利于调节脑细胞的兴奋。

提高人们的情绪，调动人的积极性，应从两方面入手，一是努力提高实现值满足期望；一是调整期望值，达到相对满足。

国外心理学界有用情绪商，简称情商(EQ)，来认识和测定情绪。情商是一种驾驭自己的能力，包括驾驭自己的情绪、情感、思想、意志等心理过程，协调控制心理结构的气质、性格、动机、能力与需要、理想、信念等要素的相互关系，使人能准确地了解自己的真实情感，理智地克服冲动，调整满足感和期望值，真诚地理解社会、理解他人。情商高的人在生活中较快乐，有积极的人生观，做事成功的机会也较大。情商在人生成功的因素中占有80%左右的影响。情商受科学的世界观、人生观和价值观的影响，体育锻炼是提高情商的有效的心理训练方法。

情商包括五个方面的内涵：(1)认识本人自身的情绪，情商表明随时认知感觉的能力，对了解自己非常重要；(2)自我激励，将情绪专注于某一目标对发挥创造力是非常必要的，一般说来，能自我激励的人做任何事情效率都比较高；(3)认知他人的情绪，具有同

情心;(4)人际关系的管理,是管理他人情绪的艺术;(5)妥善管理情绪。也有说情商包括:如何激励自己愈挫愈勇;如何克制冲动,延迟满足;如何调适情绪,避免因过度沮丧而影响思考能力;如何设身处地为他人着想,对未来永远怀抱希望。有学者认为,情商才是人生的决胜关键。

智商高的人可能只是某一方面的专家,而情商高的人却具备一种综合与平衡的能力。情商高的人,人情练达,社交能力极佳,外向而愉快,自信,不易陷入恐惧或忧思,善于调整压力,对人对事都好相处,较正直,富有同情心,在现代社会中人们往往忽视或者没有看到:情商的重要性大于智商。

社会心理学讲的"态度"就是对事物的看法和采取的行动,是由认识结构、情绪与情感以及行为倾向构成的心理状态,也是情绪素质因素和性格素质因素的一项因子。态度可以成为一个综合知、情、意、行的科学概念。态度是对待任何人、观念和事物的一种心理倾向;态度是通过经验而形成的,是由认知因素、情感因素和行为因素构成的一种准备状态或心理倾向。态度有五种特征:(1)经验性;(2)对象性;(3)倾向性;(4)持续性或稳定性;(5)可变性。引起态度变化有内在原因和外在原因。为人处世要保持平和的心态,碰到不顺心的事,要自制自控,该冷静时要冷静,该回避时要回避,该放弃时要放弃,该糊涂时要糊涂,平和安详不失衡。

情绪素质因素的测算可能还有其他方法,最后都要遵照人才素质规范换算成 0 到 2 的测算标准。

十三、思想素质的注意力素质因素

设 b_{13} 为思想素质的注意力素质因素。注意力素质因素是把意志集中放在某一方面的能力,就是集中注意力的本领,也有的称专心素质。注意力是进行智力活动的基础和前提,注意力功能主要置于大脑的前额叶。注意力素质因素不但会影响到学习和生产的效率，也会威胁到自身的安全。所以，注意力素质因素也是思想素质的一项致命因素。

注意力也是专注精神。学习、生产、探索、实验、研究都要有专注精神。

注意力就是专心程度，是一个学生学习好坏的关键，也是一个人事业成败的重要因素，是工作效率的基石。注意力素质低的人，经常分散自己的精力，朝三暮四，做事不专心是干不好一番事业的。在各方面都分散自己精力的人，学不好东西，也不会有什么创造性。

注意力素质因素低的人，很容易造成工伤，甚至死亡。从小培养和锻炼“集中注意力”是十分重要的事，这一点并没有引起人们足够的重视。“集中注意力”还应该成为一些工种的用人的必要条件。

注意力是提高记忆力、增强学习和工作效果的关键所在。

自制力也是注意力素质因素的一项因子。

注意力素质因素在儿童期就看得清楚，注意力素质因素高的孩子，将来前途较大。从小培养孩子的注意力素质非常重要。

注意力素质因素也在 0 到 2 之间变化。

十四、思想素质的为公素质因素

设 b_{14} 为思想素质的为公素质因素。为公素质因素是为群体着想的能力；是个人为人类、为国家、为社会、为集体、为别人、为家庭着想和奉献的思维能力。

个人必须依赖公众才能生活，如若没有集体观念，没有国家观念，一点都不考虑别人，思想上没有别人的概念，不用别人的东西，不与别人打交道，一个人离开人类群体是无法生存的；另一方面，

如若一个人为公素质因素很低，自私自利思想严重，很容易导致犯罪。所以，为公素质因素也是致命因素。

为公素质因素包括集体观念、团队精神、公私观念等。

每个人都应树立人类集体的观念。我们所有的知识、所用的一切都是人类集体的产物。集体为个人，个人也要为集体，要心系群众。个人只有在集体中才可能得到集体的保护才可能有真正的自由。

集体观念的强弱可以说明人的集体主义精神和自私程度、说明群众观和为人民服务的精神，包括爱祖国、爱人民的思想。为公素质因素也反映在每个人如何处理个人与家庭、单位和国家的关系上，应培养“心中有他人，心中有家庭，心中有集体，心中有人民，心中有祖国”的情操。

同情心，包含爱心，也是为公素质因素的一项因子。同情心表现为同情弱者的遭遇，喜欢周围的人，合群，能主动帮助有困难的人，善于与人交往。

每个人生活在社会上，都有公私关系问题。

利他行为是为公素质因素的高级部分，其素质因素大于 1，父母对子女有利他行为。伟人、崇高的人和小人、罪人的区别就在于其一切活动是为别人或为自己所占的比例，公私比例高的人会是较崇高的人和伟人。世界上没有长期光为别人不为自己的人；为别人大于为自己，就是伟人或崇高的人；为自己大于为别人就是小人；害别人就是罪人。有许多人是毫不利己，专门利人，虽然这只是一时一事，但在任何国家都是倡导的榜样。

自私自利是为公素质因素的低级部分。自私自利古已有之，特点是；不尊重别人，集体观念十分淡薄；不冷静和过分自爱，处处只为自己着想；自私自利为谋私利会干涉别人、侵犯别人；自私自利表现为个人主义、利己主义、拜金主义。有人说：人不为己，天诛地灭，这导致害人，是全人类所不齿的。如若一个人自私到害人、杀人的程度，他当然没有集体观念，其为公素质因素趋向于 0，他杀死别人，自己也走向死亡。

每个人都有自私自利的思想，这是人求生的本能，所以，自私自利是人的一种本性。人的物质私欲存在于人的生命之中，是人类存在的基础，是人生存的自然欲望。自私自利是维持生命力的一种因素，是生命力的一种需要。因活命而索取，因自私而索取，这是普遍现象。但是，不合理的索取就构成犯罪。

利己主义也是自私自利的一部分，利己主义就是只顾自己，不顾他人，见利忘义，损人利己。人在本质上是以利己作为自己的存在形式，人自身的存在必须以它同环境可提供的物质资料实现动态和谐为存在条件。

每个人平时都面临着“奉献”和“索取”，正常情况总是奉献大于索取，人类社会才会发展。

美国心理学家研究发现，经常和别人在一起有助于延年益寿。人们参加社会活动能增进健康，增加知识；会帮助别人，多做好事，可以得到别人的感激和喜爱，由此产生的温暖，会使你感到愉快和幸福，对人的免疫系统十分有益。

为公素质高的人，有强烈的爱国意识，日常关心、尊重、爱护他人，助人为乐，团结他人，克己奉公，先公后私，反对损人利己、损公肥私，能胸怀祖国、放眼世界，这样的人往往是很有作为的人。为公素质小的人，极其自私、小气，心胸狭隘，常有孤独感，这样的人干不成大事。

自私自利素质因子与自私自利思想是相反的，自私自利思想越严重，其自私自利素质因子就越低。过于看重私利，抢占眼前小便宜的人，就是“小人”，在一己私利驱使下很容易走上邪路。

为公部分的素质因素在 1 以上，为私部分的素质因素在 1 以下。集体观念、为公、为私的情况都要按人才素质规范制定成 0 到 2 的为公素质因素测算标准。

十五、思想素质的容忍心素质因素

设 b_{15} 为思想素质的容忍心素质因素。容忍心素质因素是宽容忍耐的本领。容忍心也有的叫宽容心、相容心、包容心，都可用“容”字来说明，都有包含原谅之意。

容忍是一种涵养、是一种风度，也是一种乐趣、一种智慧，常与“道德”、“肚量”、“情操”等紧密相关，在重要问题上要坚持原则，而在不重要、非原则问题上要“忍”才是贤能之士。容忍心是人能自立于社会的一种思想素质因素。福州电视台(新闻 110)曾经报道：有一位老教师到某超市买东西，出门时与保安争执，被气得晕倒在现场，当 120 将他送到医院抢救时，“回天无术”而去世了。类似被气死的人，也常有报道，说明容忍心差也会致人死命，所以容忍心素质因素也是一项致命因素。

容忍心也是一种自控力、自制力，有疏导自己感情的能力。忍可以免灾，忍能使人逢凶化吉，遇难呈祥；与人发生争执时，“忍”字当先，不因一时冲动而闹事，能忍则安，能忍则百气消。社会上常见，他人骂你一句，已经错了，你不服气又回骂他一句，结果双方都受到伤害，进而大打出手，也时有所闻。如果社会中每一个人都能对一些细小的过失、无意的磕碰宽大为怀，多一些宽容，多一些谅解和爱心；以恕己之心恕人，以责人之心责己；不要用他人的错误惩罚自己；要善于克制自己，人间就会少许多矛盾，多许多温暖。容忍心好的人为人处世善解人意，宽宏大量，善于自我心理调节，能很快取得心理平衡。

心理相容即相互理解。心理相容是年轻人建立家庭、创造美满幸福生活所必需的基本条件之一。学会宽容待人，就能成就事业，赢得信赖，就会有快乐和幸福。

对人宽容是真正的强者风度。对无理取闹的人，让他三分又何妨。容忍不但要容纳所容得下的，也要容纳所容不下的。宽容要容人之长，还要容人之短；才会善于用人之长，补己之短。金无足赤，人无完人，容不得别人的短处，势必难以共事。要容人之功，还要容人之过，世上没有无过之人。有容忍心的人才能团结一切可以团结的人一道工作。

容忍是中华民族的一种传统美德，也是一种道德行为准则。能忍便是有德，不能忍便是无德，这是中国儒家观点；宰相肚里能撑船，大肚能容天下难容之事。孔子说："小不忍则乱大谋。"《说苑丛谈》云："能忍耻者安，能忍辱者存。"《增广贤文》说："得忍且忍，得耐且耐，不忍不耐，小事成大。"现在人们也提倡"忍一分风平浪静，忍二分海阔天空，忍三分柳暗花明"；"忍一时之怒，免得百日之忧"；为了集体的存在和繁荣，个体必要时要忍受委曲；夫妻能忍，异中求同，团结和睦，百岁到老，都已成为我们民族文化的一个重要组成部分。

在现实中"忍"带有浓厚的实用性。在调节人际关系方面，容忍心素质因素是消除隔阂、沟通感情的法宝、是团结友爱的重要因素；生活中难免有磕磕碰碰，一句善意的道歉，一个真诚的笑脸，就足以让矛盾冰消云散，让不快随风而去。

容忍来源于对生活清楚的认识，它要求我们别鼠目寸光，鸡肠小肚，要求我们见多识广，责己严，待人宽，容忍体现了良好的教养。

雅量也是容忍心的一种表现形式，泛指宽宏的气度，其容忍心素质因素大于 1，性格随和可亲，善于与人合作，长辈、同辈、晚辈都喜欢他。

糊涂也是容忍心的一种表现形式。中国有句名言："难得糊

涂”。有限度的糊涂者胸怀开朗，能够接受别人的意见，减少焦虑，对于引发个人的创造力、导致事业成功，以及建立良好的人际关系等，都有益处。

忍也有虚伪的一面，暂时的忍是为了来日报复，所谓“报仇雪恨，十年不晚”，其容忍心素质因素就小于1；冤冤相报何时了。过分的忍便成为自欺，极端的表现便是“阿Q精神”。还有一种忍是迟钝的表现，他对别人的讥笑、冷嘲热讽、言语攻击等一下子没有反应过来，或者没有听懂，思想上毫无感触，实际上这不是忍，这是一种病态。

十六、思想素质的兴趣素质因素

设 b_{16} 为思想素质的兴趣素质因素。兴趣素质因素是指人对事物喜好的思想表现。

兴趣是由人的“热爱”建立起来的。人们获得各种信息，当某种信息积累到一定程度，你喜欢它、热爱它，就会萌发这方面的兴趣。兴趣是人们力求认识世界、渴求知识、积极探索某种事物或爱好某种活动的稳定的意识倾向。兴趣可以使感官、大脑处于最活跃的状态，对兴趣的事物特别专注，能最佳地接受信息，能够有效地诱发学习动机，激发求知欲。兴趣是推动人们去寻求知识的一种内在力量，是人的活动和促进学习的一种动力，兴趣是成才的引路者。兴趣也是一种进取精神和探索精神，有探索精神就会勇于向难题挑战。

兴趣是每个人都有的，兴趣历来就有高尚和庸俗之别。高尚的兴趣有助于实现理想和事业，会作出成绩和贡献，有益于身心健康。庸俗的、坏的兴趣则会败坏社会风气，涣散人们的斗志，以至于诱发并走向犯罪。兴趣少还会患“无兴趣综合征”，导致自我封闭甚至痴呆。所以，兴趣素质因素也是一项致命因素。

兴趣和爱好，如读书、写作、搞发明创造、打球、下棋、书画、音乐、收藏等等，可以增进人的身心健康。一个人对一种事物有浓厚的兴趣，他就有意识地去学习、去观察、去思考这一事物的奥秘，在兴趣的启动下，他可能对该事物产生自己的创见，甚至对人类作出了巨大的贡献。

兴趣多种多样，在知觉活动方面，有人长于分析，有人富于概括性和整体性；在记忆方面，有人善于形象记忆，有人善于词语、符号记忆；在言语和思维活动方面，有人长于口头语言，有人长于书面语言。这些兴趣一经形成就难以改变。

对人们的兴趣要因势利导，提高人们的精神境界，引导人们改变不良的兴趣，培养高尚的兴趣。一个人对这些有兴趣，他会努力去钻研、积极行动，千方百计去实现；对其他更多的东西不感兴趣，漠不关心。

兴趣广泛使人获得较为广博的知识，兴趣广泛往往是一个人成才的先行条件。广泛的兴趣对培养性格和陶冶情操具有很重要的意义。兴趣广泛也必有个中心，即主兴趣，发现到自己的主兴趣，就要抓住这个主兴趣，发挥主兴趣的效能，使主兴趣成为推动自己积极思维的动力。兴趣狭窄，孤陋寡闻，就会使性格不能健全发展，影响想象能力，妨碍创造才能的发挥。

兴趣的力量，会导致有些兴趣持续时间不长，有些兴趣持续时间很长，直至该兴趣得到满足和实现。

兴趣有利于人的创造性思维的开发。爱迪生小时候呆头呆脑，记忆力极差，但他对实验非常有兴趣，凡事总要问一个为什么？并且百折不挠地取得结果，后来成为大发明家。

好奇心也是兴趣的一种表现形式。好奇心驱使人们不懈地寻求事物变化的原因、方式及诸事物间的联系，并试图得出令人满意的解释。有好奇心的人往往把改进事物或对事物做些新功夫视为

乐趣。

兴趣会产生动机，动机是长期行为的原动力。如果由兴趣爱好起步，在某一领域，某一技艺上长期"修炼"，获得超出常人的记忆，显示出一定的成就，形成你的特长；周围的人大部分都不懂，你懂！便可以认为你有这方面的特长或专长。

兴趣狭窄使性格发展不健全，影响多维思维。

标准人的兴趣素质因素为 1，好的兴趣素质因素会超过 1，坏的兴趣素质因素会低于 1。

十七、思想素质的性格素质因素

设 b_{17} 为思想素质的性格素质因素。性格素质因素是指对人、对事的态度和行为方式上的思想功能。

性格也有的叫个性，是一种心理表现。既然是个性，哪就是一个与一个不同。性格反映了人的兴趣、爱好、学识、气质和风度上的差别，是一个知识结构、文明程度、审美趣味乃至心理状态等的思想因素的总和。人的个性品格，是一种较稳固的对现实的态度和习惯化了的行为方式表现出来的思想特征。

性格不是天生固有的，它是在一定的社会生活环境中，受到一定的教育方式影响，通过生活实践而逐渐形成、发展和变化的。培根说："凡有所学，皆成性格。"形成美好的个性，不是一朝一夕的事，而是需要潜移默化的熏陶，痛苦的自我锻炼，更需要社会与环境的支持。

性格可以从人的许多行为中反映出来，如写字笔迹、乱涂乱画、说话、走路姿势、看电视习惯、举止动作、进食方式、笑声等等。爱笑的人性格温和，笑时两眼明亮有神，脸部红润，美丽可爱；笑能使人消除紧张情绪，使人的心理和生理趋向最佳状态，

积极、良好的性格特征，如爱笑、热情、勇敢、刚强、勤奋、自信、

谦虚、细致、进取心、活泼开朗、探索精神等能大大地促进学习和工作。

消极的性格特征，如孤僻、怯弱、害羞、懒惰、自卑、多疑、骄傲、粗心、暴躁、爱生气、爱吵架、表情阴沉、满足现状和不求进取等会大大地影响学习和工作；在一定条件下还会转化为精神病。性格的片面性和狭隘性使个性不和谐，会影响创造才能的发挥。

自我意识强、情绪很不稳定、好表现、好出风头等性格特点的人，遇到创伤性事件或心理受到挫折的时候，容易出现癔症。

歇斯底里性格是性格中最差的一种，有可能导致犯罪。性格素质因素降到0，也会造成他死亡，所以性格素质因素也是一项致命因素。

人的性格分为：(1)性格开朗(活泼有朝气，心胸豁达，开朗，爽快，善良，安静和气，谦虚知足，爱说爱动，思维活跃，反应灵敏，表达能力强，但胆大心不细、性情暴虐、自制力差做事没耐性，易失控，常处于紧张状态；性格开朗的人能够团结许多人一起工作)。(2)性格谨慎(做事缓慢，平稳，安然，不易出错，温和好静，但身体羸弱，缄默寡言，懦弱多疑，人际关系差，适应环境的能力较弱，经不起不良环境的刺激，容易产生孤独寂寞感，会使人的生理功能和心理功能都显著降低)。(3)性格孤僻、抑郁、内向(做事稳当，不易出差错，偏激，自以为是；情绪孤僻，忧虑，消沉胆小，不爱讲话，对人对事态度冷漠，反应迟钝，不爱交往，性情急躁，极易激动发怒，常有寂寞感和孤独感、自卑感，家庭关系和社会关系都比较紧张，悲观，会影响抗病能力，抑郁症会导致人体血压升高、心律失常，患心脏病)。(4)性格温柔(听话、沉稳，自尊心强，有主见，做事有条理，耐心，认真，性格坚韧、顽强、坚强、高傲自大，独断专行，容易患高血压冠心病，爱面子，温顺者多有前途)。(5)性格幽默(开朗，豁达，适应性强，使他不因别人讥讽和轻视而影响自己的情绪和创

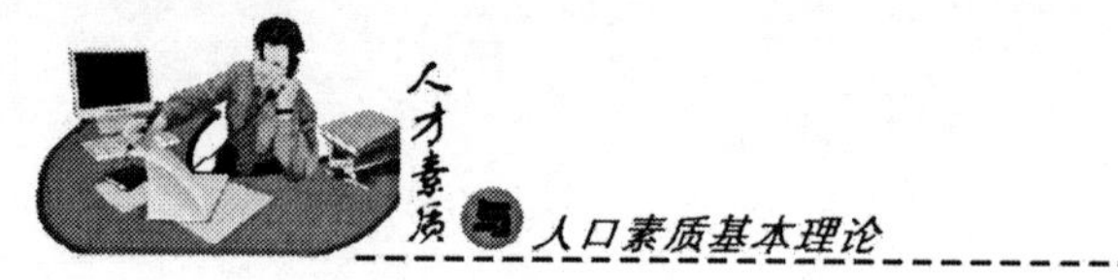

造，平时较好动、乐观。弱点是多言耗精、多食伤脾、多动损神）。(6)性格调皮（活跃，反应快，专横，攻击性强，敢说敢干，富有创造性和个性，容易接受新鲜事物，性情浮躁，多变，做事马虎，爱打闹，妒忌心强，易生是非，不好相处）。

攻击性强者往往学习差、工作差，易犯罪。据美国一些学者对攻击性强的儿童进行 22 年持续研究，发现有 25％性格粗鲁的攻击型儿童在 30 岁前有犯罪记录。

幽默是性格素质因素的一项因子，也是思维能力素质因素的一种形态。幽默是人类理智、旷达及其合理精神作用下的一种健康心理，幽默感对自我心理健康大有裨益，幽默是妙语和身体各部分动作表情的协调体现，幽默是智慧的闪光，幽默的根底也是知识。

幽默是不可用其他东西所取代的，幽默的能量是巨大的。在科研方面，幽默能刺激人的创造性思维，幽默会促使人们用发散思维去思考问题，可以达到更广阔的内心境界；在生产管理方面，幽默是一种天然的精神兴奋剂，幽默可以化难为易，提高生产效率；在社会交往方面，幽默是一门社会学艺术，是人与人相处的润滑剂，幽默使你与人共处更为融洽和谐，你的能力和为人更会获得周围人的钦佩和赞赏；在医学上幽默又是精神忧郁症等多种疾病的缓解剂。

一般说来，社会能力强的人幽默感也强。有幽默感的人可以从容应付许多令人不快、烦恼甚至痛苦的事情。幽默和风趣的言行不仅可以给人带来欢快的情绪，而且能缓解生活中的矛盾和冲突。幽默能使沉重的心境变得豁达、开朗和轻松，具有维持心理平衡的功能。

幽默过头便是油腔滑调、哗众取宠。

气质是性格素质因素的一项因子，是人的内心世界和性格的

外化。气质是高级神经活动在行为方式上的表现。气质对人的行为活动具有重要的影响，好的气质特点有：(1)自信。(2)幽默。(3)通达，明理。(4)机敏。机敏是一种优秀的素质，机敏的源泉也是渊博的知识，机敏有着先天的因素，不同的人，思考问题的速度和角度是大不相同的。(5)果断。果断是钢铁般意志的体现，是实力的象征，果断不等于莽撞，果断是以科学精神和知识实力为坚强后盾的，果断很重要，唯唯诺诺是被淘汰的前奏。

中国古代根据五行学说将气质概括为五种类型：金形之人，即安定型；木形之人，即抑郁型；水形之人，即不安定型；火形之人，即兴奋型；土形之人，即灵活型。

心理学的气质类型有：(1)胆汁质。通常精力充沛，情感、语言和动作的发生都比较强烈与迅速，难以控制，脾气特别犟，想干什么就干什么，既容易形成勇敢、爽朗、有进取心等优良品质；也容易养成急躁、粗暴、任性等缺点。(2)多血质。通常表现为活泼好动，动作敏捷，好与人交往，情感发生迅速但不稳定，兴趣广泛但不持久，容易形成热情、灵活、机敏等优良品质；也容易养成轻浮、散漫、做事不踏实、感情不深挚、见异思迁等缺点，坐不住，爱说爱动，沉不住气。(3)黏液质。通常表现为安静、沉着，动作迟缓而不灵活，情感发生慢，但比较稳定和持久，心理状态内向而较少外露，既容易形成稳定、坚毅、认真仔细、善于忍耐等好的品质，也容易养成固执、孤独、羞怯、缺乏朝气等缺点。特别柔，做什么事情都慢腾腾的。(4)抑郁质。通常表现为敏感多心，动作反应迟钝，情感的主观体验丰富但表现很弱，沉闷，善于觉察别人所不易觉察的某些细节；容易形成细心、敏锐、守纪律、富有想象力等好的品质；也容易养成多疑、畏缩、脆弱等毛病；特别有小心眼儿，话说重一点他就受不了。

个性是指人的内心世界各不相同。个性在 5 岁时差不多已定型，随着年龄增大，性格仍会继续成长，大部分人会越来越和蔼、成熟，对事情有分寸，不会对些微小事轻易发怒。很少一部分人，会因挫折而变得异常粗暴。思想上的狭隘使个性不和谐，会影响创造才能的发挥。

细心和粗心大意也是一种性格。

从人才素质公式看出，每个人的素质因素的大小和变化都是不同的，形成了人的个性也是不同的，全世界几乎找不到一对人的个性是完全相同的。要教育成每个人都一样是不可能的事情。

青少年是一个人的关键时期，而这个时候的心理健康将直接关系到性格的形成，独立性、依赖性将直接影响成年后的健康水平和前程。

父母对孩子的影响和教育十分重要。遗传因素和环境影响对孩子的性格成长有相对的重要性。父母应正视和尊重孩子的个性，根据孩子的个性来培养教育他们，扭曲的个性要趁早纠正，要培养有益于他们未来生活的性格和品质。

十八、思想素质的猜疑心素质因素

设 b_{18} 为思想素质的猜疑心素质因素。猜疑心素质因素是无中生有地怀疑的念头。

猜疑心，也有的叫多疑心理、疑心，主要表现为对人对事不放心，是人人皆有的一种心理现象。猜疑是人生的一大弱点，主要表现对周围环境的过分关注，过分敏感，带有很大的偏见与主观臆断，是健康养生的大敌，也是良好人际关系的杀手。猜疑是心灵闭塞、自设障碍的结果。

一般人的疑心来自于偶尔的对某个事情没有把握的判断和推理，虽然事实根据不足，但未达到荒谬的程度，是人们的常识所能理解和接受的，而且一经证实是疑心，能够自行纠正，不属于病态。

另一种疑心是性格问题，如有的人在为人处事中非常敏感多疑，热衷于察言观色，过分地注意别人对他的态度，经常把外界与他无关的事往自己身上挂，别人的举止言谈稍有疏忽就得罪了他；还经常无理取闹，善言诡辩，搬弄是非，不断地制造人与人之间的矛盾，医学上称病态性格。这种人如遇强烈的精神刺激，很容易导致精神疾病。若是疑心到了无中生有，捕风捉影，荒诞无稽的地步，不仅很难说服，也不可能被事实纠正，医学上称为"偏执状态"，是一种病理现象，是一种大脑功能紊乱引起的一种思维逻辑障碍，严重者已经患有精神分裂症，应动员其上医院治疗；严重者会自杀或致人死亡，所以猜疑心素质因素也是一项思想素质的致命因素。

怀疑、疑问与多疑有联系又有区别。敢于怀疑，不轻易接受人家的结论，追求的是真理。怀疑也有两重性。善于疑问，是拥有一定的道理，勇于发现问题，敢向难题挑战；多疑者是没有事实根据、没有道理地乱怀疑，会影响到人与人之间的关系，有敌视、愤怒、玩世不恭及不信任等态度，是思想健康不良的标记。

多疑的人往往先在主观上设定他人对自己不满或不利，然后在生活中寻找证据，带着以邻为壑的心理，把无中生有的事实强加于人，甚至把别人的善意曲解为恶意。

猜疑心的思维方式往往是从某一假想目标开始，最后又回到假想目标。

克服和消除猜疑心的有效办法，是加强思想意识和文化水平的修养，做人要有健康平和的心态，自觉强化个人的道德情操与心理品质的修养，培养豁达开朗的性格，拓宽胸怀，陶冶身心，净化心灵，克服主观、固执的弱点，增大对别人的信任度，要敞开心扉，加强互相间的了解沟通，虚心听取别人的意见，把工作和生活安排紧凑和丰富一些，不要斤斤计较他人的一言一行，要实事求是，不能捕风捉影，不能"先入为主"，遇事采取息事宁人的谅解态度，要与

人为善，与同志搞好团结。

猜疑心越强，猜疑心素质因素越低。猜疑心素质因素是与猜疑心相反的。

十九、思想素质的妒忌心素质因素

设 b_{19} 为思想素质的妒忌心素质因素。妒忌心素质因素是对品德、才能、名誉、地位或境遇等比自己好的人心怀怨恨的思想，容不得才能比自己高的人才。妒忌心也有的叫嫉妒心或忌妒心。

黑格尔说过："嫉妒便是平等的情调对卓越才能的反感"，"有嫉妒心的人，自己不能完成伟大的事业，就尽量去低估他人的伟大，贬抑他人的伟大性，使之与他人相齐。"

妒忌的特征是：胸襟狭隘，私心严重，患得患失，嫉贤妒能。妒忌是心强好胜的低级表现，是弱者好胜的心绪。无可比性的人们之间便不会产生妒忌的情感，此时人们的妒忌心还是存在的，因为，最少人与人是可比的、同类型的事与事是可比的，妒忌心潜伏着等待机会。妒忌是恶劣的情感，往往采取一些不正当的手法去影响和干扰能人超越自己。妒忌是一种恨，由于对他人的才能和成就的忌恨，而产生贬低他人甚至迫害他人的一种意识和行为，对他人的幸福感到痛心，对他人的灾祸感到快乐。每个人都会在某种情境下产生不同程度的妒忌。有妒忌而不承认是虚伪；有妒忌而承认，才是诚实。妒忌之心，人皆有之。

妒忌是对与自己有联系的人进行对比，当别人的才能、名誉、地位、权利、成就、品质、容貌、家庭、经济等高于强于自己时，心理时常萦绕的一种不服、不满、不悦、失落、烦恼、怨恨、恐惧、仇视、敌视，甚至带有某种破坏性的危险情感，是一种极端自私的意识行为，是一种强于自己的差别引起的消极心态。当对方面临或陷入失败或灾难时，就幸灾乐祸，甚至借助造谣、诬蔑、中伤、陷害、攻击、发难、报复、挑剔别人的毛病等手段贬低他人，抬高自己，具有明显的攻击性。他们没有自觉的认识和宽阔的胸怀。妒忌是因别人现时某种快乐刺激起来的，这种快乐在比较之下削弱了自己的快乐观念，这是妒忌心的根源。

妒忌心是人们钩心斗角的重要原因。妒忌心是人们钩心斗角的驱动器，特别是官场和能人的妒忌心更加明显。妒忌心强的人自己也经常受着烦恼、沮丧、痛苦的心理折磨，是导致人们工作情绪低下、身体素质变差的致命祸根。妒忌心强的人，主要精力就不会用在学习和工作上，而花在与别人计较得失上，对人际关系与事业成就方面起着不良的消极作用。妒忌心强的人极易患神经性头痛、神经衰弱性失眠症、癔症、高血压、心脏病、胃病等。妒忌心会使人的心理不平衡，产生了改变现状的强烈愿望。实际上心理平衡是相对的、暂时的，心理不平衡是绝对的、持久的。妒忌心恶化了就会产生病理反应，导致极严重的后果，如诽谤、伤害、凶杀等。《三国演义》里周瑜说："既生瑜，何生亮？"妒忌得吐血而死。所以妒忌心也是一项思想素质的致命因素。

当你不服输时，可能促使你认真学习，勤奋工作，为自己的进取和成才创造条件，为社会作出了有益的贡献，你获得新的真正的快乐。当妒忌心沿着恶劣的情感发展时，你会压制和打击别人，以压低甚至于压倒别人的方式取得暂时的快乐。古人云："富与贵，是人之所欲也"；"贫与贱，是人之所恶也"。只要有所欲，有所恶，心理肯定就会不平衡，关键在于你以什么样的思想来对待；正确对待，可把不平衡引向平衡；不正确对待，会使不平衡激化，导致恶劣的后果。

妒忌心也可以化怨恨为动力，是把他人的才干当成是对自己的挑战和压力，从而发愤图强，并通过公平竞争的办法赶上或超过他人。化妒忌为竞赛。

怎样克服妒忌心？(1)充分认识妒忌的危害。一是打击别人；二是贻误自己；三是腐蚀社会风气；对人对己对社会都有害。有害会使人厌恶。凡是心理上厌恶的东西，行动上就能加强与之决裂的自觉性，从而克服妒忌心。(2)不要产生对立情绪。妒忌者认为别人进步了对己不利，会产生对立情绪。(3)正确对待自己。对别人的进步，既要不服输，又要服输；不服输就是不甘落后，是为了进步；服输，是看到别人的长处，虚心向别人学习，也是为了进步。取长补短也能克服妒忌心。(4)将心比心，来个“心理位置互换”。一旦妒忌心笼罩你的心头，你可设想一下：“要是我是对方，有何感受？”妒忌心往往很快消失。要克服妒忌心，关键在于克服私心杂念，“心底无私天地宽”。正常人的妒忌心理是可以通过教育、说服与提高认识等加以纠正。

你会妒忌别人，别人也会妒忌你，说明你比别人强。弱者会被别人的妒忌打倒；强者不会被击倒，越受妒忌会越出类拔萃。

妒忌心被大多数人所不齿，使妒忌心理一般都不愿意直接地表露出来，而是千方百计地伪装，企图使人不易察觉。

人们的妒忌心普遍较强，导致社会进步、知识创新、科学发展的阻力较大，比如，有的教授宁可讲自己过时的学说，也不愿意讲别人创新的学说；有的领导者害怕自己的宝座被别人占有、会冷漠甚至排斥强者；以至于多少创新知识无法发表、流传，以至于多少宝贵的知识随同人们遗憾地离开世界。妒忌心阻碍了社会的进步。

妒忌心越强越不好，所以妒忌素质因素的大小与妒忌心的强弱是相反的。

二十、思想素质的自信心素质因素

设 b_e 为思想素质的自信心素质因素。自信心素质因素就是

相信自己的本领和力量。

自信心是个体所具有的自我肯定意识，表现为能正确地估价自己，是一种内在的品质，是做人的气魄，能坚信自己的力量，能在碰到困难的时候坚持下去，自信的基础是扎实的知识，其形成是一个长期的过程。自信心是人才成长的精神支柱，自信心是一个人精神力量的源泉，自信心对一个人性格的形成、成绩的优劣、事业的成败具有十分重要的影响和决定作用。自信心素质因素很低的人会导致自杀，所以自信心属于致命因素。

自信心在幼儿身上就有所表现，孩子形成强烈的自信心，对其未来的发展会产生巨大的影响。

邓小平同志说过："凡是有点干劲的，有点能力的，他总是相信自己，是有点主见的人。越有主见的人，越有自信，这个并不坏。"这里说到自信心要有干劲、有能力、有主见。

自信心来自于信念和知识本领。自信心是对自己实现个人理想和目标的坚信程度，表现为自己要做的事或者接受任务以后，信心十足，办事果断，干劲倍增，能提出完成任务的方法、步骤，有克服困难的决心和信心。自信心强的人坚强而不盲目，往往是成功的关键。自信心会影响个体的兴趣、注意力、观察力、意志力等的成长和优化。自信心与自身的心理健康状况、感情、知识经验积累、生活环境影响、年龄特征、性格差异等因素的关系十分密切。

信心是事业的起点、成功的基石、成就的动力。相信自己的人，才能成为命运的主人。一个人如果没有自信心，就不能大有作为；一个民族如果没有自信心，则不能兴旺昌盛。

自信心受遗传因素影响只是很小一部分，环境和教育对个体自信心的形成与增强有着不可替代和不可估量的作用。奋斗和努力工作，要注重脚踏实地的真才实学，来打造自信。"世上无难事，只怕有心人。"有了自信心，就能在社会竞争中进步，取得成功，走

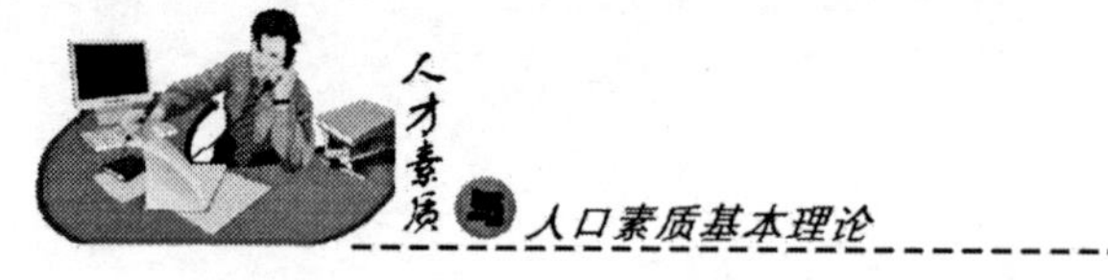

向辉煌；有了自信心，能深信自己所做事情的价值，相信自己能够成功地解决面临的问题，即使受到阻挠和诽谤，也不改变信念，直到实现预期的目的。有了自信心，就能把成才之路上的阻力，化为前进的动力。有了自信心，就能战胜物质的困难，敢于去夺取胜利。要相信自己能把握挑战机会，克服重重障碍，以显示人类科学创造的主体能动性。

缺乏自信往往导致创造上的半途而废。

自信是有一定范围和界线的，超过一定的度，便会产生固执心理，听不得别人意见，主观武断，骄傲狂妄，从而导致挫折，甚至失败。

对自己估价过高就是自负，对自己估价过低就是自卑。

自负是自信心素质因素的低级部分，也是一种不良的性格，表现为只关心个人的需要，强调自己的感受，在人际交往中表现为目中无人。不高兴时会不分场合地乱发脾气，高兴时手舞足蹈、海阔天空地讲个痛快，全然不顾别人的感受。

自卑感即缺乏自信，自惭形秽，认为自己不如别人。自卑心理是个人对自己评价偏低、自己看不起自己的一种心理倾向，有自卑心理就会对自己的能力、水平持怀疑态度，对成功信心不足，也会怀疑别人看不起自己。自卑感的大小都在自信心素质因素的低级部分。

自信心素质因素低的人，就不能克服自卑感，就不能迅速成长。自卑感大的人往往做事半途而废，被生活急流所淘汰，一无所获，甚至悲观自杀。

人如得到他人的认可、支持和赞许，便会增强他的自信心，相反就会产生挫折感和自卑感。

从众心理，是在社会或群体的压力下，个人放弃自己的意见，而采取顺从行为的心理倾向。从众心理也是自信心不足的表现。

有从众心理的人，易受暗示，无主见，依赖性大，往往易说违心话，做违心事，迷信名人权威，不善独立思考。

一位哲人说：“你的心态就是你真正的主人。”其实，大家都是人，人与人之间并没有太大的差别，成功与否，快乐与否，很大程度上取决于你的自信心态。

第四节　思想素质的非致命因素

如若一项思想素质因素等于0时人不会死亡，它就是非致命因素。几项非致命因素的组合达到致命程度的，它们的平均值就相当于致命因素。因而，思想素质的非致命因素也必须有，任何一项非致命因素很低，也是他人才素质的一大缺陷，也会成为低能的人。每一项非致命的思想素质因素对于人一生的生活、工作和劳动都有十分重要的影响。

一、思想素质的理想素质因素

设 b_{e+1} 为思想素质的理想素质因素。理想素质因素是对未来事业的合理想象或希望的思想能力，会鞭策人往理想的方向前进。

每个人都应有一定的理想，志向。理想决定着一个人判断和努力的方向，中国人对理想有“九死毋悔”的信念。理想，信念，是我们民族的精神支柱。理想是一个人内心中最美好的信念，是对自我的把握。一个人没有理想、没有信念，就失去了精神支柱；就会像丢掉了魂似的，感到碌碌无为、前途茫茫。没有理想的人，在他的职业生涯中，只能任职业摆布，而不会有对这个职业的提升。生活不能没有理想。理想也是一项思想素质因素。

健康的理想，发自内心的理想，指导着一个人的长期行为；希望将来会比现在带来更大的幸福，这是理想的动力；有理想的人，

几乎全部精力都花在实现更美好的未来上。

理想是成才之舵。理想是反映人们对现实世界的看法,反映了人的世界观。

理想是事业的大门。学生的学习,能结合理想者,成绩较好;不能结合理想者,成绩都较差。没有理想的工作平淡无奇,结合理想的工作才能成就辉煌。

有伟大理想的人,生活蓬勃向上,永远闪射着光芒。理想素质高的人,活着不是光为自己,是为祖国的进步而努力学习、为全人类更加美好的生活而奋斗;有志于探索自然的奥秘、改造自然,利用自然,勇于创新;会树立为建设祖国、报效人类而献身的志向。从而激励自己,积极进取。

有理想会有美好的心情,马克思说过:"一种美好的心情比十付良药更能解除生理上的疲劳和痛楚。"

志向是关于将来要做什么事,要做什么样的人的意愿和决心。志向也是一种理想,志向比较现实,是当时的社会已经存在的,是个人经过努力、将来能够实现的。

修身、齐家、治国、平天下,这是中国传统的道德理想。

中国在两千多年前就已经重视"理想"。孔子并不认为志向越高远越好,真正重要的是一个人内心的定力和信念;实现所有理想的基础,在于找到内心的真正感受。一个人内心的感受永远比他外在的业绩更加重要。一个人的志向至关重要,决定了他一生的发展和方向。一个人的发展,最重要的往往不在于终极的理想有多么高远,而在于眼前拥有一个什么样的起点,奔向理想,一生才有成就。我们往往不缺乏宏图伟志,而缺少通向那个志愿的一步一步积累起来的切实的道路;没有走向理想的切实的步伐,你的理想就是根本不可能实现的假理想,你可能成为伪君子。一个真正的君子,从来不是以他的职业素质谋求一个社会职位为目的的,却一定是以修身为起点的，他要从最近的、从内心的完善做起，脚踏实地的奔向理想。

我国把“成为有觉悟、有文化、懂技术的合格的社会主义劳动者”作为每个学生共同的理想，这是比较现实的理想，不管学生以后做什么工作，这个理想都是对的，几乎每个人都会实现，能够给人带来满足，但是，觉悟、文化和技术都有大小、多少和高低的问题。走上邪路的孩子，恐怕连这个最基本的理想都没有。

理想在你的一生中不一定能够实现。共同理想、民族的理想、国家的理想是政治的需要、是集体的需要、是社会的凝聚力。“为共产主义事业奋斗终生”是中国每个共产党员崇高的理想，因此，共产主义理想应归入中国的政治教育之中，可以列入中国的理想素质因素的国家标准，而不能列为理想素质因素的国际标准。

摆在人们面前的是“我们这几代人如何生活得更好些”，理想也应从现实出发，切合个人发展实际和社会发展的实际，对个人有可能实现的理想才有力量、才会起积极的作用，我们还需要引导和教育学生要有具体的个人理想和志向、具体的奋斗目标。例如，中小学生的理想是将来当一名科学家、工程师、军官、艺术家、发明家、企业家等等，能够激励学生努力向上。只要学生努力奋斗，这样的理想就可能实现。

年轻人应该在树立正确的世界观的基础上立志，才能适应时代的要求。要立志成才，就要使自己的想象符合客观规律，顺应历史潮流。理想目标歪了，就会走错前进的道路，甚至越走越歪。志当存高远，一个人不能没有志向，不能没有创业的气魄和拼搏精神。崇高远大的志向，并不是可以轻而易举地达到的，只要付出辛勤的努力，志向就能实现。志向是奋斗的动力。有志向的人，青春闪射着光芒。立志是成功的先导，志向是创造的灵魂；有了远大的志向，才会有源源不断的激情。应教育孩子从小树雄心，立壮志。

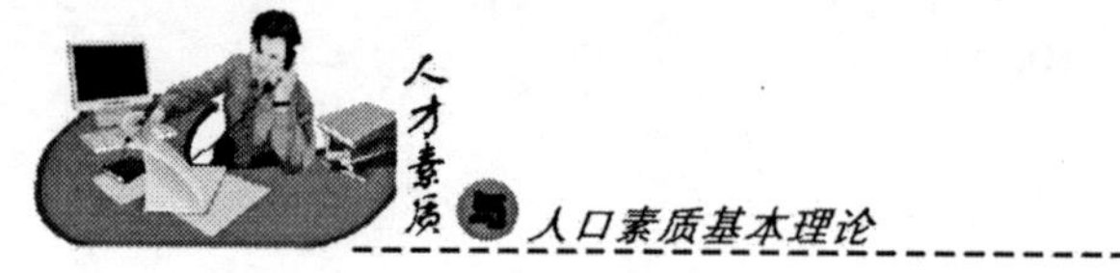

做人要有志气，身残不要紧，最怕的是心残。心的残废就成了行尸走肉的废物，心的残酷就成了豺狼。

事业心和进取心也是理想素质因素的一项因子，事业心是进取心的原动力，进取心是坚韧不拔前进的助推器。一个人没有理想，没有对事业的负责精神，没有攻无不克的进取精神，就不可能有所发明、有所创造、有所前进。

动机是推动人从事某种行为的念头，着意赋予事物以新的活力。人的各项实践活动都在动机的驱使下进行，思想动机愈正确愈有力，则人的行动也愈坚决。实现理想是最大的动机。

信念也是理想素质因素的一项因子。信念与盲从是不一样的，盲从既可害已又可害人。

信仰也是一项思想素质因素，与信念相近，与理想有关联又有不同，如何归属，有待研究。信仰是指人对某一对象（宗教、主义）的崇拜意识，在这种意识背后，深深地起作用的不是理智而是意志，是一种“信仰的意志”。信仰对象被教条化和神圣化了，信仰的前提是绝对的无条件的尊重和服从。信仰的基础是非理智的，也是不科学的。信仰必然导致盲从，并进而窒息真理的发展。信仰的好坏直接影响到一个人的生活。

有的人理想很坏，也会驱使他犯罪、导致死亡。所以，理想素质因素属于致命因素还是非致命因素，有待专家探讨。

二、思想素质的羞耻心素质因素

设 b_{e+2} 为思想素质的羞耻心素质因素。羞耻心素质因素是不光彩、不体面的心理感觉能力。

羞耻心是因为以不十分高尚的动机参与了一件十分秘密的、见不得人的事情而产生的，造成的损失不大，还达不到犯罪的地步；或家人亲友的不光彩而产生的，羞耻感会持续几代人。羞耻之心，人皆有之。孟子说过："人无羞耻之心，不可教也。"人知道羞耻、需要羞耻、不可无耻。无耻就是没有羞耻心，不知羞耻；无耻就是一个人干了可恶的、不光彩的事，还不感到耻辱。所以羞耻心也是一项思想素质因素，与自尊心素质因素很紧密。

人要是真正懂得羞耻，就有惊人的勇气来阻止羞耻的发生。羞耻作为一种起支配作用的情感影响到人的其他情感。人际关系中许多不愉快的事情，都是由于羞耻心起着一定的作用，每当羞耻心出现的时候，人们总是抑制自由情感的表达，羞耻心是最难认可也最难摆脱的一种情感，也是各种情感中最为隐私的情感。

有些羞耻的事是由于失误或鬼迷心窍造成的，对别人对社会影响不大。有羞耻心的人善于检讨自己、改正错误。

教育对羞耻心素质因素有重大影响，有些人有意无意地干了一些不很光彩的事，并不感到羞耻，当受到教育后，一对比，才感到不光彩，才感到羞耻。所以正确的思想教育十分重要，但并没有引起教师的注意和重视。

内疚通常是指想象中或实际存在的过失行为的情感。内疚与羞耻心关系紧密，两者都会"不好意思"；但羞耻心伴有自我厌恶，而内疚没有；内疚有强烈的后悔之意，羞耻心没有。

克服羞耻的一个最有效的办法是"改过就好"、对自己不以为然。能对自己的丢脸和愤慨的情绪"停步"而不以为然的人都会急剧降低羞耻感，从而轻装上阵。

害羞是胆怯、胆小的一种形态；懂得羞耻才害羞。荷兰哲学家斯宾诺沙说："害羞是畏惧或害怕耻辱的情绪，这种情绪可以阻止人去犯某种卑鄙的行为。"有的人特别害羞，在人面前尚未开口，便心发慌、脸发红。其实，害羞是一个人的弱点，也是一个人的性格优势，害羞者比较聪明，平时少说话，勤思考，多行动，虽然不太辞令却比较机警。害羞者比较可靠，通常不会说人长短，不搬弄是非，能替人保守秘密，为人好相处，一般人对害羞者给予更大的信任。

羞耻心素质因素可以是单独的，也可以合并在情绪素质因素中，由制定思想素质测算标准时才能确定。

三、思想素质的自尊心素质因素

设 b_{e+3} 为思想素质的自尊心素质因素。自尊心素质因素是指一个人尊重自己，相信自己办事的能力和自身的价值，不向别人卑躬屈节，也不容许别人歧视、侮辱的思想功能。

自尊心也是事业成功的动力，自尊心一旦得到很好的爱护和培养，由此挖掘的智慧潜能将不可估量，再加以适当引导和环境影响，就会走向成功。一个人的自尊心如遇到冷嘲热讽，受到摧残，便会失去信心；自尊心过于低落，将很难昂首前进。自尊心也是一项思想素质因素。

一个人对自己应该能有正确的估价，不要妄自尊大。一般的人在评价自己时，通常是凭借别人对自己的反映作出自我判断的，当周围的人对自己表示尊重和热爱，有较好的期待时，人的自尊心提高，会做出相应的努力来适应这种“人际期待”，这便是人们更强烈自尊的表现。家庭对孩子的自尊心有很大的影响。表扬一个人很有益处，可以提高他的自尊心，可以促进他们发展对自己的创造力的信心。在一场游戏、一项运动或任何事件中，获取胜利对于一个人的自尊心和健康都具有意义深远的积极影响。

自尊心不同的孩子，表现在生活和学习上具有不同的态度。

有高度自尊心的孩子，自信心也很强，与他人相处和睦，讨论问题时能积极表达自己的观点，对周围的事物很感兴趣，具有较强的创造力，会利用而不依赖物质条件，无论干什么都相信自己能完成。人对自己的肯定将加强自信心和自我安全感，更加关心他人。

自尊心强的人荣誉感强，喜欢称赞，但不要为一时的利益去败坏自己的身价和个人的自尊心。

自尊心中等的孩子，能自由表达他们的观点，能感到生活美好；但在自信心不足时，他们有时不敢相信自己的能力，当他们感到别人喜欢自己的时候，便能努力去学习。

自尊心低的孩子，常常感到自卑、胆怯，讨论问题时，他们不敢表达自己的观点，只是听别人发言。自尊心低的孩子，因为基本功差，学习、做事都难以达到理想的效果，看轻自己，难以上进。自尊心素质因素也可以归入人格素质因素或自信心素质因素，这要在制定思想素质因素测算标准时才能确定。

四、思想素质的灵活性素质因素

设 b_{e+4} 为思想素质的灵活性素质因素。灵活性素质因素就是人灵活的精神和本领。

灵活性素质因素充分体现了“人是活的”。灵活性也有的称变通性，主要决定于知识和经验的积累，暂定为非致命因素。

灵活性强的人思想通畅，善于举一反三，点子多，常有非凡的见解，做出异常的成就。

灵感是灵活性的最高表现，周恩来总理曾对灵感下定义：“长期积累，偶有所得”。诺贝尔物理奖获得者杨振宁教授指出：“灵感”不是凭空而来的，往往是经过一番苦思冥想后而出现的“顿悟”现象，这种顿悟，通常是借助于熟能生巧的情况，在一种不经意的状态下突然得出平日百思不得其解的答案，将这顿悟的意念付诸实践，得到成功，这一“顿悟”就称为“灵感”。

科学家和注意灵感的人，能够在顿悟的一刹那间，将两个或两个以上以前从不相关的观念串联在一起，借以解决一个搜肠刮肚仍未解的难题，或有一个新的发现。当积累的构成要素在外界某

一特定信号的刺激下，大脑便会迅速地做出反应，进入亢奋状态，产生朦胧意识，经过大脑的筛选、归纳、平衡，使该信号得到内在逻辑的强化，于是，灵感便在瞬间脱颖而出。我的灵感经常是在“躺在床上没有睡着或是半睡眠状态”时出现，坐汽车、火车时也常常出现灵感。只要你具备了一定的素质，苦苦寻求，灵感就会“忽如一夜春风”般地惠顾你的心扉。灵感是光辉的念头，捕获它加以发挥，会给你带来辉煌的成就，最善于捕获灵感的就算是美国的发明家爱迪生。一闪即逝的突发性是灵感的又一特点，应眼快、手勤，迅疾地捕获住这一闪意念。并即时记载下来，想象分析，或许会出现意想不到的惊人成果，甚至是伟大的发现。灵感往往是人的才能萌发的闪光点，人们在实践活动中，往往被某种因素所激发，在头脑中突然产生一种新思维、新概念，形成一种新的意向，萌发出某方面的创新才能，促使他作出贡献。错误的灵感会使人走上犯罪的道路。

灵活性素质因素也是在 0 到 2 之间变化。

五、思想素质的意志力素质因素

设 b_{e+5} 为思想素质的意志力素质因素。意志力素质因素是指决定达到某种目的而产生的思想能力，往往由语言和行动表现出来。

意志力是人的意识能动性的表现，离开这种能动性，人们就无法在学业上、事业上有所成就；意志力是心理承受能力，意志能够按照社会要求控制自己，行为协调，并具有目的性，有一定的坚持力和毅力。意志力强的人精神饱满、不屈不挠、自强不息，自我超越，不断进取，使人为达到理想境界坚持不懈的努力。意志是实现目的的一种心理活动，它根据目的选择方法、组织行动、施加影响。

意志力是教育的结果，也是生活磨炼的结果。参加实践活动，有明确的奋斗目标，和困难作斗争是意志产生的必要条件。在人生道路上存在困难是必然现象，从艰辛道路上走过来的人，往往比较坚毅、乐观、豁达、大度，能经受得起种种的波折和磨难，成为一个坚强的有作为的人；在顺境里泡大的人，往往比较懦弱，遇到困难手足无措，不能适应逆境。可以通过实践活动培养和锻炼人的意志。

毅力是意志力素质因素的一项因子，毅力是坚持力、坚韧性，有百折不挠、坚持不懈的精神和善始善终的韧性品质。大部分人的成才，主要取决于毅力。前进的道路上总是充满着挫折与坎坷，需要百折不挠的韧性和不达目的决不罢休的进取精神方可到达成功的彼岸。坚强的毅力表现出自觉性、果断性、自制性、坚持性和吃苦耐劳的精神。

果断，是有决断，不犹豫。果断也是意志力的表现。果断不等于莽撞，果断是以丰富的知识、科学精神和实力为坚强后盾的，果断是钢铁般意志的体现，是实力的象征。

六、思想素质的责任心素质因素

设 b_{e+6} 为思想素质的责任心素质因素。责任心素质因素就是自觉地把分内应做的事做好的心情。把事做好也包括及时把事做完。责任心也有的叫责任感，也是做事的认真程度，是自己事业成败的关键，责任心也是一项思想素质因素。

责任心是造就天才的重要因素，所有的天才都有很强的责任心，责任心差的人是成不了天才的。

任何有作为的人都有很强的责任心，人才的责任心决定了企业回报社会的能力。

在人的一生中，免不了要出一些错误、会遇到一些挫折，甚至失败，要敢于承认错误事实，不企图掩饰或抹杀自己应承担的责

任，要仔细地分析失误的原因及对待失误和挫折的态度，应该把错误和挫折看作前进道路上的暂时曲折。

责任心强的人，做事认真细致，做事情会尽全力去做好，不做完不罢休，错误和挫折反而很少，结果十分令人满意。学习认真，成绩较好的学生责任心大于1，工作后的责任心也会较强。

责任心差的人，其责任心素质因素小于1，做事经常粗枝大叶、敷衍了事、拖拖拉拉，不做彻底，一遇困难就半途而废。责任心差的人，从事读书成绩差，从事生产废品多，从事工作经常出差错。责任心差的人，做事不负责任、不讲信用，是没有前途的人。

据一些企业家和学者的考察，在一些跨国企业中，员工的责任心往往比国内很多企业的员工要好，他们注重员工责任心和主人翁精神的培养，让每个员工都能尽心尽力，将企业的事业视为自己的事业，而不光是老板的事业。没有责任心的人才，再有能力也不会在乎企业的发展。

责任心与管理制度有很大关系，检查和管理严格，职工的责任心必然很强，这是外在因素，责任心素质因素是更自觉的思想行为。

还有许多心理因素，如决心、感情、志气、进取心、价值观念、同情心、心理承受力、觉悟、逆反心理、勇气、思想品质、观望心理、羡慕心理、姑息心理、失望心理、推诿心理等等，都有待人们研究，凡是能制定出思想素质因素测算标准的，就是思想素质因素。

第五节　思想素质因素的测算

随着人们认识水平和科学技术水平的提高、测验活动的勃兴、统计方法的进步和心理咨询的发展，心理学对人的各种心理差异的研究取得了精确而又深入的成果。

心理差异反映了人类思想上的差异。有差异就能对比、有差异就能测算。人们既然存在思想素质因素差异，那么思想素质因素就能测算。

判断差异就靠比较。有比较就有鉴别，鉴别就有质，比较就有量，有质有量就可测算。思想素质因素都有质和量的差异，有强弱、智愚、好坏、善恶等的不同，当然就有测算的必要和可能。

19 世纪末叶，英国著名学者高尔顿对人在心理方面的差异进行了研究，他编制了很多简单的测验，还发明了统计学方面的“相关法”和“相关系数”借以精密地表示各种心理能力之间的关系。这对制定思想素质因素的测算标准和测算方法有参考意义。

20 世纪初出现的“智力测验量表”以及此后诞生的许多心理测算表；近百年来，能力测算，成就测验，人格测验等等各种心理测验工具，如雨后春笋层出不穷，大量的心理测量工具已广泛地用于人才咨询、人事劳工、医学、教育、工业、交通、军事、体育等等领域。心理测验的广泛应用和发展，说明了人的思想素质因素的测算是有基础的，具有现实的可能性。

现在人们已经能够通过人的表情、说话、行为和心理测验，了解人思想的一般能力、特殊能力、遵纪守法、兴趣、性格、思维、创造力和理想等等，通过观察法、调查法、会晤法、被测者的自我汇报及学习工作记录等等各种途径，获得个体的思想素质因素的全面而细致的材料，对照相应的测算标准对人作出准确的评价。

各项思想素质因素在社会上都有评述，评述就有比较；任何测量的目的都是为了比较。比较必须具备两个条件：一是参照点，二是比较单位。思想素质因素也有许多比较方式，我们选取最独特的比较方式，以标准人为参照点、以标准人相应的量为比较单位，这样，所有的思想素质因素都有一致的比较方式。

思想素质因素的各种软件程序，就是思想素质因素的结构因子，对它眼看不见，手摸不着，而且变化多端，要测算是很困难的；但它们是人的具体的行为表现，人的行为表现包括表情和结果都是看得到的，且可以用社会标准来比较。人在任何活动中都有心理现象。心理现象反应能力也表达了思想素质因素的大小。

过去研究心理现象时，局限于现象本身，无法综合分析。现在依据人才素质理论，所有的思想素质因素都要符合人才素质规范、都要折算成标准人相应量的倍数、都用标准人来衡量，不但是思想素质因素本身可以互相比较，还能参与思想素质和人才素质以及人口素质的计算分析。

根据客观存在的思想素质因素表现和人才素质规范，利用知识和所有的科学技术手段，制定出每一种思想素质因素(包括素质因子)的国际测算标准，就能测算出任何人的思想素质因素的大小，获得非常有意义的对比。

每项思想素质因素的测算标准都是从 2 到 0，表现为好思想型、一般标准型、坏思想型、危险型。就是测算标准没有制定出来，读者也可以逐一对照自己的思想，大体上看看你的思想是属于什么型的？一对照就有自知之明，你就能认识和改造你的主观世界，你就应舍弃劣根、重振旗鼓、继续前进！否则，你不对照，人家要对照你；你思想差又本性难移，你就会落后，害你自己；害到别人，害到社会，你就要犯罪！所以，思想素质不好的人是危险品。在制定了思想素质因素的测算标准以后，人们就会自然不自然地自觉地进行对照，就会产生一种内心的约束；一个人内心有所约制，就会在行为上减少过失。这就是思想教育的成果。

思想素质因素的测算标准与传统、实用标准的换算关系，可以是等分制或不等分制，要根据不同的思想素质因素的特点和需要来定。

目前应由有关的专家、学者先研究出各项思想素质因素的测

算标准，供社会参考和试用，条件成熟时，就会由国家或国际权威机构制定成思想素质因素的国家测算标准或国际测算标准统一使用。

在测算思想素质因素时，要分清致命因子和非致命因子，它们所起的作用不同，在思想素质因素公式中所处的位置也不同，应区分清楚。

思想素质因素的测算标准可以根据各项素质因子的特点，采取各种形式来制定，比如智力素质因素的测算标准、勤劳素质因素的测算标准等都是实例。

第六节 思想素质公式

一、思想素质公式

人的思想素质是人类认识自我的最重要、最困难又是最薄弱的环节。本理论提出了测算思想素质的方法：

第一步，测算思想素质因素。思想素质是由思想素质因素构成的，要测算思想素质必须首先测算思想素质因素，测算思想素质因素必须制定该思想素质因素的国际测算标准。这样，所有的思想素质因素都是可以测算的。

每项思想素质因素有高有低，有大有小，都只是某一种思想能力。人在社会中的行为表现，往往不是一项思想素质因素孤独地起作用，而是由许多思想素质因素共同起作用的，光取一两项思想素质因素来对比不足以说明人的思想能力。

第二步，必须把思想素质因素带入思想素质公式计算出思想素质的大小，还能参与深入的运算和分析。

设 b_i 为人所共有的各种思想素质因素。如，b_1 为思想素质的

记忆力素质因素，b_2为思想素质的爱国思想素质因素，b_3为遵纪守法素质因素，b_4为学习精神素质因素，b_5为创造力素质因素，b_6为勤劳素质因素，b_7为智力素质因素，b_8为人格素质因素，b_9为道德素质因素，b_{10}为思维素质因素，b_{11}为诚信素质因素，b_{12}为情绪素质因素，b_{13}为注意力素质因素，b_{14}为“为公”素质因素，b_{15}为容忍心素质因素，b_{16}为兴趣素质因素，b_{17}为性格素质因素，b_{18}为猜疑心素质因素，b_{19}为妒忌心素质因素……b_e为自信心素质因素，b_{e+1}为理想素质因素，b_{e+2}为羞耻心素质因素，b_{e+3}为自尊心素质因素，b_{e+4}为灵活性素质因素，b_{e+5}为意志力素质因素，b_{e+6}为责任心素质因素，……从b_1到b_n包括人所应有的一切思想素质因素。

按人才素质因素规范，标准人的各种思想素质因素b_i值均为1，强的b_i值可大于1小于2，弱的b_i值会小于1大于等于0。根据人才素质公式构成原理，思想素质S_b可用下列公式表示：

$$S_b = b_1 \cdot b_2 \cdots\cdots b_e \times \frac{b_{e+1} + b_{e+2} + \cdots\cdots + b_n}{n - e}$$

e为有致命作用的思想素质因素的个数，当这些思想素质因素为0时，便导致人的死亡或使他失去做人的价值。

n为人的思想素质因素的总个数。$n > e$

思想素质因素的项目数，依据人类的认识水平，能确定几项就算几项，要全国、全世界一致，才有对比价值。

二、思想素质公式分析

当一个人的思想素质S_b等于1时，在思想素质上是一个标准人。严格说，所有的思想素质因素都等于1的人，才是标准人，很难找到。实际上，所有的思想素质因素中，有的大些，有的小些，都是正常的；一个人在社会中所起的作用可以取长补短，只要按公式算出的思想素质等于1，都可以看作是标准人；他都能起到一个标准人的作用。

当一个人的思想素质 S_b 大于 1 时，这个人具有许多优秀的思想品质，如遵纪守法、热爱祖国、吃苦耐劳、勤奋好学、责任心强、良好的道德、性格好等等的思想素质因素可能都大于 1，他的学习和工作都能取得较好的成绩；而且各项较高的思想素质因素由于内在联系，往往互相促进，产生强大的精神力量，他会为单位、为社会做出杰出的贡献。

当一个人的思想素质 S_b 小于 1 时，说明这个人许多思想素质因素偏低，好吃懒做，学习精神差，责任心差，道德差、自尊心弱、妒忌心强、性格古怪等，思想素质低的人，人际关系也差，团结差，做什么事都差，工作中的延误和失败也较多，干坏事的几率较高，这样的人不受欢迎，导致经济差，生活困难，往往自己都养不好。

如果发现一个人某项思想素质因素较低，社会就应对他加强这方面的教育，使他顿悟，他只要接受社会的正确教育和引导，坚决改正，就能迅速提高该项思想素质因素，从而有目的地提高了他的思想素质，而成为更有用的人才。这是思想教育的最佳效果。

思想素质很低的人，多数已经犯罪，就要受到群众和公检法的监督和看护。

当一个人的思想素质 S_b 趋向 0 时，他就已经堕入危险或罪恶的深渊而不能自拔，他会被判无期徒刑甚至死刑。

从公式看出，一个人当某项思想素质因素很大或很小时，都会明显地拉动整个思想素质，决定了这个人的好坏。每个人都可以运用思想素质公式对自己进行测算、对照和评价，知道自己思想上的长处和短处，以克服缺点，更好进步。

社会要加强对个人的思想素质教育。过去只讲政治思想教育，而绝大部分的思想素质教育都被忽视了。思想教育应该是全部的思想素质教育。

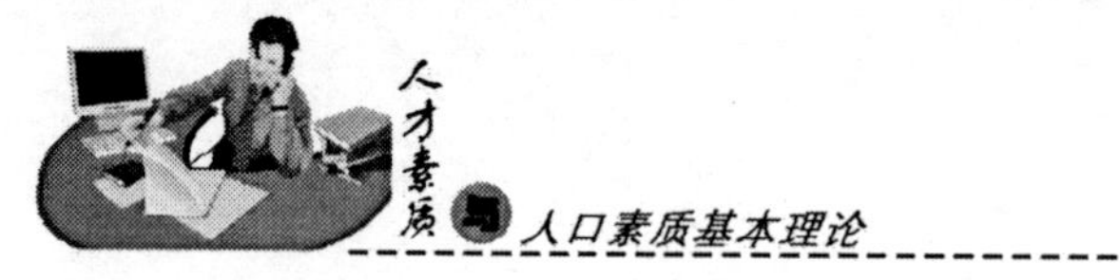

思想素质公式能够测算出不同人的思想素质的大小，为正确评价人、选拔人提供科学依据。

真正健康的人是身体素质要健康，思想素质也要健康。思想素质在 1 以上的人，才是思想健康的人。思想健康就是心理健康、精神健康。仅仅没有精神疾病对于人来说是远远不够的，所有的思想素质因素都超过标准人达到思想健康。除了正在发育成长的孩子们，思想素质因素有低于 1 的就有病态；没有健康的心理便没有健康的体魄和蓬勃的朝气。只有当一个人才思敏捷，起码能准确理解别人说话的内容，及时回答别人提出的问题，才能说明他在精神和社会交往方面也是个健全的人。善于言表是健康的一种标志，有的人连说话都说不清楚，就说明他的知识素质和思想素质都有问题，不够健康。

第七节　人的精力

人们的精神，包括意识、思想活动和一般心理状态，就是所有的思想素质因素，通过人们的行动，对人本身和外界事物产生推动作用；这种驱使人们进行各种行动的精神力量，称精神动力，简称**精力**。精力就是人的思想的力量。

人的工作、学习需要精力，干家务需要有精力，娱乐也需要有精力。没有精力，人就动不了了。

精力的计量单位是一个标准人所具有的精神力量的大小，就是标准人的精力为 1。每个人的精力都是相对于标准人精力的倍数。

人们遇到的外界动因和客观需要只有被反映在头脑中、调动相应的思想素质因素，才能成为推动人活动的力量。恩格斯说："外部世界对人的影响表现在人的头脑中，反映在人的头脑中，成为感觉、思想、动机、意志，总之，成为‘理想的意图’，并且通过这种形态变成‘理想的力量’。”（《马克思恩格斯选集》第四卷，第228页）这种理想的力量就是思想动力，就是精神的力量。

现在的人们承认思想有力量，但却断言人的精神力量大无边，思想的力量是不可度量的。本理论认为，人的精神力量是有限的，在制定了“思想素质因素的测算标准”后，思想素质的力量是可以度量、能够测算的，并可用于广泛、深入的分析。

也有人试图探索精力的大小，国外有科学家提出过“精力系数”计算公式：

精力系数＝（700—3×每分钟脉搏数—2.5×平均血压—2.7×年龄＋0.28×体重）÷（350—2.6×年龄＋0.21×身高）

其中：年龄为周岁，体重为公斤，身高为厘米。

脉搏数应在起床后或静坐5分钟后测定。

平均血压＝舒张压＋（收缩压—舒张压）÷3

计算出精力系数，与下表对照，查到可从事的运动量大小。

表3-3 精力系数与可从事的运动量关系表

序号	男性精力系数	女性精力系数	可从事的运动量
1	0.225～0.375	0.157～0.262	小
2	0.376～0.525	0.261～0.365	中小
3	0.526～0.675	0.366～0.475	中
4	0.676～0.825	0.476～0.575	中大（较紧张的工作）
5	0.826以上	0.576以上	大

计算步骤：（1）先测定公式中各项数据。（2）按公式计算出精力系数。（3）对照精力系数与可从事的运动量关系表，查到可从事的运动量大小。

该法有一定的参考价值，在某种程度上反映了精力与身体状

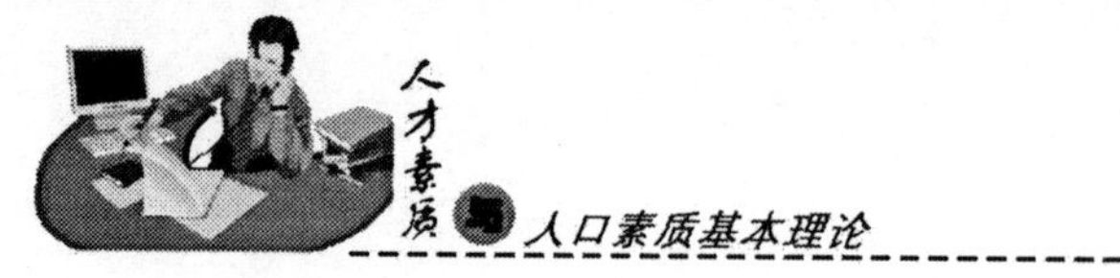

况的某些关系，也说明了人类已经开展过“精力计算”。但是该公式不能反映精力的本质作用；也不能进行有关精力的计算；精力系数都在1以下，只是在低标准下表达精力的大小。

人的思想素质体现了人的思想能力，所以，人的思想素质S_b也可以用来表示人的精神力量即精力的大小，实际上是表示有多少个标准人的精力。

测算一个人的精力首先要测算出各项思想素质因素的大小，导入思想素质公式：

$$人的精力=S_b=b_1\cdot b_2\cdots\cdots b_e\times\frac{b_{e+1}+b_{e+2}+\cdots\cdots+b_n}{n-e}$$

计算出思想素质S_b就是人的潜在精力。实际上思想素质因素与身体素质和知识素质都已经有内在的联系，精力是人力的组成部分，这在人才素质因素测算标准及人才素质公式中都会体现出来。

从社会实际上看，思想素质和各项思想素质因素都可以称为思想素质，但只有真正的、总的思想素质S_b才是精力，思想素质因素不是精力。所以，引入“精力”这个概念是十分必要的。精力使思想素质与思想素质因素区别开了。

人的一切行为都是受思想素质指挥的，思想也有力量，思想的力量不是无限的，而是有限的。思想的力量只是驱动脑中信息的活动，思想素质才有力量。有专家估计，按现代社会的水平，人们一般只要开发精力的10%，生活就会有显著变化。依计算，人的精力最多可以开发三分之二。每个人都有丰富的潜在精力，对人们从事的各种活动都有着很大的推动作用。作出承诺，履行承诺也会调动精力。要开发和利用充沛的精力，就要锻炼身体保持健康；人生病了，躺在病床上，你的精力就会下降，而且发挥不了作用。

第八节　结束语

本章说明了思想素质因素本质上是头脑中的软件程序。本理论的核心是人的新定义及人才素质因素定律和思想素质因素指挥人的行为和表情，是把所有的思想功能都按人才素质理论规范化了；把各式各样基本的思想功能都归为思想素质因素，都要制定出思想素质因素的国际测算标准，按人类标准人所具有的量来衡量，使每项思想素质因素都能：(1)有质，能发挥它本身的作用；(2)有量，能测算大小；(3)有生命性；(4)每项思想素质因素都充满人的社会性，能参与全人类的比较、分析；(5)参与思想素质公式计算；(6)参与计算人的精力；(7)参与人才素质和人口素质的一系列统计、计算、分析，如人口的思想素质、国家总的精神力量、国家思想素质的年增长率等；(8)在厘清思想素质因素并进行正确的思想素质分析的基础上，会使思想教育更加有效，更好、更快地提高人的思想素质，等等。

进行思想素质的测算和分析是人类发展的必然趋势，运用本理论能够测算人口的平均思想素质、总的精神力量、人口精神力量的年增长率等等。

第四章

论知识素质

知识素质对每个人都是至关重要的、是所有人都应知道的基本知识。本章阐述人的知识素质的本质及其测算、人的知识力量，启发人们去研究、去分析知识素质的发展；推动读者去努力提高自身的知识素质，争取更大的作为。

第一节　知识素质概述

人类有五千多年的文明史，积累了丰富的知识；人类的生存与发展，需要知识。原始人与现代人的区别只在于他们所拥有的知识素质不同、在于他们的知识数量和质量不同。

人们认为知识就是力量，但是只当作“知识的力量”，不知道这是“人的知识力量”，淡薄了“人的知识能力”，知识离开人就没有力量。过去的人们都把知识当作人以外的东西或资料，只知道“知识”，不知道人有“知识素质”，不知道知识素质是人与动物的本质区别之一，只把人当作高等动物。过去，人们只知道科学文化素质，不知道知识素质还有许多，不知道所有的知识都是知识素质产生的结果。

本文主要观点有:(1)人们能用语言或文字进行交流与传播,形成人的知识素质;知识被人掌握成为人的知识素质;(2)知识素质不是人以外的东西,知识素质是人的基本成分;(3)知识素质有生命性和继承性;(4)知识是社会性的标志,没有社会性也就没有知识;一切社会活动都要依靠知识素质;(5)书本知识乃至所有的知识都是前人和现代人知识素质的积累;就是说,所有的知识都是知识素质产生和记载的结果;(6)知识素质是人与动物的本质区别;(7)知识没有力量,知识素质才有力量;遵循人才素质规范,知识素质是可测算的;(8)知识素质与思想素质和身体素质都是人的共同的三大基本成分,缺少任何一项都不是人,从而推出人的新定义。

知识素质是人本身的东西。任何体外信息知识输入人脑,就取不出来,就变成人的东西。人们经常回想往事,特别在夜深人静时,睡不着,有些陈年往事的情景不断浮现在脑海中;"回想"证明了过去头脑的信息还是留在头脑中,没有消失;如若过去进入脑中的信息消息了,就回想不起来;说明人脑的信息知识就成为人的组成部分。输入的信息只有被人记住、被人掌握才成为人的知识能力;不被你认识,不被你掌握的信息,都不是你的知识,都不会成为你的知识能力;而且,人必须有知识,才能认识自己、认识自然,才能过社会生活,才能交流与发展。世界上所有的知识都是人创造的,没有人就没有知识。这些说明了知识素质是人的基本成分之一。

个人所拥有的知识能力是有限的,而人类的知识能力是发展的、无限的。人类知识素质的提高,科学技术的进步,知识信息的爆发,成为知识素质本身的良性循环,互相推动。实际上,社会活动和发展,人类的进步,都是人类的知识素质造成的。

人类发挥知识素质的作用，通过劳动创造改造着自然、改造着社会，获得物质财富和精神财富，从而养活自己、改造自己，促进人类的发展。

社会经济的发展越来越不依靠人的体力和人的数量，而主要是靠人的技能与智慧，就是靠人的知识素质。据专家确认，现今生产率增长的70%～90%是靠劳动者的教育水平和掌握科学技术的能力赢得的。穷国赶不上富国的原因在于知识落后、技术落后、科学落后、人才落后，在于缺乏人力资本、缺乏高素质的人才。

人们在社会生产中表现出来的劳动能力，不但要以体力大小来衡量，也要以精力和知识力量来综合衡量，就是要以人才素质来衡量。特别是知识素质中的文化素质、科学素质、技术业务知识素质以及政治知识素质、道德知识素质、创造性知识等是人类的社会发展和经济建设的直接的推动力。

在现代化的社会里，劳动者没有相当的文化知识、不掌握先进的科学技术知识，就不能适应现代化的生产要求，就难以就业。劳动者不仅要使自己，而且要使他们的子女学会多种科学技术和相当的文化知识，使他们也能胜任社会生产发展的需要。

第二节　知识和知识素质

一、知识

要研究知识素质，也要懂得知识。

知识是人对客观世界的认识。知识是人认识客观世界的表象、概念、过程、规律和真理的概括，是人们在改造世界的实践中通过现象、资料、数据所获得的认识和经验的总和；知识是人们研究事物运动状态和变化方式的规律；知识是贮藏在头脑和书本中的信息，是一种科学劳动资料；知识是知识素质的积累；知识是人类认识世界的结果。知识的本质是认识。知识的基础是文化。知识的核心是理论。知识的力量在于社会性。

人们的任何社会交往都蕴含着知识。知识会改变个人的命运，也会改变民族和国家的命运。知识最宝贵，无知就无能。有知识才是人；人没有知识，无异于动物。一个人没有知识是个睁眼瞎，最可怜的是无知，无知的人是次品。马克思认为，“无知从来也不能帮助任何人”。人类拥有知识具有无限的创造力，并能通过文字记载和实物，遗传、积累至无限。知识不但对个人起作用，知识还能武装所有愿意学习的人。这些都是身体素质和思想素质所不及的，所以，没有任何力量比知识素质更强大。英国哲学家培根说过：“知识就是力量。”实际上，知识没有力量，比如过时的知识、没用的知识、你没有掌握的书本知识等就没有力量。知识素质才有力量。

任何理论都是一种知识。马克思有一句名言：“理论一经掌握群众，也会变成物质的力量。”说明人们掌握了知识，有了该项知识素质，就会产生物质的力量，这就是人的知识素质的力量。马克思的这句话也说明，知识不被人掌握就不会变成物质的力量。

知识是人类的，它是前人和今人的知识素质的积累，是前人和今人的基本成分。人类的知识并非人人都有，并非人人都一样；你不学，人类的知识就不会传给你；人类有这种知识，你就不一定有这种知识；后人学习、掌握了前人的知识，前人的知识也会变成这些人的知识素质、变成这些人的基本成分。因而，人类的知识存贮在社会上，各取所需。

知识包含广泛的内容，如学科知识、理论和规律、科学技术、自然科学、社会科学、哲学、管理科学、科研成果、知识创新、生产和实践经验的知识、生活知识和人本身的知识等。

知识的第一个特点是认识事物。没有被你认识的事物，不是你的知识。

知识的第二个特点是知识的实践性。知识能用，知识有使用价值，知识能指导实践，知识能产生物化产品。没有使用价值的东西都不能成为知识，知识一失去使用价值便会被人们所淘汰。

知识的第三个特点是知识的社会性。知识要被社会认可，没有他人知道和认可的想法，都不会成为知识。知识的作用范围相当于该知识社会性的大小。“知识要用语言文字传播”是社会性的具体体现。不同的语言文字，其社会性的大小、范围都不一样。你有再好的知识，如若不能用语言文字传播，社会没有承认你的知识，就不成为知识；你再好的知识，没有被社会认可，就会随着你的生命而消失；对社会来说，不知道也并不存在这种知识。知识是人社会性的象征，没有知识就没有人的社会性，没有社会性也就没有知识。漠视和压抑人的知识就会延缓社会的发展。所以，社会应尊重、及时承认和提升知识的社会性，是非常重要的事。

知识的第四个特点是知识的不灭性、知识使用价值的不灭性。知识的不灭性说明知识是没有生命的，知识素质才有生命。一般的物质产品都会在使用中消失；而“知识可以重复使用”，知识在使用中其价值不会减少、不会消失、反而会得到加强和提高，直到被更好的知识所取代，这是知识的发展。任何物质产品在交换中都会因为“给了别人，自己就没有了”，而知识却在交流中“给了别人，自己仍然有”，这就是老师能够教学生的道理。

知识的第五个特点是知识的创造性。一些知识通过知识素质可以创造出更多的知识。

知识的第六个特点是知识的使用价值是多层次的，不同水平的人可以各取所需。这是人们共同学习而有不同结果的道理。比如说对“人才素质知识”，有的人看了会增强知识，有的人用以检验指导自己或孩子的人才素质，有的人用以检查和衡量别人，有的人会创造出一些人才素质因素的测算器具，有的人用以研究人口素质，有的人用以治理国家。

知识的第七个特点是知识的积累性。知识的积累是世界上任何物质都比不上的，人的知识可以用语言、文字一代代地积累起来，传下去，是人类的一种遗传因素。所有的知识都会在人类社会中积累起来，越积越多，越积越好，遗传下去，人类才会一代比一代强。知识在于积累。要从年轻时就开始注意广泛地学习知识；若听其自然，常常会感觉知识偏枯不够用。广泛的知识积累，有助于一个人整体水平的提高，促进工作的进步。人类的知识积累是无限的；而个人的知识积累是很有限的，因而，选择个人的生活环境和选择学习内容，对于良好的有限的知识积累是十分重要的事。

知识的创造和交流是促进世界经济发展的动力，知识是几千年以来人类劳动的结晶，其中基本理论和方法性的、技能技巧的知识蕴含着更加重要的智慧，知识历来是经济发展的核心要素。当然，也有错误的知识，使人类经常感到沉痛。错误的知识会产生废品，错误的社会知识更加危害人民。

掌握知识的重要方法是学习和记忆，学习和记忆都是思想素质因素，但学习和记忆的内容是知识。知识只有被人掌握、成为知识素质，才能成为人的组成部分，才能发挥其应有的作用。

人类有多少知识？到目前，还没有人能够合理地、准确地计算出来。我们可以用知识素质理论，以所有人的知识素质总量来表明人类的知识量，这是人类真正的、现有的知识总量。

新陈代谢是生命活动的基础、是宇宙间的普遍规律。人类知识的发展也是一个不断老化和更新的过程，除了真理以外，谁都不应只靠老知识办事，而要不断地学习，不断创造，不断革新、改造，用新的知识开发未来。

二、知识素质

这里要弄清知识和知识素质是紧密相连而又不同的概念。知识是人类的、是社会的;知识素质是每个人的组成部分、是现代人所拥有的知识和知识能力。

按人才素质理论给知识素质定义:人的**知识素质**是由人所掌握的各种知识成分即知识素质因素组成的知识功底。知识素质就是人能够用语言或文字进行交流与传播的能力;知识素质就是贮藏在个人头脑记忆区的信息活动的能力。头脑记忆区贮藏的信息越多,掌握的知识就越丰富。知识素质就是人运用知识的能力和力量。

知识素质是人的基本成分之一,这个定义,使知识由人体以外的东西(如书本知识、产物知识、知识资料等)还原为人的基本成分,把人从高等动物中提升成“人”。

知识素质包括人类现有知识的使用功能,还包括知识的创造、传播的功能(潜力),如知识产权、专利知识、未来学、规划知识等。

人的知识素质是客观存在的,并且通过知识素质理论能够统计计算得出来。

知识素质是人学习的成果,知识素质是人才发展和成功的基本条件。人每天都在学习和运用知识,只是学用知识的内容和分量不同而已,形成了不同的知识素质。

知识素质和知识素质因素都是有生命的,有些知识素质会用文字记载以知识形式流传于社会,大部分的知识素质都随着主人的生命而消失。

知识素质,不但是会说会写,而且要会用,会用才有力量。知识素质同时包含着知识和运用知识来分析和解决实际问题的能力。只有能解决实际问题的学问才是真正的学问。

知识素质，主要是取决于后天的学习、培养和锻炼，取决于社会、学校和家庭的教育条件，又取决于个人的勤奋和努力。国家要致力于提高人们的知识素质；而社会条件再好，个人不努力，那也是一事无成的。

一个人，任何知识素质因素都是先要付出，才有收获；先学习，才有知识，才有知识素质。知识符合“投入产出”原则：一是付出原则，就是投入原则；人要有知识，首先要付出自己宝贵的生命时光和精力，去学习；创造的过程也是学习；二是有学习研究的具体内容，你学习有用的知识与学习无用的知识，大不一样；三是收获原则，也叫产出原则；学习必须有收获，收获就是要“记住重点”、能灵活应用，这种收获才能转化为你的知识素质。知识被你灵活地应用就能产生知识素质的力量。

人就是利用和依靠知识素质来认识自然界、来探索和发现自然界的奥秘，开发自然为人类服务，来参与社会生活和建设祖国、改造世界。

知识素质的本质作用在于认识、使用、交流和遗传，在于社会性，在于科学发现和发明创造，在于掌握自然规律和社会规律，在于实践。

知识素质是提高认识力、实践力、创造力、学习能力和记忆力的工具。

知识素质是社会生产的动力，是经济的源泉，没有知识素质便没有生产、没有经济。知识素质是决定经济长期增长的要素，知识素质可以扩大和调整传统生产要素的生产能力，知识素质还可以提供创造革新产品和改进生产程序的能力。

知识素质是缩小贫困与富裕之间差别的关键。知识素质差，会因无知和缺乏金融、技术和社会知识等显现出愚昧和无能，从而遭受不必要的贫困和痛苦。无知者必然贫困，知识素质是富裕的

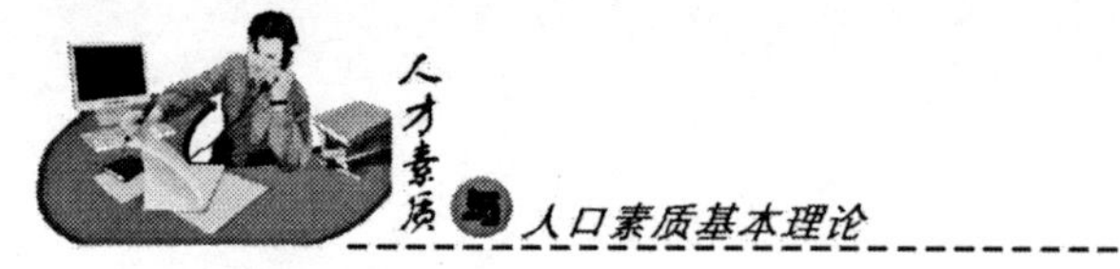

本钱。

知识素质渗透到身体素质和思想素质之中，增强了身体素质和思想素质的作用。人的知识素质在人才素质中所占的比重越来越大，身体素质和思想素质受制于身体条件，发展有限，而知识素质的发展要宽广得多。知识素质会通过身体素质和思想素质创造出新的知识和人所需要的财富，新的知识和财富又推动人类的发展。

知识素质的作用在上升，据国外一些企业的经验表明：一个普通工人受一年初等教育，可使劳动生产率提高 30%；工人受教育的年限每增加一年，提出合理化建议的比重平均增加 6%，受过完全中等教育的工人所提供的合理化建议比没有受过中等教育同样工龄的工人要多 4 倍，受过高等教育的工人在技术创造上的积极性要比只受过小学教育的工人高 30～80 倍。

知识素质对人、对人类的一切活动都有巨大的作用，其作用主要是反映在人类的进步，反映在社会效益和经济效益上。

三、书本知识

知识素质能用文字记载下来，成为社会性的知识。书本是文字和知识记载的主要形式，所以，人们把书本叫做"书本知识"。书本知识是人们对客观事物的认识及经验的总结，书本知识是前人和现代人知识素质的记载和积累；书本是"人"体外的知识，知识素质是人体内的基本成分；所以，书本是知识但不是知识素质；只有书本知识被人掌握了，才会成为这个人的知识素质。

同一本书被许多人学习，由于各人的基础不同、水平不同、兴趣不同、目的不同、学习的深度和付出的时间不同、思想素质不同等等原因，所得的收获也是不同的，人们对学习书本的成果无法精确判断，只能说明他"学过"或者"没有学过"。

书本知识不等于百分之百正确无误。书即便是旷世之作，也绝非字字珠玑；名人之言也不会句句是真理。书本和文章，有知识之精也有糟粕。多读科技和上进的书，你会成为人类的精英！多看糟粕书，你会成为人类的糟粕！喜欢看什么书，关系到每一个人的前途。

文字本身和文字记载只有被人们掌握，把书本知识和实践知识输入人的头脑，经过人的学习，才变成这个人的知识素质，才是真正有力量的知识；不被当今人们掌握的文字记载或过时的书籍也是前人的知识素质，但不是现代人的知识素质。比如，有些国家发现了古人类的文字记载，对于当时的古人类是一种知识素质，而对于现代人，不懂得哪些古文字，它就不能成为现代人的知识素质，因为它已经没有知识的作用和力量。同样，人类的书籍无数，都是人类的知识素质积累，谁学到了，就是谁的知识素质；你没有学到就不是你的知识素质。

一个人要学好一本书，要花很多时间，一个人一生学不了多少书，所谓“读书破万卷”这只是文学语言，实际上是不可能的。还有虚构的小说等文学作品也会增加读者的一些知识素质，但其作用比起科技文化书籍和工具书的作用要小得多，而且，小说往往都有正面和反面作用，要慎待。

书籍是人类的营养品，有吃没吃大不一样。一种营养品，你要吃进去，才会变成你的营养，你没有吃进去，营养品绝对不会变成你的营养。不看该书和没有掌握该书基本知识的人，就没有该书的知识。只有记住并掌握该书本知识的人，才算拥有该书的知识。书本可以传播知识，有多少人学习并掌握它，就有多少份这方面的知识。没人看的书本仍是废纸一堆。所以不能用书本的多少来评价人类的知识，只能用人口的知识素质总量来评价人类的知识量。

对于新知识，及时出版发行，让更多的人及时看到和掌握新知

识，以提高人口的知识素质，是很重要的。

第三节 知识素质因素

人类的知识是无限的且非常广泛，我们按知识理论体系把它们分类为不同的知识素质因素。知识素质是由知识素质因素组成的，我们要研究知识素质，首先要研究知识素质因素。

组成人的知识素质的基本成分所具有的知识功底叫**知识素质因素**。

任何一门知识、学问，任何一种理论都可以成为一项知识素质因素的因子。从人类的知识范畴看，可以成为知识素质因素和因子的有：语文、数学、外语、书法、美学、政治学、经济学、基础科学、应用科学、动物学、植物学、植物栽培学、生物学、信息论、系统论、控制论、协同论、天文学、地理学、历史学、考古学、医学、药物学、心理学、人类学、人口学、社会学、军事学、人才素质学、人口素质学、哲学、法学、政治经济学、运筹学、统计学、计算机、围棋、国际象棋以及所有的学科知识和工种技术知识等等。每一门学问，每一科理论，每一项技术，每一种职业，都是知识素质因素的组成之一。

每一项知识素质因素都有很大的范围、非常多的内容，比如说：一个文化素质因素包含的内容等于一名高中毕业生从出生到高中毕业所学的所有基础知识、几十门课程；政治知识素质因素包含所有与政治有关的知识；技术业务知识素质因素包含所有的技术工作和业务工作等等。

知识素质因素是随着人类社会的发展而发展的。

中国古代就有三百六十行之说。每一个行业都有它的知识。在《中华人民共和国职业分类大典》中，中国现有职业 1838 个，现在还不止。由于人类的发现和发明越来越多，社会分工愈来愈细，知识越来越丰富，现在世界上的职业有三千种左右，每种职业都有一种知识。因此，知识素质因素也有三千种左右，而且还在不断地增多。一个人可以学习几十种知识，但绝对不可能掌握所有知识；一个人在一个时刻里只能从事一个专业的工作，不可能在一个时间里同时干几个专业的工作。

我们可以把知识归类，形成每个人所共有的、每一个人都要有的知识素质因素，就能进行统一的计算分析。如把人类一百多个他国的语言归类为一项外语知识素质因素，把几十种基础知识归类为文化素质因素，把几千个技术工种和业务岗位归类为一项技术业务知识素质因素，把许多业余爱好活动归类为一项文娱知识素质因素等等，就把许许多多难以计算的知识素质因素归类为二十多项每一个人都有份的知识的基本成分即知识素质因素，解决了知识素质因素项目多无法计算的难题。

知识归类后，每一项知识素质因素都是知识素质和人才素质的一个构件、都是人不可缺少的组成部分，都要符合人才素质因素定律：**每个最基本的素质因素对于每个人都只能有一个，可以强一点或弱一点，可以大一点或小一点，但一个人不应该有二个以上同样的因素构成(复合因素除外)；正如一个人不能没有头也不能有两个头，不能没有手也不能有两双手一样，否则就不符合客观事实或变成不能在社会中独立生活的畸形人。**

该定律导出人才素质规范。**规定一：任何人每个素质因素的大小只能在 0 到 2 之间变动。我们把当代标准人的素质因素定为 1，比他弱的定为小于 1 大于等于 0，比他强的定为大于 1 小于 2。**若用百分数为单位，则有二百个等级；若用千分数为单位，则有二千个等级，很能说明强弱了。

规定二：每项人才素质因素都要在“规定一”的原则上制定国际测算标准，作为测定人才素质因素的尺度，对任何被测人一视

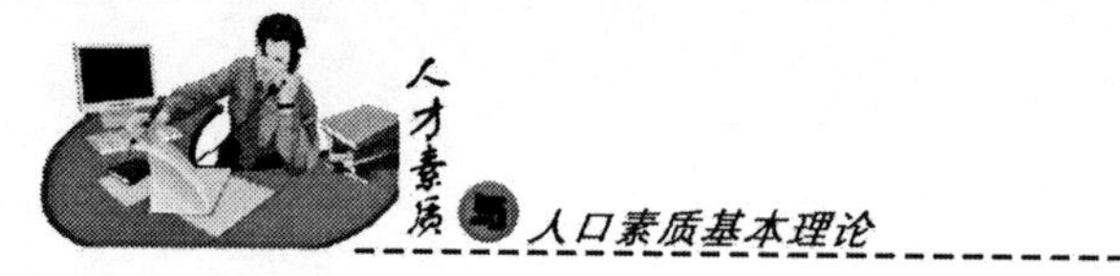

同仁。

任何人的任何知识素质因素都必须遵守人才素质规范，其大小都在 0 到 2 之间变化。这是知识素质因素的一条铁定的规律。

每一个知识素质因素都是一大类知识组成的、实际上都是由许多同类知识组成的综合性的知识素质。有些不同的知识素质因素具有共同的知识成分，这是必然的、正常的内部联系；但共同的知识成分（知识素质因子）在不同的知识素质因素中所占的分量、所起的作用不同，各算各的份。

知识素质因素的一个特点是项目很多，在测算一个人的知识素质因素时，只要各人都选取几项。一个人每项同类型知识素质因素选取几项，要看人类社会的发展，由国际或国家的权威机构决定。初始，每人每类知识素质因素选取 3 项为宜。

知识素质因素有致命因素和非致命因素两类，下面分别介绍。

第四节　知识素质的致命因素

一项知识素质因素为 0 时，人会死亡或不像人，它就是知识素质的致命因素。

一、文化知识素质因素

设 C_1 为文化知识素质因素，简称文化素质，它是人所掌握的各种知识成分之一，是所有基础知识的功底。

文化素质是知识素质中最主要的素质因素，文化素质是所有知识素质的基础，文化素质几乎是所有知识素质因素的素质因子。文化素质低会牵动许多知识素质因素也处低位。没有文化素质，便没有一切知识素质。

二、政治知识素质因素

设 C_2 为政治知识素质因素，简称政治素质。政治素质因素是人从事国家和国际关系方面的活动的知识能力。在所有知识素质因素中，政治要挂帅，各种知识素质因素都要为政治服务，不管哪个国家，反对当朝政治都是违法的，政治知识素质因素低会导致犯罪。所以，政治知识素质因素是一项致命因素。

政府、政党、阶级、社会团体、经济管理、国家内政和外交等等都属于政治范畴，而政治的核心是人的阶级性、是统治者和被统治者千丝万缕的关系。各国都有自己政治的需要，因此，政治知识就应该分为人类共用的政治知识和本国专用的政治知识两部分。把人类共用的政治知识列为“政治知识素质因素国际测算标准”，把本国专用的政治知识列入“政治知识素质因素的国家测算标准”，或者列入政党素质和阶级素质中。

政治知识素质因素也贯穿在爱国素质、理想素质等素质因素中，政治素质只是知识素质、思想素质和人才素质的一部分，政治素质不能代替人才素质。

在中国喜欢把政治与思想联在一起，称为政治思想或思想政治，聘人用人的第一个标准就是“思想政治素质”要合格。实际上政治和思想是两回事。政治是大是大非，是基本立场，是治国之本，也是一门大学问，属知识范畴，不属于思想范畴；政治是一项重要的知识素质因素，不是思想素质因素。每个国家都有自己的政治需要，这是国家的内政，这是不同点；而每个国家都有政治，这是共同点。当然，知识和思想是紧密相连的，知识本身就是要贮藏入大脑，通过思想素质在人的行动中表现出来。所以在初级阶段把政治和思想联在一起是可以理解的。我们强调的是思想政治教育，这是中国的国情，是中国的需要。

过去，人们把政治当成“知识和思想”模棱两可的东西，或者仅把政治当成政治思想，这是一个误区；政治是一项知识，却变成思想了。

政治课对帮助学生学好政治知识、确立正确的政治方向，树立科学的世界观、人生观、价值观，形成良好的道德品质起着重要的导向作用。在中国政治课包括政治知识、思想道德修养与法律基础、毛泽东思想、邓小平理论和“三个代表”重要思想概论、中国近代史纲要、马克思主义基本原理概论、政治经济学、哲学、国内外时事等。如若你的政治素质因素强，你可能会当官，以管人为主，治理你所管辖的范围；如若你的政治素质差，不但受人管，而且，在社会上共同语言少，工作难以维持，甚至犯法坐牢。

政治素质因素也要按人才素质规范制定出“政治知识素质因素的国际测算标准”。

政治作为一项单独的“政治知识素质因素”是社会的需要，也是一种人类社会的发展规律。

三、技术业务知识素质因素

设 C_3 为技术业务知识素质因素。技术业务素质因素由技术素质和业务素质组成。因为技术工作和业务工作都属于岗位工作，只是分工不同；技术工作以操作为主，业务工作以专项业务管理为主；在一个时间里，任何人都只能占有一个岗位，不是做技术工作就是做业务工作，两者必居其一，并且只居其一，所以技术素质和业务素质应归并为同一项素质因素，叫做技术业务知识素质因素。

技术素质因素是指人们掌握技术知识和技巧的本领。

技术也有的叫技能或劳动技能，是人类在利用自然和改造自然的过程中积累起来并在生产劳动中体现出来的经验和知识，泛指各种操作方面的技巧；技术是生产过程中的劳动手段、材料、工具与工艺装备和加工技艺的总和，是劳动者从事生产劳动的技术熟练程度。

一般技术是使用普通的、简单的工具进行生产。

较高的技术是来自于科学认识和经验的升华，它不同于一般技术和手工技术，是和科学紧密相连的技术，是在科学知识指导下改造世界的物质形态的本领，这种技术，人们称为“科学技术”，简称“科技”。科学技术可以是科学和技术的总称，在这里是指现代技术。现代技术的基本要求是精密和准确。不能有一点模糊和轻率。

技术寻求“做什么”、“怎样做”的问题，表现为物质的形态，属于实践领域，讲求实效，能创造社会效益和经济效益。技术的根本职能在于对自然界的控制和利用。技术是严谨的、是直接生产力。每种技术素质因素都包括理论知识（知其然，知其所以然）、设备和工具量具、材料及工件、实际操作与检验标准等五大部分。技术素质因素也是人的动手能力，会则有才；没有技术素质，这个人便什么都不会做，没有做人的本领。所以，技术素质因素也是一项致命因素。

每种行业都有特定的技术要求，我国古代就有 360 行、行行出状元之说。就是说，每行技术都有状元、行行是平等的。

科学技术发展到今天，许多行业落后淘汰了，产生了更多的行业和新工种，高技术也不断涌现，当代技术进步的特点是进步速度空前之快，依靠科学技术来提高劳动生产率已经达到提高生产的70%，现代的工种已达 3000 个左右，每种常用技术都有国家标准或行业标准，工种标准应包括身体素质要求、思想素质要求和知识素质要求三部分，以技术素质因素为主。每个行业每个工种都要依据世界或国家颁发的职业技能标准，由权威的职业技能鉴定中

心考核认定技术等级和技术水平。再根据国家或世界的“技术素质因素测算标准”,换算成技术素质。

当然,任何人都不可能掌握所有技术,我会这个技术,你会那种技术,大家都参加社会生产,大家都在为人类作贡献。一般生产者掌握几项技术是必要的也是可能的,我们以每个人都取三项最拿手的技术,测算其技术水平,平均起来作为他的技术素质的大小,这样就解决了在两千多种技术中“我会你不会”和“你会我不会”的难题。

技术素质关系到国家的兴衰和企业的成败,技术素质因素是社会生产和国民经济发展的主要因素,劳动者可根据自身的技能水平、意愿和市场价格信息、单位情况等选择用人单位,用人单位也可按照生产经营工作需要选择相应素质的劳动力。

职工技术素质高,人才素质高,可降低物资消耗,降低生产成本,提高工作效率,提高产品质量,提高经济效益。技术素质高的职工甚至经常会提出革新改造和管理上的合理化建议,促进企业迅猛发展。

熟练的技术工人,技术素质因素高的人也是人才。在中国按国家技术等级标准,三级工就具有独立的生产工作能力,三级工或四级工就能带学徒,所以,四级工水平可定为该技术标准人的水平。可以规定:“任何工作,一个人具有能独立从事该项工作的知识并具有能带学徒的水平,都可当作该知识素质因素标准人的水平。”

技术素质高的人必须掌握世界先进或第一流的技术。高新技术是技术素质因素的高级部分。任何行业都可以有高新技术,事物总是不断发展的,技术也是不断进步的,属于世界最新和最高水平的技术,就是高新技术。

并非所有的人都在搞技术操作,而许多人是在从事教育工作、

人事劳工管理、经营管理、销售工作、技术管理、财务管理等等各项管理工作，我们把技术操作以外的工种或岗位统统称为业务工作，业务岗位的工作知识和本领就是业务素质因素。

业务素质因素是指懂得专业岗位工作的知识和能力，多属于管理范畴。业务知识素质因素实际上就是专项管理工作，不管是干部、管理人员、工人、农民都有业务知识素质。专业岗位工作在一般的企事业单位也有几十、几百个，可以让被测人选取三项自己最得意的专业岗位工作，按测算标准，计算出三项业务素质因子，其平均值就是业务素质因素的大小，解决了“我会你不会和你会我不会”的难题。最后再把技术素质和业务素质平均起来作为技术业务素质因素。解决了你做技术工作，我搞管理工作，如何对比的问题。

我们用“技术业务素质因素”就可以涵盖所有的工作者。

这样，每个人的技术业务素质因素实际上是由三项技术素质因素和三项业务素质因素平均而成的，很能说明问题。这是对人类社会几千个工作岗位进行对比的绝妙的办法。舍此，技术业务素质因素便无法计算和对比。这里每一个人都要测算六项素质因素平均后当作一项技术业务素质因素，六项包括了几千项。如果知识面窄，就会影响他进一步发挥才能，甚至会限制他作进一步的贡献；人的知识面要宽广，才会促进他六项素质因素的进一步发展，工作才会更好，才能作出更大的贡献。

在进行技术业务素质因素的测算中，测算六项素质因素是最基本的，许多人还学习、掌握了更多的技术和业务工作，在制定技术业务素质因素的测算标准中要全面地衡量。技术业务素质因素与工龄有关，每一年工龄会增加 0.010 技术业务素质因素；当然，技术业务素质因素最高也不能等于大于 2。

四、信息知识素质因素

设 C_4 为信息知识素质因素。信息知识素质因素是指人掌握、分析和使用信息知识的能力。信息是事物表现的一种普遍形式，是指由事物发出来的消息、符号、图像、声音、情报、指令、数据、信号中所包含的可以表征事物的东西。信息能够通过人的感觉器官输入人的头脑，信息是一个社会概念，是人类的知识和从客观现象提炼出来的种种消息的总和。一切事物都有信息，现实生活中的信息千变万化。人类的一切活动，都可归纳为三个过程的循环，从外界摄取信息并存放在头脑中，经过人脑管理和处理信息，再发出信息去控制和鉴别自己的各种活动，同时又摄取新的信息，循环不断。摄取信息就是学习。信息活动一停止，人便死亡。所以，信息知识素质因素是一种致命因素。

人一出生就要接受信息，大约每秒钟能接受 25 到 50 幅左右的信息，且图像、声音和感觉等所有的信息可以叠加；一个人接收什么样的信息、拥有多少信息是至关重要的事情，决定了他的聪明程度和前程。

接受信息就是学习。你在这类信息上学得多，在这方面，你就能干；你在这类信息上学得不多，这类工作，你就干不好。有的人，书读不好却也聪明能干，也是这个道理。

信息是知识的来源。人们先从自己的周围，能听到、能见到的观察，获取事物的表面的自然的信息。人们不满足周围的景观信息和原始的初级的信息，而对自然信息进行加工、改造。随着文化科技水平的提高，人们可以从事物的表面到内部，从近的到遥远的地方，从大物体到微小的粒子，获取超过人感官的自然的或人造的信息。人们借助信息，可以变无知为有知，减少和消除认识上的“不确定性”。为了使信息更有用，为了获得更多、更好的信息，出现了“信息作业”，包括信息的摄取、再现、录存、传输、变换、处理和控制。信息作业的工具和手段已经有电子测量仪表、遥感技术、射电望远镜、电子显微镜、磁和光记录、卫星通信、光纤通信、录像机、计算机、电视机、手机等等；使人类进入信息时代。人类远的可以看到星空，小的可以测量原子、电子、夸克，你在家里可以看到奥运会运动员的比赛，甚至看到天上宇航员的活动，你还可以看到人的内脏和骨络。

信息特征有：(1)社会性，没有社会性的信息不能成为知识。(2)可扩充性，随着时间的变化不断扩充信息。(3)可压缩性，人们可对信息进行加工、整理、概括和归纳。(4)可替代性，信息的利用可代替资本、劳力、物质材料，减少它们的消耗。(5)可传输性。由文件、报纸、书刊传输，发展到电信、电视、传真和网络传输信息。(6)可扩散性。由于传输渠道的多样化和快速，信息可以快速扩散开。(7)可分享性。

过去人们认为经济增长的主要原因是资本的投入和劳动力的增加，历史事实证明，经济增长的根本因素是信息和科学技术，是人才素质的提高。

信息素质因素的大小可以从信息的来源和多少来确定。读书多，接触的人多，接触的事情多，信息素质因素就大；有经常看报、看杂志，比不爱看报的人，信息素质因素就大；能经常看外文报纸和外文资料的，能使用科学仪器、设备进行透视、显微、望远、遥控等获得信息，其信息素质因素就更大。

测算信息的一种办法，可以在规定距离内测算你在 1 秒钟内能看清多少图像、听到多少声音等信息，这就是你获取信息的速度，再乘以时间，就是你的信息拥有量。

信息的多少可以列表，然后按人才素质规范制定测算标准，换算成 0 到 2 的信息知识素质因素的值，就可以参与比较和运算。

五、生活知识素质因素

设 C_5 为生活知识素质因素。生活知识素质因素是指人为了生存和发展而进行的各种活动能力。

每个人都要生活，无法生活的人必走向死亡，所以，生活知识素质因素是致命因素。

人的生活包括衣、食、住、行、学、玩、劳、育、卫生、锻炼、社会关系等的社会生活。生活知识素质因素的高低是反映一个人生活和生存能力的大小，而不是生活水平的高低。生活知识素质因素也要按人才素质规范制定出测算标准。生活知识素质因素等于 1 左右的人，生活上各方面都能自理；虽然许多生活事务由家庭的其他成员做了，这只是一种协作，不等于没有做的人不会生活。比如煮饭，一个小家庭，只需要一个人煮，几个人吃；其他人也要会煮，否则，煮饭的人病了或外出，其他人吃什么？生活知识素质因素较低的人，有些生活事务就不懂、不能自理，需要其他人照顾和帮助。生活知识素质因素更低的人，他的生活就要人护理。若生活素质因素趋向 0，他便会死亡。在实际生活中吃死、行死、玩死、劳死等都有。每一个人都要生活，不等于每一个人都会生活。

请保姆会影响到一家人的生活能力，被保姆专门照顾的病人、老人的生活知识素质因素较低，尽管他可能有丰富的生活知识，但他的独立生活能力很低，导致他的生活知识素质因素很低。而对于在职的年轻人，请保姆可以减轻他们的家务劳动，使他们有更多的时间投入工作和钻研，对社会作出更大的贡献。

六、人体知识素质因素

设 C_6 为人体知识素质因素。人体知识素质因素是人对自己身体的基本结构及其生理功能、健康状况、保健、各器官和系统的素质因素等的认识水平和能力。

人出生后，刚学讲话，父母就教他：眼睛、鼻、口、手、脚等等，从小就学身体知识；人人需要健康，人人渴望健康，一点都没有人体知识的人，是无法生存的。所以，人体知识素质因素是一种致命因素。

人体知识素质因素主要侧重于个人对身体结构和身体素质方面的知识及知识含量。现在对于身体素质知识，人们懂得量很少。身体素质因素是客观存在的，但被人们所认识就要靠知识素质。

人的许多疾病都是由于人体知识素质因素较低，处于无知和盲目地生活而引起的。

医生的人体知识素质因素较高，这是必然的，因为人体知识是医生的专业；但任何人的人体知识素质因素最高都不能超过 2 个人体知识素质因素；标准人的人体知识素质因素为 1；对人体知识懂得较少的人，其人体知识素质因素都小于 1。人体知识素质因素现在还是薄弱环节，医生和护士的人体知识素质因素会在标准人的人体知识素质因素 1 及以上，其他人的人体知识素质因素可能都在 1 以下。

七、思想知识素质因素

设 C_7 为思想知识素质因素。思想知识素质因素是关于所有思想素质因素的知识功能。

思想素质是人的灵魂，思想素质决定了人的所有行为，人若没有思想素质的知识，连自己的思想和行为都不知道，何以做人。所以思想知识素质因素也是一种致命因素。

但是，直到今天，人们仍十分忽视思想知识，把思想有的当作头脑、有的当作知识、有的当作政治、有的当作理论；人们也不知道有什么思想素质因素，更没有这方面的课文。

思想知识历来是唯物论与唯心论争论的焦点，直到现在，连一些自诩是唯物论的学者，仍把思想当作纯意识形态的东西，认为思想是精神的不是物质的；思想的力量是巨大的，大到不可测算；思想因素不是人才素质等等，实际上仍然是唯心论的观点。本理论的思想知识认为，头脑、神经网络和思想软件程序是思想的物质基础，思想素质是客观存在的，精神力量是有限的、可测算的，所以思想素质理论是唯物主义的。

思想素质理论可以包容世界上任何思想理论，在制订思想知识素质因素时，唯物论的素质因素在 1 左右到 2 之间，唯心论的素质因素在 1 以下。

人们表面上也很重视思想素质，比如强调要“思想挂帅”等，实际上并非思想挂帅，而只是政治挂帅。所以研究和学习思想知识是十分重要的事，使人们普遍认识思想知识、才能努力提高思想素质，焕发出更大的精力，人类才能进步得更快。

思想素质因素具有十分丰富、非常深刻的知识。目前，对于思想素质知识，人类还处于自然认识阶段，在人才的三大素质知识之中，思想素质知识是最薄弱、最贫乏、最落后、最散乱的。

现在知道的思想素质因素已经有几十项，对于思想素质因素的知识，人们有过许多研究，但总的说还是十分落后的。研究和充实思想素质因素的知识，对于提升人的品位，对于提高和运用思想素质因素，对于充分发挥人才素质的潜力都有重要作用。

缺乏思想素质因素的知识，人就不能正常发挥该项思想素质因素的作用，会减少思想的力量，使人显现盲目和笨拙。

思想知识素质因素也要按人才素质规范制定“思想知识素质因素的测算标准”。

八、科学知识素质因素

设 C_8 为科学知识素质因素。科学知识素质因素可以简称为科学素质因素或科学素质。科学素质因素是指人掌握客观规律之科学知识的程度及用于处理问题并创造科学文化的能力。科学是严肃的、严格的、严密的。中国科协提出："科学素质是指公民了解必要的科学知识，具备科学精神和科学世界观以及用科学态度和科学方法判断、处理各种事务的能力。"科学素质粗略地说就是：人们对科学知识、科学道理、科学方法、客观规律以及它们的影响了解有多深。中国科协认为，公众科学素养有三个部分组成：一是了解必要的科学知识，对科学技术术语和概念达到基本的了解；二是掌握基本的科学方法，对科学的研究过程和方法达到基本了解；三是崇尚科学精神的程度，对科学的社会影响达到基本了解。这三个部分可以是科学素质的三个素质因子，所以，科学素质的测算标准可以制定了。

詹姆斯·布赖恩特·科南特给科学下的定义是："通过实验和观察发展起来并引起进一步的实验和观察的一系列互相联系的概念系统。"这就是说"概念系统"构成科学的基础。科学是经过实践检验并不断发展的关于自然、社会和思维的知识体系。有的人把科学纳入思想体系，称为科学思想。当然，科学与思想也是紧密相连的，人们的任何行为都是在思想指导下进行的；实际上，人们说的科学思想应该是科学素质，科学属于知识范畴，而不属于思想范畴。

科学包括自然科学和社会科学。科学表现为知识形态和理论形态。科学是人们对未知世界的探索工具。科学寻求"是什么"、"为什么"。科学的根本职能在于对自然界的理解和认识，在于探求真理，在于从现象中探求本质，不断探索和揭示大自然的奥秘，揭示事物发展规律。科学是道理、是真理，是已知世界、是宇宙的

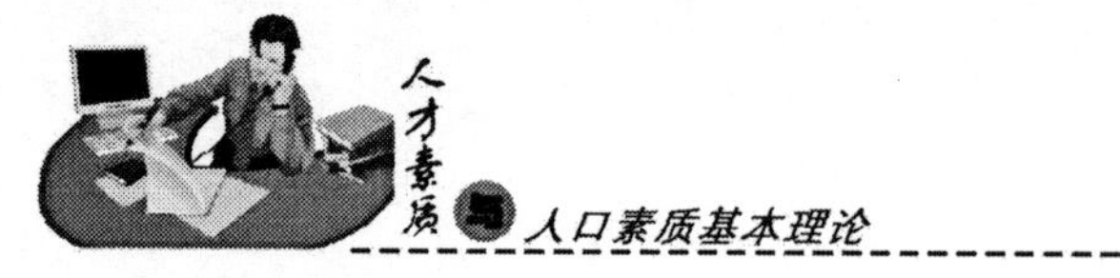

支柱，是指导人们改造世界的知识体系。

科学知识是现代化人的象征，对科学知识所学不多，就容易导致愚昧。

科学素质是要有广博的理论基础（包括文化和技术基础）和某些比较精深的科学理论，敏捷的思维方法，居高临下的洞察力，勤奋和刻苦的工作精神，善于捕捉灵感的功力。科学素质因素不能偶然得到，而是要付出艰辛的劳动才能获得。中国著名的数学家华罗庚说："科学是实事求是的学问，科学是精益求精的学问，每前进一步都需要付出很大的劳动。"科学素质高的人应掌握相当的世界第一流的科学知识和战略性的高新技术。

胡锦涛同志指出："从世界科技发展看，科学技术特别是战略高技术正日益成为经济社会发展的决定性力量，成为综合国力竞争的焦点。"乌兹别克的学者 H. S. 迪纳斯坦说："科学是一个政府欣欣向荣的原因。科学是一个民族进步的起因。科学是那种非常强有力的手段；科学的存在使野蛮的美洲人上升到他们现在所据的很高的地位、拥有力量，科学的缺乏使波斯人沦于他们现在所处的低下地位、蒙受耻辱。"可见，科学知识是多么重要。

中国在科学技术知识方面，从公元前 20 世纪到公元 15 世纪，在长达 4500 年的漫长历史中处于世界领先地位，社会强盛。以后，中国的封建社会走向衰弱，科学知识也落后了。科学进步与社会进步是紧密相连的。

约在 19 世纪以前，科学家关心的是理论知识，匠人关心的是技术上的实际知识，多数的科学家、思想家是和匠人相脱离的，因而那时科学知识发展不快。随着科学的发展和技术的进步，使科学发现、发明创造只能与技术实践结合起来才能得到证实和实现，这就形成"科学技术"。严格说来，科学与技术是不能分离的，这在技术业务素质因素测算标准和科学素质因素测算标准中都会有所体现。我们这里是研究科学知识能力。有关的技术可以成为科学知识素质因素的因子。

文化素质是科学素质的基础,没有文化知识就没有科学知识,因而形成"科学文化"之说。在学校的课本里饱含着科学知识,如各种公式、定义、定理、推论,各种科学实验,科学概念和科学分析、计算以及自然科学和社会科学等等,因而学历文化素质应成为科学知识素质因素的一项主要的素质因子,可以参与科学知识素质因素的计算。依据知识素质因素规范和各种教育的科学知识含量,可以制定"科学知识素质因素文化因子测算标准(草案)"。

表 4-1　科学知识素质因素文化因子测算标准(草案)

序号	项　　目	折算标准(科学素质/年)	学制(年)	毕业时(科学素质)	备　　注
1	幼儿园教育			0.01	幼儿园毕业时的科学素质
2	小学教育	0.08	6	0.49	
3	初中教育	0.08	3	0.73	
4	高中教育	0.09	3	1.00	1个标准人的科学素质
5	技工学校教育	0.09	3	1.00	初中毕业起点
6	中专学校教育	0.09	3	1.00	初中毕业起点
7	大学专科教育	0.09	2	1.18	高中毕业起点
8	大学本科教育	0.09	4	1.36	
9	硕士	0.09			按学制年限定
10	博士	0.09			按学制年限定
11					
12					

备注:

1. 硕士生和博士生,不同专业的学制年限不同,要按具体的学制年限来制定标准。因留级而延长学习年限者不增加科学素质因素。

2. 在制定测算标准时,要使最高学位毕业生的科学知识素质因素不得大于2个科学知识素质因素。

科学知识素质因素包括科学技术素质因子、科学文化素质因子、科学发现和知识创新、科学研究成果等，都要制定测算标准，然后平均起来作为科学知识素质因素的值。制定了几个科学素质因子的测算标准，所有的被测对象都要参与每一个素质因子的测算，结果才是公平、合理的。

科技同经济建设紧密结合，就能释放出巨大的能量，正如邓小平同志所说："科技是第一生产力。"没有科学知识的积累和发展，就不会有现代化的生产力。依靠科学技术的成就，美国3%的人口生产出的粮食可以养活所有的美国人而还有剩余，许多工业生产线、变电站等可以无人值守，人类可以上天，机器人可以代替人类进行繁重而危险的工作，科学技术不但能使工农业生产现代化，而且能使未来提前实现。所有这些都要有高素质的人才。

科技水平是一个国家先进与落后的重要标志，科技水平的提高是社会生产力高速度发展的需要，是实现四个现代化关键问题之一。所有取得成功的国家，都是把科学技术知识的推广、普及放在优先的地位。科学技术落后，带来整个生产力发展水平低下。事实已经充分证明，科学技术知识的有效使用对国家经济的振兴和繁荣是至关重要的。

科技素质因素也是投资环境的重要因素，比如，我国改革开放以来，花大钱引进了许多先进设备，但是对这些投资有真正高效益的并不多，关键是我们掌握、操作设备工人的科技素质太低，跟不上新技术新设备对操作员的要求。从这个角度看，我国人口的科学知识素质因素是偏低的，我国的科技水平还是落后的。

科学发现是技术发明和工艺创新的基础，科学发现也是科学知识素质因素的一项素质因子。现代科技越来越超前于生产的发展，起到第一位的先导作用，科技知识重在创新。江泽民同志说过："科技的发展、知识的创新，越来越决定一个国家、一个民族的发展进程，创新是不断进步的灵魂。”科学素质因素是技术进步、发展生产和改进管理的主要因素。

科学研究的主要目的就是获得知识，就是创新，也就是获得有用的新信息。

学术著作是科学研究的一种记载，也是科学素质的一种表现形式。它是一种创造性的复杂劳动超过物质产品的知识产品，表现为探索社会未知规律的脑力支出是难以估量的；作为创造性的知识产品，它所需的劳动时间超过一般的知识产品；而探索和发现社会规律的科研成果、学术著作所付出的精力和劳动时间还超过一般的创造性知识产品。

一些国家以论文数作为衡量学术工作的最主要指标，有对的一面，也有不足的一面。对的一面是，能发表的论文都有一定的学术水平和较高的科学知识，可以说明作者的科学和学术水平，促进社会的发展。不足的一面是，论文的学术水平差距很大，创新的含金量也相差很大，只按论文的数量来衡量，自然是不合理的。也有一些人在实践中很有创新，也有许多独到的见解，但没有发表或无法发表；因而，不能光从论文的数量来衡量一个人或一个单位的学术水平。论文的质量是否达到世界一流的水平，才是最重要的。

科技成果是科学知识素质因素的集中表现。每一项科技成果都是来之不易的。都是在总结前人的经验、吸收国内外的最新科技信息的基础上，花去大量时间和精力，费尽极大的心血浇灌出来的。

科学素质较高层次的内容是科学精神。科学精神属思想素质的范畴，其基本内涵有：第一是好奇心；第二是创造性和对新事物的探索精神；第三是怀疑精神，对什么事情都不盲从；第四是求证精神；第五是公开性，科学就是要让人知道，让人掌握的，还要能够接纳和解释所有的不同意见和观点的公开性。

学位，是根据专业学术水平而授予的称号，是对某一学者在学术水平上的一个评价，现在世界上通行的为学士、硕士、博士三级学位制。学位可以纳入较高的科学素质因素之中。在我国，许多有较高学术水平的人，有成果并没有学位，他们的科学知识素质因素也会较高，社会应及时给予认可，以鼓励人们努力提高科学知识素质因素。

科学发展的关键不仅要有天才，更重要的是要有社会的协同工作。这不仅是个人的科学素质问题，也是政府的工作问题。

中国由中组部、人事部等共同制定的《2006 年—2010 年领导干部和公务员科学素质行动实施工作方案》于 2006 年 11 月初已经公布，提出适时启动领导干部和公务员科学素质监测、评估标准的制定工作，逐步建立健全科学、完善的评估、监测体系。这为制定“科学知识素质因素的测算标准”又向前迈进了一大步。

新知识是指在近期内又学习掌握了人类的新发现、新发明、新创造等的新知识以及得到社会认可的、自己的创新知识。新知识素质因素虽然不是致命因素，但新知识素质因素是经济发展和人类发展的真正的推动力，所以，新知识素质因素也应纳入科学知识素质因素中。

九、社会关系知识素质因素

设 C_9 为社会关系知识素质因素。社会关系知识素质因素是指人要掌握的社会关系学、社会交往及外交等功能。人生活在社会上，脱离不了社会关系；社会交往是每一个人都有的。社会关系知识素质因素为 0 的人，脱离了社会，是无法生存的，所以，社会关系知识素质因素也是一项致命因素。

社会关系知识素质包括个人对各种个人和组织代表人的称呼、态度和应付能力。过去，社会关系不被人们重视、仍处于自流状态，没有形成一门知识。现在，社会上已经有“公关学”等培训教材，并出现了公关专业。中国改革开放以后，公关已经成为企业竞争和企业景气的重要力量。

十、安全知识素质因素

设 C_{10} 为安全知识素质因素。安全知识素质因素是指人掌握安全知识、避免和克服危险的能力。

不安全就有生命危险，所以，安全知识素质因素也是一项致命因素。

人生活在自然界中，处处有险阻；人生活在社会上，处处有坎坷。小到看不见的病菌，大到天灾人祸，近到走路都会跌伤摔死，人与人之争也危险不断，无数的危险因素，时时在威胁着人们；从小孩到大人，多少人在灾难中死去，事故、灾难、病害、自杀等等非正常死亡人数远远超过自然老死的人数。可见，安全知识素质因素何等重要。可是，许多人不重视安全知识的学习，不知道安全措施的道理，遇到危险，来不及反应，就束手就范。

安全知识教育对于提高人们的安全知识素质具有重要意义。比如说交通安全知识教育，过去主要是对驾驶员；可是，人人都要上路，交通关系人人，如若对全民开展交通安全教育，就会减少许多事故，减少许多伤亡。

由于每一项工作都有安全知识要求、有较好的知识基础，要制定安全知识素质因素的测算标准相对容易一些；但是，工种岗位何其多，要制定一项人类的安全知识素质因素测算标准又是很难的。

第五节　知识素质的非致命因素

一项知识素质因素为 0 时，人才素质因素不等于 0，人不会死亡，它就是知识素质的非致命因素。

一、管理知识素质因素

设 C_{g+1} 为管理知识素质因素。管理知识素质因素是指掌握负责一个单位、部门或一项工作的顺利和高效地进行的管理知识能力。

对于企业，管理就是对既定的资源投入，如何提高它的使用效率的问题。在企业中经营比管理的范围更广泛，有的人就以为经营比管理更重要，实际上，经营和管理是绞成一股绳，不好说这一半重要还是哪一半重要。现在的市场不仅是国内的企业在竞争，而且面临着国际竞争。管理决定了竞争的成败。

管理素质因素与业务素质因素是不同的，管理素质因素多是宏观性的、是个人对群体的管理、是总体的管理工作，从家务管理、不同岗位的管理、各部门的管理、行业管理、各级政府的管理直到国家管理和联合国的管理。而业务素质因素是微观的、局部的、偏重于个人对业务工作的管理，是更具体的岗位业务工作。

管理素质因素高的人，善于利用有效的时间进行系统的工作，重视工作成果，重视人的长处，重视“能做什么”，善于从高于标准人的素质因素中去调动人的积极性，集中精力于少数主要的邻域，能在“议论纷纷”之中作出有效的决策，产生出优秀的绩效和成果。

二、美学素质因素

设 C_{g+2} 为美学素质因素。美学素质因素是指研究自然界、社

会和生产、艺术领域中美的一般规律与原则的科学知识能力。主要探讨美的本质、美术、艺术和现实的关系。美学是知识素质的一项素质因素，又是有些知识素质因素（如艺术知识素质因素等）的素质因子。许多行业都要讲究“美”，形象美、产品美、包装美、语言美。

美学素质因素也有人叫审美素质。美学素质不但会“审”，而且要会“做”，会塑造和布置真、善、美的事物与环境。

美学是人才素质的知识素质的一项素质因素，美学与德智体相差一个大档次，也可以说相差一个层次，知识素质与美学素质因素有母子关系，不能并驾齐驱。美学渗透到其他领域，也只是要考虑的一点因素，不是主导因素；在其他的人才素质因素中，有些也有美学成分，但是，美学最多也只是它们的一项素质因子。

美学素质因素也要按人才素质规范制定“知识素质的美学素质因素测算标准”。

三、文娱知识素质因素

设 C_{g+3} 为文娱知识素质因素。文娱素质因素是指人业余的文化娱乐知识和活动能力。

业余的娱乐活动很多，如唱歌、跳舞、玩乐器、下象棋、下围棋、打麻将、书画、打扑克、吊鱼和各种体育活动等等。每一个人都有娱乐爱好，但是，一个人的文娱素质因素为 0 时，人不会死亡，所以，文娱知识素质因素是一项非致命因素。

你要玩一种娱乐，还得有相应的娱乐知识，比如下象棋，你要懂得棋盘的格式和意义、各个棋子的功能和下法规则、布局及下棋的战略战术等等知识，还要能计算出双方的步伐，知己知彼，百战不殆，还需要通过许多实战，才能提高下象棋的素质。水平差不多的人下棋，棋逢对手，各有胜负；水平差距大的人下棋，本领小的人

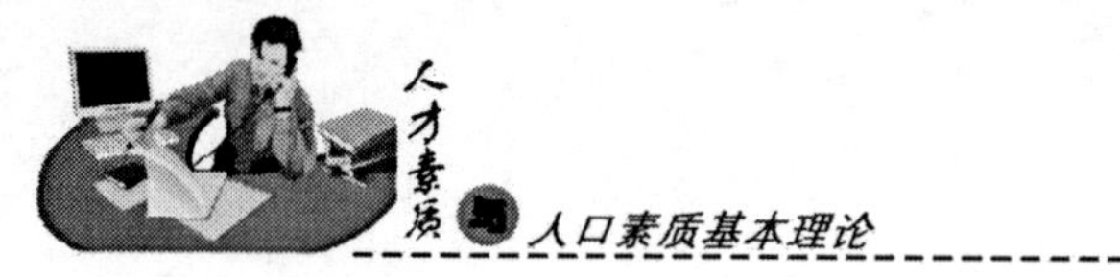

就是下不过本领高的人，这充分表明了下棋素质的高低。如若一个人的某项娱乐专业化了，他该项文娱素质因素就达到高素质的水平。

每项文娱活动都要按人才素质规范，制定测算标准。计算机网络的联众网有许多种娱乐，都可以为制订测算标准提供参考。联众网各种娱乐的升级办法和标准不但说明玩家有这种知识，而且说明玩家有这种本领、有这样的水平、有这样的素质。

可以规定每个人选取三项你最喜欢的娱乐活动，测算出这三项娱乐素质因子，平均值作为文娱素质因素的大小，就能参与有关的素质计算，并解决了人们的不同爱好问题。

四、外语知识素质因素

设 C_{g+4} 为外语素质因素。外语素质因素是指一个人懂得本国以外语言知识的水平。

现在人们的活动日趋国际化、人类化，相互竞争，友好往来，取长补短，人类正以空前的速度向前进，懂一门外语，直到将来全人类统一一种语言，都是非常必要的。

一点都不懂外语的人，其外语知识素质因素为 0，人死不了。所以，外语素质因素是一项非致命因素。

人类每天都有创新，创新就是先进，人类的人口数比任何一个国家都多几倍、几十倍，外国先进的东西也会比一个国家先进的东西多几倍、几十倍；你懂得外语，就能学习外国的先进，跟上先进；你不懂外语，你就无法学习到外国先进的知识，这个国家就会越来越落后，跟不上人类的发展。

人类一方面要努力创新，一方面要推广和普及先进，人类才会加速进步。社会要快速发展，就必须充分利用人类社会的集体智慧，互相帮助，取长补短，互通有无，实行国际交流和国际贸易，这是迈向进步的捷径。用全世界先进知识武装的国家比起闭关自守、只靠本国人民长期盲目地摸索爬行的国家，当然要发展得快，要进步得多。所以外语素质因素已成为人类进步必不可少的知识素质因素之一。

以目前人类的发展与需要来看，每个人选取一门最强的外语知识作为外语知识素质因素是恰当的；以能跟外国人对话、进行语言交流、或进行专业外文的翻译，作为 1 个标准人的外语知识素质因素；水平更高的或有的人懂得几门外语知识，他的外语知识素质因素就会大于 1，但不管他的外语水平多高，都在 2 个外语知识素质因素以下。

世界上，国家的大小相差很大，就是说“国家的社会性”相差很大，应取一个大国的国家语言作为 1 个标准人的外语知识素质因素；按人口的多少来区分，后 100 位的小国家的国家语言的外语知识素质因素可以按该国的社会性来折算。方言和少数民族的语言，不列入外语知识素质因素，因其社会性很小。

随着中国改革开放的深入发展，2006 年中国翻译人才缺口达 90％，翻译能力的薄弱已成为我国经济发展和对外交往中急需解决的问题。一个国家要加速发展，必须派出许多专家到世界各国了解、学习、交流长处，及时学习和引进各国的长处比起一个国家自己摸索，当然要快得多。中国的外语素质因素差，大大地牵制了中国人口素质的提高。

五、书法知识素质因素

设 C_{g+5} 为书法素质因素。书法素质因素是指书写文字的艺术和能力。

书法有毛笔书法、硬笔书法和其他书法。凡是有文字的国家都有书法，世界最早的书法是距今 3700 年左右中国商朝的甲骨

文。书法发展到今天，多采用宋体印刷字。宋体字是一种书法，但采用宋体印刷字就不是你的书法了。比如你用计算机、打字机打印出来的字就不能说是你的书法。书法是要由笔者亲自写出来、刻出来的字，具有它独特的个性。

中国的毛笔书法，以线条造型为表现手段，在笔力、体势等方面给人以艺术的熏陶和美的享受。学书法，4～6 岁是儿童学习书写的最佳年龄，重在基本功，贵有恒。要掌握笔画特点，笔画中的提、按、顿、挫、疾、徐、速、缓，产生出极尽变化的线条造型，分割出大小兼存的字面，营造出别有洞天的艺术世界。汉字书法有楷、草、隶、行等字体，每种字体都有它的造型、规律和特点，书法素质重在掌握基本笔画，讲究持笔、运笔，初学毛笔书法者，往往急于成就，常弄得事倍功半，中途而废。书圣王羲之说得好："熟练五十载，深练需一生。"书欲达其法，必先利其笔；利即功力也，下笔如有神。中国俗语说："学画十载，学书二十年。"说明学书法比学画更难。如若小孩有名师指点，几年也可以学好。书法是一气呵成，不许复笔。学习书法要循序渐进，首先宜从小楷入手，其次临帖；不得先草书而后正楷。学习书法可锻炼人的意志、稳重，增强体质，益寿延年。但毛笔书法费时，工效低，毛笔书法好的人已越来越少。

钢笔书法是一种硬笔书法，其特点是书法工具方便、简单、工效高、实用性强，很受欢迎，写出的笔画变化较小，线条纤细柔和，流畅均匀，其执笔和运笔的难度比毛笔要小，钢笔书法实用性比毛笔书法强，在实用的基础上还能求得美观，赋予艺术性，但只宜写小字。

无论何种字体都应以秀逸、流利、易认大方、整洁美观为前提，但要达到这些标准的人并不多。

可见，书法也是一种知识素质，书法素质因素低的人，怎么写

也写不出好字来。

六、艺术知识素质因素

设 C_{g+6} 为艺术素质因素。艺术是指有独特而美观的形状，富有创造性的方式、方法。艺术是用形象来反映现实但比现实更有典型性的社会形态，包括领导艺术、形态艺术、表演艺术、造型艺术等等。人具有的艺术本领叫艺术素质因素，简称为艺术素质。

艺术素质是一种知识素质，是感觉世界的东西，艺术知识素质因素包括艺术创作的一般规律，是人类一种优美的素质，每个人都有艺术素质。艺术能调节人的情绪和灵感，艺术家的艺术素质因素大于标准人的艺术素质 1。

艺术可以加强构思，增强想象力，能使人看得更广阔，想得更远。

七、经济知识素质因素

设 C_{g+7} 为 经济知识素质因素。经济知识素质因素是指具有从个人直到国家的经济知识能力，主要在于生活和生产方面的经济活动，能用较少的人力、物力、财力和时间获得较大的成果。经济知识素质因素对每一个人都是非常重要的，不言而喻。

这里暂时把它列为非致命因素。

还有许多知识素质因素，有待制定测算标准时确定。

第六节　知识素质因素的测算

知识素质因素的测算是十分重要的基础工作，从文化素质因素的测算可见一斑。

所有知识素质因素的测算都要遵循人才素质因素定律和规定

一、规定二，使每一项知识素质因素都具有广泛的社会性。

根据知识素质因素的特点和社会生产的实际情况，我们制定一条**标准人的知识素质因素原则**：“标准人的每项知识素质因素都是1，且等于：每种知识、每个工种、每项业务工作，能独立生产和独立工作并能带学徒的知识水平。”比如，一般每个工种，国家或行业都制定有技术等级标准，在八级工资制中，三级工才算“出师”，才能独立从事生产或工作。有些工种规定要四级工以上才有资格带学徒，我们可以把四级工的素质水平定为标准人的素质水平。这个原则仅供制定有关的知识素质因素测算标准时作参考。标准人的知识素质因素的大小一确定，整项知识素质因素的测算标准就好制定了。

按人才素质规范的规定二，制定知识素质因素的国际测算标准，在全世界使用，这是人类发展的必然规律。把人的知识素质因素社会化的程度扩大到全人类，是人社会化的重要标志。当然，也可以制定“知识素质某某素质因素的国家测算标准”在本国使用。

现在是知识爆炸的时代，人类的知识年年都在增加，技术和业务工作现在就有几千种知识，适宜于不同的人，任何人都不可能什么都懂；每一个人只能拥有几种专业知识。我们采取“知识归类法”，把每一类的知识作为一项知识素质因素，使无限的知识变成很有限的知识素质因素。作者暂且列出18项，几乎涵盖了所有知识。

我们规定：有许多相同类别的知识素质因素，每一个人各选三项自己最强的知识素质因素，比如某人选取下围棋、下象棋、打乒乓球，分别测算其素质因素的值，平均后作为他的文娱知识素质因素的值；技术业务素质因素则要取三项技术素质因素和三项业务素质因素的总平均数作为一项技术业务知识素质因素的值……就解决了“我会你不会”或“你会我不会”的问题，使知识素质因素和知识素质的测算产生一个突破性的发展。

知识素质因素的项目非常多，都要制定“知识素质某某素质因素的国际测算标准”。

在知识素质因素中各工种和职业岗位都制定有国家标准或行业标准，修订后转换为知识素质因素测算标准，还是较容易的。“文化素质因素的测算标准”和“科学知识素质因素文化因子的测算标准”就是证明。所以，制定“知识素质因素的测算标准”已经是可以操作的、可以实现的。

第七节　知识素质公式

知识素质因素能够测算了，就可以带入知识素质公式计算。

一、知识素质公式

设 C_i 为各种知识素质因素（i 为自然数），如：C_1 为文化素质因素，C_2 为政治知识素质因素，C_3 为技术业务素质因素，C_4 为信息知识素质因素，C_5 为生活知识素质因素，C_6 为人体知识素质因素，C_7 为思想知识素质因素，C_8 为科学知识素质因素，C_9 为社会关系知识素质因素，C_{10} 为安全知识素质因素……C_{g+1} 为管理知识素质因素，C_{g+2} 为美学素质因素，C_{g+3} 为文娱素质因素，C_{g+4} 为外语素质因素，C_{g+5} 为书法素质因素，C_{g+6} 为艺术素质因素，C_{g+7} 为经济知识素质因素……从 C_1 到 C_p 包括所有的知识素质因素。

标准人的各种 C_i 值均为 1，强的 C_i 值可大于 1 小于 2，弱的 C_i 值会小于 1 大于等于 0。根据人才素质公式构成原理，知识素质 S_c 可用下列公式表示：

$$S_c = C_1 \cdot C_2 \cdot \cdots\cdots C_g \times \frac{C_{g+1} + C_{g+2} + \cdots\cdots + C_p}{p - g}$$

g为已经制定有测算标准的对人具有致命作用的知识素质因素的个数，当这些知识素质因素为0时，这个人对于人类社会来说，就失去了存在的意义，相当于这个人就要死亡或如同动物、植物人一样。

下标大于g的知识素质因素为非致命因素，如外语知识素质因素等。

P为已经制定有测算标准的知识素质因素的总个数。P＞g

在运用这个公式进行计算时要注意：(1)知识素质因素必须采用“知识素质因素的国际测算标准”才具有全人类的比较功能；(2)知识素质因素要分清致命因素还是非致命因素，不能摆错位置；(3)知识素质因素的计算项目和项目数必须统一；(4)几个非致命因素的组合作用达到致命程度的，要用其平均值参与乘法运算。

这个公式能正确反映不同的知识素质因素所起的作用及不同的权重关系。

人的知识素质因素完全是后天学习的结果。对人类来讲，知识会遗传；对个人来讲，知识和知识素质都不会遗传，子承父业不是遗传的必然结果，任何人的知识都是依靠自己学习的结果。因而，教育和学习对于提高人的知识素质起着完全的、决定性的作用，可见教育之重要，人不受教育就没有知识。

二、知识素质公式分析

任何专业工作都不可能只需要一种专业知识，实际上都是以该专业知识为主，以其他许多知识为基础、为补充的。没有综合性的知识结构，就培养不出适应新时代需要的人才。在知识结构中，每一项知识素质因素对一个人的生活与工作都有一定的作用，而知识素质因素互相之间又有内在的联系，互相影响、互相促进、互相牵制。比如技术业务素质因素也含有文化素质、科学知识素质因素、美学知识素质因素等许多知识素质因素，而以文化素质和该项技术业务素质为主；文化素质中也含有一些技术业务素质因素；没有任何一项知识素质因素是孤立的。这样，按知识素质公式进行计算就能全面而合理地评价一个人的知识素质和适应能力、看出一个人对国家对社会所能起的作用和所具有的知识潜力。

当 $S_c=1$ 左右时，说明这个人的知识对于当今世界来说是正常的，可以适应一般性的工作。如若 $S_c=1$，在知识素质方面，他是一个假标准人；只有当他所有的知识素质因素都等于 1 时，他在知识素质方面才是真正的标准人。标准人做什么工作都可以、都能胜任，但标准人只能独立工作、不会有重大贡献。

当 $S_c>1$ 时，这个人的知识较丰富，他可以承担知识较高的、较细、较复杂的工作。一般说来，知识素质 S_c 越大，工作效益就可能越高，对人类贡献越大。

当 $S_c<1$ 时，这个人的知识偏向不足，S_c 较小时，就难以胜任知识较高、较精细、较复杂的工作，一般只能从事以体力劳动为主的工作。

当 S_c 接近于 0 时，这个人即使身体很健康，过分的傻瓜也不能从事社会工作。当 $S_c=0$ 时，这个人便失去了“人”的价值，或成为动物。

运用知识素质公式，便于计算、比较和检查每个人的知识素质，不但对个人有指导作用，也为领导者选拔人才、培养人才，为各工种正确选择人、使用人提供了科学依据。

知识素质公式的运用，使人们能对各国人口的知识素质实行各种统计、计算分析，对于评价各国政府的工作和比较人类群体的知识水平以及比较人才素质和人口素质都具有重要的意义。

第八节　人的知识力量

“知识就是力量”是一句名言。人使用知识所需要、所拥有的力量叫知识力量，简称“知力”。我们认为，知识没有力量，知识素质才有力量。所以，“知力”实际上是指知识素质的力量。知识素质力量就是人利用知识素质在社会中所能起的作用。人使用知识就必须有力量，没有力量就无法使用知识。任何知识没有被人们掌握，都是废纸一堆，都没有力量。

人的知识素质是由人所掌握的各种知识成分组成的知识功底、知识能力，在质和量上都体现出一个人的知识本领，因而知识素质就是人们用于建设国家和参与一切社会活动的知识力量。即：

个人的知识力量＝知识素质 S_c

（计量单位为 1 个标准人的知识力量）

按照人才素质规范，人力＝体力×精力×知力，人的体力受身体素质限制很大，人的知识素质的力量有巨大的发展潜力。

一个人所有的知识素质因素组合出知识力量，单项的知识素质因素不能算知识力量。

人的知识力量是人的体力所望尘莫及的。比如：开汽车、开火车，驾驭飞机或万吨轮船，利用机械力、水力、电力、原子能、自动化生产线等等都是单纯的体力劳动所无法比拟的。比如说，一个体力健壮的农民，挑 50 公斤粮食，一天 8 小时走了 40 公里，到城里去卖，他算是体力很大的人了，每小时有 250 公斤公里的力量。一个驾驶员开 8 吨货车，运粮食到城里去卖，车速每小时 60 公里，一天 8 小时走了 480 公里，他每小时有 480000 公斤公里的力量，说明他的知识力量是体力的 1920 倍。虽然这样计算并不严密，但已能说明人的知识力量比体力大得多。如若他有开火车、开飞机的知识，或者说有操作自动化生产线的知识，他工效之高更是体力无法比的。社会实际从各方面都可以证明，知识素质就是力量，人的知识力量是客观存在的。

每个人都可以运用知识素质公式很容易地计算出自己的知识力量到底多大，与强人对比，与国家的需要对比，差距多少？从而鞭策自己努力学习，尽快补足自己的知识缺陷，以强大自己的知识力量，满足社会需要。当然，要提高自己的知识力量并非容易的事，得靠自己艰苦而长时间的努力。

国家的平均知识力量等于该国的平均知识素质。这是国家真正的知识水平。上述已经能测算出每个人的知识素质，要计算所有人的平均知识素质是很容易的事。

一个国家的知识力量等于该国的平均知识力量乘以总人数。这是由全体国民掌握着的真正的知识力量。

第九节　结　束　语

本章论述了知识和知识素质的一些理论问题，列举了一些主要的知识素质因素，提出了知识素质因素和知识素质、人的知识力量及人口素质中各种知识素质的测算方法，对于了解和提高人的知识素质有重大的意义，并解决了许多世界性的难题；如对不同的知识如何正确认识的问题、不同计量单位的知识如何计算的问题、对知识素质的计算和评价中如何解决“我会你不会”和“你会我不会”的问题、知识素质和知识素质因素的人口素质的研究和对比分析、计算各国和人类的知识总量及变化情况等等。

任何人要想有所作为，都离不开自学和研究，这是人类的一条规律。所有的发现和发明创造，都是在一定的知识基础上自学研

究而成的，因为所有的新发现和发明创造、包括新的管理知识，都是过去所没有的，只能在一定的社会条件下靠自学创造出来。

当今世界是“第三次产业革命”时代，也叫“第三次浪潮”时代、信息社会和知识经济时代，科学技术日新月异地发生了变化。“知识爆炸”，如若不继续学习，就不懂得新事物，就会沦为“知识盲”，在竞争中被淘汰。因此，非得重视继续学习不可。

人拥有一定的知识素质，才能了解自己、了解世界，才可以在社会中更好地生活、在竞争中立于不败之地，并有所创新、有所贡献，享尽人间酸甜苦辣，平安幸福地度过光辉的一生。

第五章

论文化素质及其测算

文化素质是世界上衡量一个人的文化水平和工作能力、衡量一个企业或一个国家先进还是落后的最通用最基本最重要的一项指标，然而文化素质多少，人类群体的平均文化程度如何？本章从人才素质理论出发，解答了这些问题。

第一节　文化水平的评定要进行根本性的改革

文化素质是什么？人们并不清楚。在20世纪末素质教育热潮之中，《中国教育报》曾经对中小学教师进行过调查，绝大部分从事素质教育的教师都不懂得“文化素质为何”。因为连词典都还没有“文化素质”的解释，也没有其他人对文化素质的论述，他们从什么地方知道文化素质呢？因此，鼓励人们学习文化素质理论非常必要，特别是教师对文化素质理论要有进一步的统一认识。

当今世界，人们是用学历当作文化素质来评定人的文化水平，且只能用学历来评定文化水平。学历也被当作人的能力高低的一

个评定标准，是世界各国公认的最通用、最基本的、最为公正的有效的能力考评手段。因此，几乎任何招工都要了解他的学历文化程度。

学历可以形象地、粗略地说明一个人文化水平的高低，但也存在不可比性，如高中与技工学校或中专的毕业生，谁的文化水平高？就难以断定。又由于学历有高低之分而不知道高多少低多少；不同学历，度量单位不同无法混合计算，这是一条颠扑不破的公理，人们只能用成年人口文盲率、学龄人口义务教育普及程度、知识分子占总人口的比重或每百万人各类毕业生数等等，来比较各国各地人口文化素质的高低，只能牵强附会地说明一些问题，以至于无法说明一个群体、一个企业、一个国家的平均文化水平有多高。而且，按现在的统计，各档学历在学的和已毕业的都是相同的文化程度，这本身就是不客观、不合理的；中途辍学者，没有毕业也算毕业。现在利用文化素质理论，就可以十分方便地、准确地算出各地区、各国的平均文化素质和平均文化程度及相同时期的年增长率等等。

学习是人的本性。在人类社会中人们总是互相学习、互相影响的，人们也会采取各种手段和办法进行学习。在家族文化和社会文化里，人们从小就可以学到语言、教育、道德、政治、经济、人生观、价值观、生活、自然知识和生产知识等等，没有学历也有一定的文化水平。我见过许多妇女，连自己的姓名都不会写，只会讲方言，可谈起生活、做起生意时都讲得头头是道，就连一市斤 16 两制，几斤几两要多少钱，口算得滚瓜烂熟。你能说她们没有文化素质吗？社会上也有许多高学历的人实际水平也是一般；而一些低学历的人，也可能有较高水平，以至雇用高学历者为他工作，说明他的人才素质并不低。事实说明，衡量一个人、一个群体的文化水平只用学历是不够的。因此，评定文化水平应进行根本性的改革。

我们应当抓住所有学历教育的共性特征，利用各种相关理论，按人们取得各种学历所付出的自己的生命时间和精力、所学的文化基础知识以及取得的收获，遵循人才素质理论规范，参照标准人的文化含量，按约定俗成的社会标准进行文化素质折算；经过量化处理，不但有大小之分，而且只有一个度量单位，可以进行各种数学运算，可比性强，不管是个人还是人类群体都有可比性，充分体现了用文化素质来衡量文化水平的无比优越性，体现了人类和谐发展。

第二节 文化素质和学历

“文化”，按词典解释为：文化是人类在社会历史发展过程中所创造的物质财富和精神财富的总和，特指精神财富，如文学、艺术、教育、科学等；也指运用文字的能力及一般知识。

“素质”是中国近代文化的一个创造。素质的本意是：事物原有的性质、特点；事物基本成分的质地、品质和基本本领，素质有生命、是一种内在的相对稳定的又会变化的要素。素质同时有两种内涵：一是功底，即基本成分的功能和能力水平、基本成分所具有的基本本领；二是品质、是质量，不是物理质量，也不是生活质量，而是社会质量。

根据人才素质理论，文化素质应定义为：**文化素质**是文化素质因素的简称，它是人所掌握的各种知识成分之一，是所有基础知识的功底。文化素质包括了基础性、综合性的教育所获得的一般知识水平。文化素质说明一个人基础知识的深厚程度，文化素质是人掌握的所有基础知识的功底，就是一个人所掌握的文化基础知识所具有的能力。

文化素质不是所有文化、不是所有知识，专业性强及更深层次

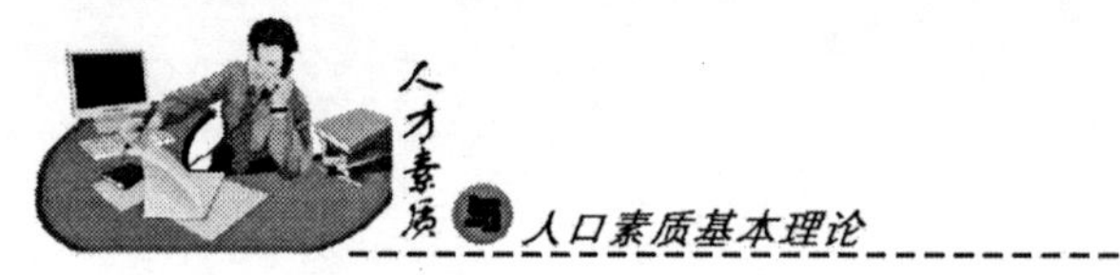

的文化还要归入技术业务素质因素、科学知识素质因素或者其他知识素质因素。

文化素质是一项知识素质因素，也是一项人才素质因素，也是一项人口素质因素。

文化素质可以说明一个人的文化程度高低、文化素质的大小、有几个标准人的文化含量；而且能进行人类群体的各种文化素质计算，文化素质能够参与知识素质、人才素质和人口素质的统计、计算、对比和分析。个人的文化素质属于人才素质，群体的文化素质属于人口素质。文化素质是相对于一个标准人的文化含量的倍数；文化素质本身就是对比数据，非常直观。

如果一个人的文化素质为 0，他一句话都不会说、一个字都不会写，无法跟任何人交流，他如同动物一样，不是人。所以，文化素质是致命因素。一个人没有学历可以，没有文化素质不行。

文化素质的大小伴随着每个人出生入死地变化着，决定了一个人的前途，这与其他人才素质因素有巨大的差别。比如外因很容易造成各种身体素质因素的下降，而文化素质一般是不会降只会升。人一出生就接受家庭教育和社会教育以及往后的学历文化教育和工作教育，人的感觉器官把所有收集到的信息都贮藏到头脑里；由于感觉器官只有单向输入功能，没有输出的反向功能，任何人都不可能把自己头脑中的信息搬出来给人家看，不可能使自己的头脑空出来。所以，信息存入头脑就流不出去了；头脑中的信息，外因是取不出来的。所有信息进入头脑，都可以在脑海中活动，自行取舍，终生受用，所以文化素质是不断提高的，每年会提高 0.01 文化素质；由于做梦和记忆力素质因素等的影响，对于平常少用脑的人，实际上文化素质也会减少，我们暂且不计；直到一个人死亡时，这个人的头脑停止活动，文化素质才变成零。当然，一个人头脑中的信息，用不用？怎么用？则是另一问题。

如若头脑受伤或者病变，如老人痴呆症，输入的信息遭到破坏，记忆力变差，自己取不到要用的信息，其文化素质会降低作用；人们只把这种现象当作是脑素质因素和有关的思想素质因素变小，文化素质因素保持不变(实际上也是会变的)。

人一出世就进入人类社会，就要学习文化知识和社会知识，学吃、学走、学讲话、学用工具、参加生产和工作，与人交往，都有一定的文化素质，这叫做社会教育文化素质；孩子还需要进学校接受学历教育；因而，一个人的文化素质等于他的社会教育文化素质加上学历教育文化素质。

社会教育文化素质是除了学校教育以外的所有基础教育，包括家庭教育、家族教育、政府管理部门的教育、工作单位的教育、人们互相教育，非学历自学等等。社会教育拥有学校教育所没有的基础知识教育，同时又应用和巩固了学历教育，相辅相成。

社会教育文化素质带有社会性、随意性、盲目性、简单性、重复性、自然性。

每个人都在社会中生活，天天都在接受社会教育，因而，许多没有进过学校的文盲，对社会生活也会说得头头是道；买卖东西，口算得比文化人还快，他们没有进过学校而有文化素质，证明了文化素质与学历文化程度是不同的，不能混为一谈。

社会教育文化素质是自然地每年都在提高，人出生后就受制于家庭和周围环境，每个人由于周围环境的局限性、社会教育的自然状态，其社会教育文化素质提高得很慢，且无从考核。

从一个角度去看，社会教育的效果相差很大，不同家教和不同的社会环境所学的知识差距非常大，造成学生原有的素质不同、基础不同，有的孩子可以培养成拔尖人才，有的孩子连初、高中都读不好，且终身难以扭转。

从宏观社会上看，社会教育的总体差距是在一个模糊范围内，

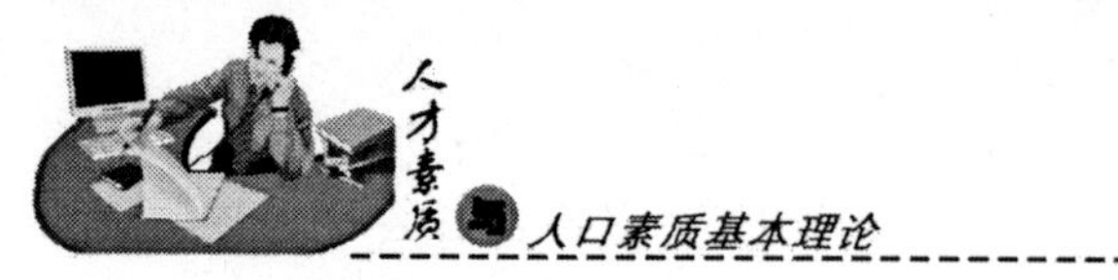

任何人每天都在接触社会，都要接受社会教育，一个人关在屋里也不例外，因为你周围的一切都是社会的。我们可以把每个人每年的社会教育的含量认定为是一致的、固定的，“社会教育文化素质每年增添 0.01 个文化素质”。

计算社会教育文化素质的起止时间为：每个人都从出生起直到死亡。

近代有人提出，孩子在娘胎里就开始接受教育。这也是人类的一项发现、一项进步。因此，许多人开始重视和实行胎教。但胎儿还没有降生，我们还是从出生算起较合情理。

社会教育的内容是随机而散乱的、极其有限，不能满足社会需要，人们不得不把孩子送入学校读书，以提高文化素质，好参加工作和劳动。

实际上，文化素质是以学历教育为主，人读到大学毕业，要学几十门课程，每科都是人类社会的一种专业，不同文化程度的人，所具有的这些专业基础知识不同，他对工作、对生产、对社会所起的作用就大不相同。

学历文化程度，传统的、习惯上是指小学、初中、高中和大学专科、大学本科等全脱产学习的文化程度；学生要花费自己的生命时光，小学要 6 年，初中毕业要 9 年，高中毕业要 12 年，大学本科毕业要 16 年，具有从低级到高级的连贯性，每个学期都要合格，否则就达不到这个程度。经权威考试合格的，发给毕业证书（也叫文凭）。

在教育主旨上有差别的，应按学历文化程度的三个确认原则来认定：(1)规范原则，学习要有计划的、充实的学习内容，所学的科目、内容和目的等必须符合国家统一的文化基础教育的要求，文化基础教育少的，应列为类学历。(2)付出原则，学生要花费人生最宝贵的时间和精力去刻苦学习。一般是没有报酬的全脱产学习，也可以利用业余时间进行函授学习等。(3)收获原则，每学期或每科都要真有收获，并经国家认可的同一水平考试合格。实际上，收获原则也包括了规范原则和付出原则，因为你经过国家同一水平的考试合格，就包含了规范原则，你就要付出相应的学习时间和精力。不符合这三个原则的教育，都不是学历教育。

承担学历教育的学校不管是公办还是私立的，都必须经过审批，都是按国家的要求对孩子进行教育，都属于国家教育。

“类学历”，就是类似学历。比如，初中毕业生进技校或中专读三、四年书毕业，过去都被当作同等学力，算做高中文化程度，这也是学历统计中的一种弊病。根据文化素质理论，其学历应算作稍低的“类似高中文化程度”，填表时应填“类高中”，其文化素质就比高中毕业生要低，因为他们有一部分时间和精力用于学习技术知识和业务知识，基础文化知识就少学了，他们的文化素质标准稍低是客观的、合理的。

幼儿园也是一种学历。事实上进幼儿园学习的孩子比只在家庭教育的孩子，所学的文化知识要多得多，其文化素质普遍要高。因而人们都竞相把孩子送进幼儿园，这决定了幼儿园具有无限的生命力。当幼儿园教育普遍以后，可以把小学的一部分教材列入幼儿园教育，人们就可以多学一些知识。

学历教育有学校和教师按社会需要和国家的要求进行专门的教育。学历文化程度从小学到大学毕业，学习过几十门课，每一门课程都是一种本领、都是一种知识素质因素，都是人类社会发展所需要的科目，学好了都有一定的能力。到高中毕业，已经有条件从事所学的每一门课程的任何专业工作，当然还需要进行专业培训。高学历比低学历的人，所学的课程多，能力强，这是必然的不能否认的普遍的规律。到大学毕业就有几十种能力，因而，学历文化程度是很重要的。

一般说的文凭是指学历毕业证书，是一种权威的学历证明书，证明一个人的学历文化程度。文凭只能说明一个人的学习经历，只能知道学历文化程度相对的高低，比如，大学毕业的文化程度比高中程度高等等。但是高多少低多少都不知道。

事实说明，同样的文凭，能力的差距是很大的，能力强和能力弱的相差有几倍到几百倍。因而，不能简单地看待文凭。

按人才素质理论和社会实际上看，高学历不等于高素质。高素质不是单指文化素质，人才素质＝这个人的身体素质×思想素质×知识素质，而文化素质仅仅是人才素质和知识素质中的一个素质因素，文凭不能等同于一个人的才能。把文化素质高的人认定为高素质的人，也是片面的。学历高、人才素质不高而无所作为的人比比皆是；学历不高、其他知识素质和人才素质高而建功立业的人也是比比皆是；要人的身体素质、思想素质和知识素质都较高的人，才是高素质的人。这会给许多年青的读者以鞭策。有些人由于各种原因，无法读到大学毕业，他的文凭较低，但他自学能力和上进心都很强，他的实际文化水平也达到大学程度，他的技术业务能力、科学知识水平等也可能会超过大学毕业生，个人有前途，对社会有贡献。所以社会上要重文凭，不唯文凭。

学生学完一门课所掌握的能力，从 60 分到 100 分都算及格，就有 0～40％的差距。几十门课，总差距就十分巨大。由于各个学校要求不同，各科教师的水平不同，学生的学习精神不同、兴趣不同，教与学的效果差距很大；高中毕业生有的考进名牌大学，有的连中专都不能录取。同班的大学毕业生，有的工作后屡创佳绩，贡献流芳百世，有的工作后只能碌碌无为地混过一生。有些学生还自学了其他本领，加上其他素质因素的影响，这些人的能力会大于他的学历文化程度所达到的学历能力。所以，学历文化程度也不能绝对地反映一个人能力的高低，单位在用人招聘中，在了解学历文化程度时，还应了解各科成绩，他的兴趣、特长和弱点都会反映出来，这么重要的问题，往往被社会忽视。人们只看学历，是看不准能力的。

学历文化程度只适用于个人，它未经量化，可比性差；计量单位不同，不能参与混合运算；没有规范化，不能参与知识素质、人才素质和人口素质的各种运算。

提高经济效益的重要前提是提高劳动者的文化素质。文化素质较高的人可能相当于几个、几十个甚至几百个标准人的作用，如科学家、领导者、工程师、技师、企业家、专家、学者等。一个企业使用一个文化素质高的人会赛过几个、几十个文化素质低的人，文化素质对于企业经济的发展具有相当重要的作用，甚至起决定性的作用。所以，现在世界上文化素质高的人找工作就容易甚至被高薪聘请，文化素质低的人找工作就很难甚至找不到工作。

第三节　文化素质的测算

我们抓住所有学历教育的共性特征，按人们取得各种学历所付出的自己的生命时间和精力，所学的文化基础知识以及取得的收获进行文化素质折算。

国家认可的考试是以学期考为基础，各科学期考都及格了，就算你该学期的学习合格，就是说，学生都有经过学期考试认可，因而，我们也可以用合格的学期数为单位进行换算。这在人口文化素质的比较中会经常用到。

社会上习惯用学年为单位，如问："你读了几年书？"没有问："你读了几学期书？"不管是小学、中学还是大学，都是按年级区分，不是按学期区分的；留级也是按年级而不是按学期留级的；国家规定的各级升学考试都是一年一次，所以应以学年为时间单位来确定文化素质的折算系数。

一、文化素质的测算规范

(一)文化素质是人才素质和人口素质的组成因素之一;因此,对文化素质不能孤立地研究,测算文化素质必须从人才素质和人口素质基本理论中找规范依据;统一规范,才符合人才素质因素范畴,才可以参与更深层次的计算分析。

(二)根据人才素质因素定律的两条规定,人的文化素质因素在0到2之间变动,标准人的文化素质因素为1。按现代世界发展水平,要求人们的文化水平普遍达到高中毕业。我们就把中国高中毕业时的文化素质认定为现代标准人的文化素质1(不同的历史时期可以有不同的标准,还可以进行历史性的折算)。比标准人弱的定为小于1大于等于零,比标准人强的定为大于1小于2。且必须制定文化素质因素的国际测算标准。

依据人才素质理论,人才素质=文化素质因素×其他素质因素。

如果一个人的文化素质为0,带入人才素质公式计算,其人才素质也等于0,则他无法跟任何人交谈,这样的人如同狼孩或植物人或与动物一样,失去了做人的意义。在其他素质因素都等于标准值1的情况下,当一个人的文化素质因素等于1时,其人才素质也等于1,他对人类社会就可以起到一个**标准人**的作用、真正一个人的作用。若他的文化素质因素小于1,按上式计算,则他的人才素质也小于1,他就不能起到一个标准人的作用,他只相当于零点几个标准人,许多文盲都是这样,不会讲普通话,与外地人接触还要有人翻译,不会写不会看书,更不会用计算机等先进工具,许多现代化的工作他都不会做或无法做好,他对社会所起的作用就不如“一个人”。如果一个人的文化素质因素大于1,按上式计算,则他的人才素质也大于1,他对社会所起的作用就可以超过一个标准人。

加上文化素质与其他素质因素还有辩证的、内在的联系;学历文化程度本身也含有科学知识素质因素、技术业务素质因素、外语知识素质因素等等,文化素质高还会提高其他素质因素。所以,人们在一生中正式工作前,有的要用二十多年的生命时光去脱产学习文化知识、接受文化教育、提高文化素质和其他素质因素。这说明文化素质是人才素质各种因素中非常重要的一种素质因素。

(三)文化素质必须用人类在文化方面的"人所共有"的特征来衡量,现代世界各国的文化教育普遍采用社会教育(包括家庭教育)、幼儿园、小学、初中、高中、大学等,除社会教育外基本上是全脱产连续的学习,人们学习文化知识都要付出自己生命的时间和精力才能获得毕业,这是人类提高文化素质的共性特征。只是人们在接受这些文化教育时,不管是时间还是内容及收获,都可以多,也可以少,便形成了文化素质大小的不同。

我们把高中毕业的文化素质定为标准人的文化素质计量单位1,那么,文化素质是基础知识的计量单位;文化素质是文化能力的计量单位;文化素质是文化力量的计量单位;文化素质是相对于标准人文化素质(文化能力或文化力量)的倍数。

我们把当代高中毕业生的文化素质作为计量单位;而高中毕业生的文化知识为多少?人类发展到现在的水平,还没有必要去确定它;我们可以把"标准人的文化知识力量"作为计量单位,用相对于标准人的文化知识力量的倍数,也能说明问题。将来,人类发展感到需要了,自然能够测算出标准人的文化知识数量,乘进去,数值还是不变,说明这个办法是正确的、永远适用、永远有效的。舍此,关于文化素质,就没有更好的计量单位了。

据此就可以制定出文化素质因素的测算标准,经试用,条件成熟时由相关的国际组织或国家机构制定成国际标准或国家标准，在世界上或本国使用，对所有被测人一视同仁。

表 5-1 文化素质因素测算标准(草案)

序号	项目	折算标准（文化素质/年）	毕业时			备注
			年龄	文化素质		
				学历教育	含社会教育，包括家庭教育	
1	社会教育（60岁及以下）	0.01				出世到60岁每年增加0.01文化素质
2	社会教育（60岁到80岁）	0.005				60岁以上每年增加0.005文化素质或更少，不计也可
3	幼儿园教育	0.02	6	0.06	0.13	学制三年，平均6岁上小学
4	小学教育	0.06	12	0.42	0.55	学制六年
5	初中教育	0.06	15	0.60	0.76	学制三年
6	高中教育	0.07	18	0.81	1	学制三年
7	技工学校教育	0.04	18	0.72	0.91	初中起点三年制，还要参与技术业务素质计算
8	技工学校教育	0.04	20	0.89	1.10	高中起点二年制，还要参与技术业务素质计算
9	中专学校教育	0.05	18	0.75	0.94	初中起点三年制，还要参与技术业务素质计算

序号	项　　目	折算标准(文化素质/年)	毕　业　时			备　　注
			年龄	文化素质		
				学历教育	含社会教育,包括家庭教育	
10	中专学校教育	0.05	19	0.80	1	初中起点四年制,还要参与技术业务素质计算
11	中专学校教育	0.05	20	0.91	1.12	高中起点二年制,还要参与技术业务素质计算
12	大学专科教育	0.07	20	0.95	1.16	二年制,还要参与技术业务素质计算
13	大学专科教育	0.07	21	1.02	1.24	三年制,还要参与技术业务素质计算
14	大学本科教育	0. 07	22	1. 09	1.3 2	高中起点四年制,还要参与技术业务素质计算

备注:

1. 世界上有 6 岁也有 7 岁开始上小学,本表以 6 周岁上小学为准。对于 7 岁上小学的人,上表年龄应作相应的调整。

2. 社会教育包括家庭教育、政府部门教育、单位教育、非学历自学、人们的互相教育等等,应按年龄折算。

3. 表中未列的脱产教育在国家标准和国际标准中都应列入,要按其起点和学制、年龄等用折算标准进行计算。但任何人的文化素质都不能等于大于 2,否则违反了人才素质理论规范,文化素质标准就要修正。

4. 上述学习均为全脱产学习,按学制年限折算,与前一项累计使用。留级学习属于不合格者不能复算文化素质,社会教育照算。

5. 中途辍学的,有经过正规考试,成绩及格的学期数,可按相应的文化素质标准计算;学历教育少于半年或考试不及格而辍学者,该学期不能计算相应教育的文化素质。

6. 函授、电大、业大、夜大或利用业余时间自学，经正规的、由国家认可的相应学历考试合格者，按该学历的文化素质标准计算；业余学习未毕业者暂且不计在学的文化素质。

7. 跳级学习毕业者，不必追究没有考核的低级部分，应按跳级毕业的学历计算，既按最高学历计算。

8. 学士、硕士、博士研究生教育，实际上是比较高深的专业研究，应掛靠比较高档的技术业务素质因素和科学知识素质因素，不属于基础教育，不属于文化素质的范畴。所以，硕士、博士研究生等只算"学位"，本质上，他们的文化素质还是等于四年制大学本科的文化素质，不应算为更高的学历文化程度。人们把学位当作更高的学历是不妥的。

9. 人们自学也会提高文化素质，但未经权威机构考核认可，自学无凭，也不知道收获多少，他自学无从计算。

10. 有些大学专业学制要六七年，主要是学专业知识，其文化素质也只能按四年制大学折算。学制超出四年的部分应算作技术业务素质因素和其他知识素质因素教育。

11. 大学毕业多学历者，只是多学了专业知识，其文化基础知识是大同小异的，其文化素质不能重复计算。各国也有一些具有大学双学历和多学历的人，其所学的文化基础是相当的、相近的，从本质上说，他就不必也没有付出双倍或几倍的基础课学习时间；小学、中学、大学的基础课，他都不必、也都没有再学，他在基础知识方面，最多只是重复向大脑输入信息，增强了记忆，他并没有增加文化素质多少。所以他的文化素质变化不大，可以都按大学毕业生的文化素质计算。多学历要按专业计入技术业务素质因素和科学素质因素中。

以上"文化素质因素测算标准(草案)"原则上是把人们学习文化知识所付出的时间和收获按年折算成标准人的文化素质的倍数，符合人才素质理论规范、社会实际和学历文化程度的三个原则，蕴含文化水平和文化含量等，是比较合理的。

当然，任何人都可以提出修订方案，以供研究和提高参考。但

是，除了国家和国际权威机构制定文化素质测算的国家标准和国际标准以外，任何人在实用中都不得随意更改上述标准，否则就无从比较，测算分析就毫无意义了。

二、文化素质一些有关的问题

（一）文化素质的大小概念

按照“文化素质因素测算标准（草案）”，初中毕业生的文化素质为 0.76 个文化素质（标准人的文化力量）；高中毕业生的文化素质为“1 个标准人的文化素质”，即 1 个文化素质；大学本科毕业生的文化素质为 1.32 个文化素质。这些数量看似都很小，实际上这些数量都不小，因为其计量单位“标准人的文化素质”很大，1 个**“标准人的文化素质”等于一个标准的高中毕业生从出生起 18 年的学习量**。这种学习量包括社会教育和学校教育的学习量。这个计量单位不算小吧！你看到、说到“文化素质”时都应该有这个概念。

（二）文化素质、学历文化素质与学历文化程度的关系

在研究文化素质与学历文化程度的关系时，首先要区分社会教育文化素质和学历教育文化素质，而**学历文化素质与学历文化程度有一、一对应的关系**。这样，只要利用“文化素质因素测算标准（草案）”就可随意互换。既可以把各种学历文化程度按标准折算成学历文化素质，也可以把学历文化素质反过来换算成学历文化程度。

文化素质含有社会教育文化素质，几个人同样一种学历，不同的年龄就有不同的文化素质。所以**文化素质与学历文化程度有关系但没有对应关系**。

在人口素质的文化素质计算分析中，常常遇到人口的平均学历文化素质不会刚好等于某个学历的文化素质，我们可以对照“文

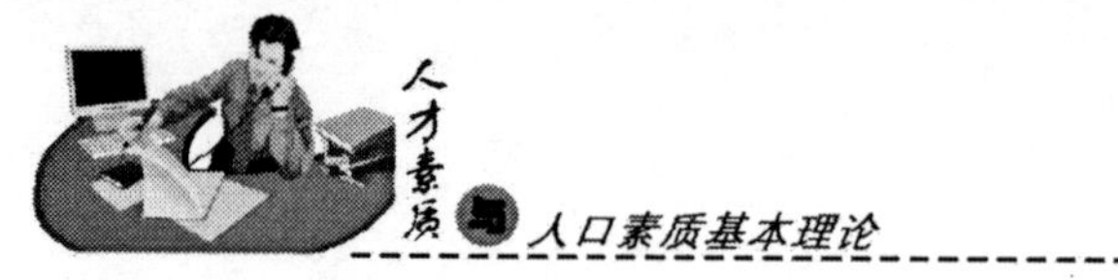

化素质因素测算标准(草案)”,查到与平均学历文化素质相对应的学历所达到的学期,这样就能更准确地说明问题。作者计算出,2000年中国人的平均学历文化素质为0.484文化素质,查“文化素质因素测算标准(草案)”,初中一年级合格的学历文化素质为0.480文化素质,0.484文化素质相对应的平均文化程度就达到“初中二年级上学期”,很直观,很准确,很能说明问题。

特别要注意,在进行文化素质与学历文化程度互换时,文化素质要用学历教育文化素质。

(三)学历教育文化素质

学历教育文化素质是学历文化程度按人才素质因素统一的“文化素质因素测算标准”折算成学历文化素质。学历教育所学内容很多,文化素质提高得很快;小学和初中每学年会增加0.06个学历文化素质,加上一年的社会教育增加0.01文化素质,实际上是每年增加0.07文化素质,而社会教育每年只增加0.01个文化素质,说明学历文化素质在文化素质中占有主要地位。所以一个人在工作前应尽量进学校读书。

由于学历教育多种多样,有些同档的学历教育,其学历教育文化素质也有不同。如在高中学习的文化基础知识相对会难一点,深一点,既要巩固和应用旧知识,又要学习新知识,在连贯性的知识中忘记了旧知识就学不好新知识。所以,高中的学历文化素质标准为每年0.07个文化素质。而初中毕业生进技校或中专读三、四年书毕业,都算高中学历,但他们基础文化知识学得少,他们的文化素质就比高中毕业生的文化素质要低(为0.04或0.05)。这用学历文化程度是反映不出的,而用学历文化素质就能恰如其分地说明高中、技校、中专等学习基础文化知识是不同的。再如,大学学历的学制是根据专业的需要设定的,一般是四年制,最高达八年制,实际上,不管什么专业,其基础知识包括专业基础知识,只要四年都学完了，其他时间是用于学习专业知识、科学知识和技术知识，所以，大学本科以上毕业生的文化素质都以四年大学的文化素质来计算是合理的。

这样，用学历文化素质能更正确地反映一个人的文化程度。在计算人口的平均文化程度时都要用学历文化素质来换算。

（四）结业

还有一种特殊的学历文化程度叫做“结业”。结业是在几年的学习中，经过补考，尚有几科不及格，达不到毕业程度，只能算结业。结业也是很复杂的问题，又是极少数、客观、必然存在的问题，可以按毕业时不及格科数占总科数的比例减少其学历教育文化素质。

（五）文盲

文盲也是一种文化程度，是最低的文化程度，但它不是学历。

文盲也有一定的知识，文盲也有文化素质，所以文盲也能在社会中生存。但是，文盲会限制许多素质因素的成长，文盲意味着原始和落后。文盲讲方言，与外地人接触，还得有翻译；有的方言接近普通话，文盲会讲不会写，写信都困难。文盲成不了现代人。

现在全世界仍有 9 亿多的文盲，越落后的国家，文盲的比例越大。中国的文盲人数，约占世界文盲的十分之一，目前仍高达 8500 万人左右，其中七成是女性。中国的文盲总数高居世界第二位，这不是光彩的。文盲多，大大地降低了人口素质。

世界上的文盲占总人口的六分之一还多，世界上约有 98%的文盲居住在发展中国家，文盲比率最大的就是最不发达的国家。“文盲多”成为世界上许多国家贫穷和落后的重要因素之一。文盲多是愚昧和贫困的根源，也是全球社会、经济、文化发展的严重障碍。要提高人口的知识素质，扫盲是最困难的工作。

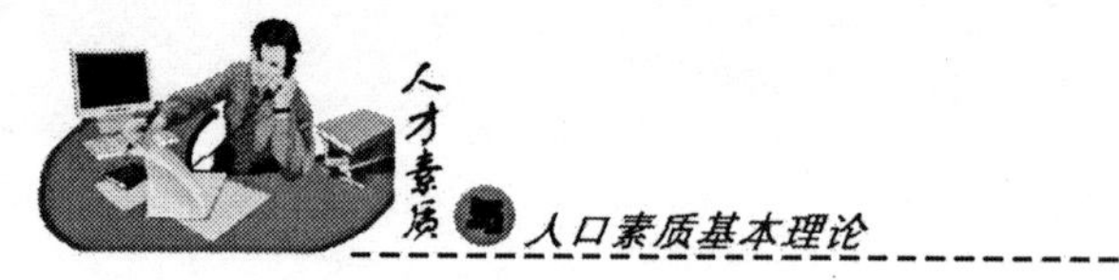

三、文化素质测算标准的作用

(一)换算任何个人的文化素质

个人的文化素质等于他的学历文化素质加上他的社会教育文化素质。每个人都可以根据自己的学历、脱产学习年限和年龄用上述“折算标准”折算成文化素质。这是最基础的,最简单、最方便的,最有用的折算方法。个人的文化素质换算,只要在“文化素质因素测算标准(草案)”中,查你的学历所对应的毕业时“不含社会教育”的文化素质就是你的“学历教育文化素质”,加上“社会教育文化素质”(就是你的年龄乘以 0.01 文化素质/年),就等于你的文化素质。

(二)计算人口(即任何人类群体,包括国家、地区、企业、部门、团体等)的平均文化素质

只要按照上一点算出该群体所有人的文化素质(包括学历文化素质+社会教育文化素质)计算其平均值,就是你这个群体的平均文化素质;也可用群体的文化素质总量除以总人数。

群体的平均文化素质可参与对比、分析和运算,能直接反映出一个国家人口受教育的平均程度。群体的平均文化素质就是人口的文化素质。

(三)计算人口的平均学历文化程度

可用该群体的平均文化素质减去社会教育平均文化素质(平均年龄×0.01 文化素质/年),得到人口的平均学历文化素质;或用该群体不含社会教育的学历文化素质总量÷总人口,得到人口的平均学历文化素质。

用人口的平均学历文化素质对照唯一的“文化素质因素测算标准(草案)”,换算成学历文化程度就是该人口的平均学历文化程

度。个人的文化程度与学历是一致的；而人口的学历文化素质是个平均数，不一定刚好等于某某学历，常是接近于某个学历，可准确到某个学期，很能说明问题。

(四)人口的文化素质总量

人口的文化素质总量＝该群体的平均文化素质×总人数；也可把个人的文化素质累加。

人口的文化素质总量是各国基础文化知识被人们所消化所掌握的实际拥有量。

各国的文化素质总量不等于文化总量，因为文化素质仅是基础文化、只是知识素质中的一个素质因素，不是全部文化，不是所有知识。文化素质总量也可作为各国文化先进和落后的对比，因为每个文化素质都具有同等的使用价值，都可能发挥它的作用；若文化素质低，但人多、文化素质总量大，也能做出更多的事情更多的贡献，因而，也是先进的。我们中国就是最好的例子。所以文化素质总量大的地区当然比文化素质总量小的地区要先进；一个地区，若文化素质总量每年在不断提高，这个地区总体上说是在前进！否则就是在走向落后。

要注意，人口的文化素质总量和学历文化素质总量是不同的，在进行人口素质研究中，一般是用文化素质总量，在计算平均学历文化程度时才用学历文化素质总量。

(五)将使人口素质的研究跃上一个新的台阶

由于各国教育体制的改革发展，不同时期，普通学历教育和成人学历教育的情况都不相同；按过去落后的办法进行人口文化素质分析非常复杂，结论也不可靠，经不起推敲。

现在，只要有各国和各省、市、县的学历统计数据，按“文化素质测算标准(草案)”统一进行折算，就能轻而易举地计算出各地的文化素质和平均文化程度，并进行各种分析，更加简单、科学、合理、准确。还可编出《中国文化素质》一书及“中国文化素质分布图”，供各级领导参考，供有关的研究和社会主义建设参考。

文化素质理论的主要作用是研究和分析各种人类群体的文化水平，就是进行人口素质中的文化素质、文化素质总量、平均文化程度和人口文化程度的年增长率等等的统计分析；研究文化素质既是研究人才素质，也是研究人口素质，主要是研究人口素质，研究国家与人类的进步与发展。

（六）计算各国、各地人口的文化素质的年平均发展速度

设某国人口第1年的平均文化素质为 $\bar{C}_{1-1}$，第 n 年的平均文化素质为 $\bar{C}_{1-n}$，则该国文化素质在 n 年中的年平均发展速度为：

$$V_{C1}=(\bar{C}_{1-n}-\bar{C}_{1-1})\div(n-1)$$

此式也可以改成某国的文化素质总量的发展速度，也有研究价值。

（七）计算各国、各地人口的文化素质在某段历史时期的年增长率

设该国第一年的文化素质为 $\bar{C}_{1-1}$，第 n 年的文化素质为 $\bar{C}_{1-n}$，可推导出该国文化素质的年增长率公式：

$$q=\frac{\bar{C}_{1-n}-\bar{C}_{1-1}}{(n-1)\cdot\bar{C}_{1-1}}$$

从公式看出：使用不同起点 $\bar{C}1-1$ 和不同终点 $\bar{C}_{1-n}$，计算出的年增长率 q 当然不一样，所以在进行各地对比分析时，起点和终点年限必须相应一致。

各国各地区文化素质的年增长率 q 是很有意义的。文化素质的年增长率又是对照领导者英明与否的一面镜子，也可以说明各地区文化教育和人事政策等的正确性和先进性，是判断一个地区文化先进还是落后的重要指标，在各地区的竞争中有重要作用。

(八)说明人的文化基础知识的含量和文化功力

文化素质因素的测算标准是以每单位时间(1学年)学习取得的收获为标准的基础,比如全脱产的完全的小学和初中教育,每学年成绩合格者,其文化素质标准为0.06文化素质/年,尽管每年学习的内容不同,但付出的人生代价和学习接受的知识分量都差不多。

文化含量低的,其文化素质标准也低;文化含量高的,其文化素质标准也高,如高中和技校的文化基础含量不同,其文化素质的标准也不同。所以,文化素质也体现出人的文化含量。每份文化含量所能发挥的功力也差不多,所以,文化素质也反映出人的文化功力。

本理论采取的文化素质的计量单位是"标准人的文化素质",文化素质是相对的量。将来,只需确定"一个标准人的文化素质含量为多少、一个标准人的文化功力为多少",就能计算出人类的真正的文化含量和文化功力为多少。

(九)人口文化素质的你追我赶公式

世界上普遍存在着国与国、省与省,以及市县、企业之间的文化素质的对比分析,这是社会发展中必然存在的客观事实,是社会发展的需要。本文案例中福州市与泉州市文化素质的对比,客观上都存在着两地竞争问题。我们推导出文化素质的你追我赶公式来计算文化素质较低的竞争对手需要几年能赶上来。

设a、b两地区某年的文化素质分别为$\bar{C}_{1-a}$、$\bar{C}_{1-b}$,且$\bar{C}_{1-a}>\bar{C}_{1-b}$,经过m年的文化素质分别为$\bar{C}_{1-am}$、$\bar{C}_{1-bm}$,且仍然是$\bar{C}_{1-am}>\bar{C}_{1-bm}$,就是说b地区的文化素质仍然是落后的,用上述的文化素质的年增长率公式计算出两地区文化素质的年增长率分别为q_a和q_b,但$q_a<q_b$,就是说b地区的文化素质虽然比a地区的文化素质低,但是它的文化素质的年增长率高,进步快,如果两地都能保

持这种关系，那么，b 地区的文化素质经过 n 年后就可能赶上 a 地区的文化素质；如若 $q_a \geqslant q_b$，那么，b 地区就永远赶不上 a 地区。

n 可用下式计算：

$$n=\frac{\bar{C}_{1-a}\times(1-q_a)-\bar{C}_{1-b}\times(1-q_b)}{q_b\times\bar{C}_{1-b}-q_a\times\bar{C}_{1-a}}$$

这个计算结果很有意义。知道了 b 地区的文化素质经过 n 年后可以赶上 a 地区的文化素质，对于 a、b 两地区的人们特别是领导者都有促进作用；a 地区的领导者总不会眼睁睁地等待 n 年后让 b 地区的文化素质赶上自己吧？a 地区的领导者必然要振作起来，采取各种切实可行的政策和措施，加速提高民众的文化素质，进一步提高 q_a，好上加好，使 b 地区的人们望洋兴叹；而 b 地区的领导者也不会安心自己地区的文化素质永远处于落后地位，被当成无能的领导者，也会采取各种措施，加速提高本地区的文化素质，以争取赶上先进地区。这就形成你追我赶的良好的竞赛局面，推动了两地区的进步。所以，我把这个公式称为你追我赶公式。

在理论上 $q_a\times\bar{C}_{1-a}$ 不能等于 $q_b\times\bar{C}_{1-b}$，在现实中也应该是不可能的。

实际上，人口的文化素质是动态的，上式只是起到提示、鞭策和促进作用，现实中由于两地人民不断的努力，文化素质年增长率 q_a 和 q_b 的数值不是不变的，而是在发展中不断地变化，使得该公式往往无法实现；看似无用，但是，对两地区起到了巨大的推动作用。这就是文化素质的你追我赶公式的奇妙作用。

（十）进行历史性文化素质的纵向分析

虽然任何时代“标准人的文化素质都是 1”，但是，不同时代标准人的文化素质又是不同的。如 1960 年标准人的文化程度为初中毕业，现时代标准人的文化程度为高中毕业，我们就可以把任何群体 1960 年和现时代的文化素质互相转换，进行历史性的科学的对比分析，这对研究人类的发展过程是十分必要而又有意义的。

（十一）文化素质理论会激励和鞭策人们努力学习

文化素质是科学素质和其他许多人才素质因素的因子，可同时参与有关的素质因素的计算。例如本书的“科学素质因素的文化因子测算标准（草案）”。

个人的文化素质从0到2，标准人的文化素质为1。如若你的文化素质在1以上，你就是一个真正的现代人，在文化知识方面，你能够发挥“1个人”的作用；如果说你的文化素质在1以下，在文化基础知识、在科技知识等方面，你就不能算是一个现代人，你就很难起到一个现代人的作用。

肯学的人，文化素质要达到大学文化程度是容易的事，只要苦读十几年，文化素质就节节上升。对不肯学的孩子，读书变成了受罪，一辈子也达不到大学文化程度。一般说来，人参加工作时，他的文化程度基本上是定型了，因为他成人了，不可能牺牲难得的工作再去脱产学习文化知识；除了少数通过业余函授学习提高文化程度以外，绝大部分人的学历文化程度是终生不变的。

我们还不能孤单地看文化素质只在0到2之间变动，要知道文化素质高会带动许多素质因素提高，如科学知识素质、技术业务素质、安全知识素质因素、思想素质和身体知识素质因素等等，所以，文化素质高的人，人才素质也较高。

现代科学充分证明了文化素质与延年益寿也有密切的关系，据世界卫生组织的调查统计，文化程度越高，越讲卫生，生活越好，患结核病、流感、肺炎、脑血管病等常见病和多发病的死亡率越低，寿命就越长。另一方面，由于文化素质高的人，工作负担大，社会压力大，体力锻炼少，实际寿命偏低，所谓“英雄气短”。但总的看，还是文化素质高的人知识多、寿命长。

（十二）测算人类的文化素质

人类是最大的人口。人类的文化素质，就是全人类平均的文化素质，也是在 0 到 2 之间变化，且变化不大。人类是万寿无疆的，人类的文化素质不会降到 0。因为人类的文化素质是几十亿人口的平均文化素质，一个人文化素质的变化对全人类是无足轻重的；但是，人类就是由每个人组成的，个人的文化素质是人类文化素质的基础，因而，要计算人类的文化素质，必须要先计算出每个人的文化素质，必须先计算出全世界各国的文化素质。现在只能计算中国的文化素质，等到文化素质理论推向世界以后，才可能计算其他国家的文化素质。因而，要知道人类的文化素质，可能要再等几年甚至几十年。

中国的文化水平应该会超过世界的平均水平，以此推测，人类在 2006 年的学历文化素质可能在 0.40 文化素质左右，小学还没有毕业。如果联合国教科文组织牵头，就能用几年时间很快计算出各国和人类的平均文化素质。这是非常有意义的事情。

在知道人类的文化素质以后，还可以很简单地计算出人类的文化素质总量，人类文化素质的年增长率等等。

人类要提高文化素质是很难的；要提高人类的文化素质，必须全世界各国共同努力。

第四节　文化素质测算案例

一、1990 年到 2000 年中国的文化素质测算

计算出一个国家的文化素质和平均文化程度，就可以按照统一标准计算出各国、各省市、各地区、各单位的文化素质和平均文化程度，以进行非常有意义的对比分析。

（一）计算依据

根据历次全国人口普查结果和文化素质理论及其测算等进行计算。

（二）计算范围

中国大陆地区。

（三）以前中国的文化素质

新中国成立前，旧中国的文盲半文盲率达80%。据全国第二次人口普查资料计算，1964年中国总人口为69458万人，按“文化素质因素测算标准（草案）”计算的平均文化素质为0.1839文化素质/人，平均文化程度相当于小学三年级结束（其文化素质为0.18），刚进入小学四年级。

（四）1990年中国学历文化素质及平均文化程度计算

1.1990年中国学历文化素质总量计算，按全国普查数据和“文化素质因素测算标准（草案）”，综合列出“1990年中国学历文化素质总量计算表”。

表5-2　1990年中国学历文化素质总量计算表

学历名称	学历人数（万人）	学历文化素质折算标准（文化素质/人）	总量（万个学历文化素质）	备　　注
大专及以上	1612.09	1.00	1612.09	学历均包括各类毕业生、肄业生和在校生
高中	9113.65	0.81	7382.06	含中专、技校、职高等
初中	26464.63	0.60	15878.78	
小学	42010.78	0.42	17644.53	
文盲	18002.84	0.06	1080.17	指15岁以上识字很少的人，按幼儿园文化素质算
待学	16164.01	0	0	指15岁以下未入学的儿童、幼儿和婴儿
合计	总人口 113368		43597.63	

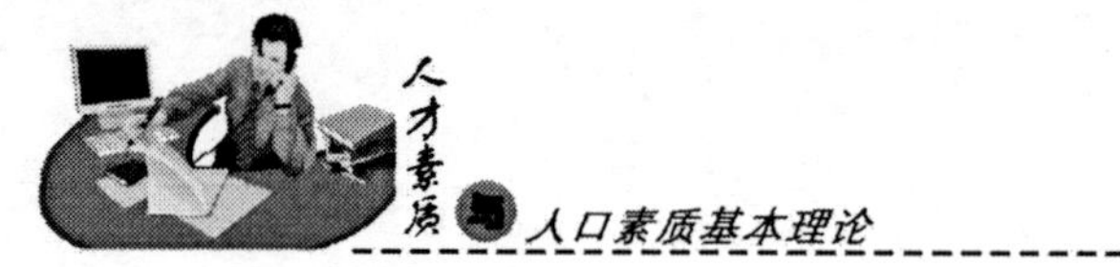

备注：

(1)表中人数的准确度为“人”。

(2)学历总人数应等于该地区的总人口。文盲属无学历者。

(3)这里只算学历文化素质，不考虑社会和家庭等的文化教育。

(4)“大专及以上”其文化素质折算标准 1.00 为平均估算值。

(5)毕业生、肄业生和在校生的文化素质有较大差距，这里是按国家统计局的归类用毕业生的文化素质折算标准进行折算。

(6)由于人口普查数据不能很细，本表只能随之粗略计算，已能说明问题。

由中国学历文化素质总量计算表计算得：中国 1990 年的学历文化素质总量为 43597.63 万个文化素质。

2.1990 年中国学历文化素质计算

1990 年中国的平均学历文化素质＝当年中国学历文化素质总量÷总人口＝43597.63 万个文化素质÷113368 万人＝0.385 文化素质/人。这就是中国人 1990 年的文化水平。

3.1990 年中国的平均文化程度

由上述计算得：1990 年中国的平均学历文化素质为 0.385 文化素质/人，对照“文化素质因素测算标准(草案)”查得：1990 年中国的平均文化程度相当于小学六年级上学期将结束(其文化素质为 0.39)的文化水平；将结束就是还差一点点，可以算是：1990 年中国的平均文化程度为小学六年级上学期结束。

4.1990 年中国的学历文化素质标准人数计算

1990 年中国在学历文化素质方面的标准人数＝该年学历文化素质总量÷0.81 文化素质/标准人＝53824.23 万标准人。这就是说，1990 年中国 113368 万人只起到 53824.23 万标准人所起的作用。按人类标准，1990 年中国人的文化素质合格率为 47.78%。

这个学历文化素质总量还可供往后作历史性的对比和与外国对比。

(五)2000年中国学历文化素质和平均文化程度计算

1.2000年中国学历文化素质总量计算

按全国人口普查数据和“文化素质因素测算标准(草案)”综合列出“2000年中国学历文化素质总量计算表”。

由总量计算表计算得:中国2000年的学历文化素质总量为61283.33万个文化素质。

2.2000年中国的学历文化素质计算

2000年中国的学历文化素质=该年中国学历文化素质总量÷总人口=61283.33÷126583=0.484(文化素质/人)。

3.2000年中国的平均文化程度

表5-3　2000年中国学历文化素质总量计算表

学历名称	学历人数(万人)	学历文化素质折算标准(文化素质/人)	总量(万个学历文化素质)	备　　注
大专及以上	4571	1.00	4571	学历均包括各类毕业生、肄业生和在校生
高中	14109	0.81	11428.29	含中专、技校等
初中	42989	0.60	25793.4	
小学	45191	0.42	18980.22	
文盲	8507	0.06	510.42	指15岁及以上不识字或识字很少的人,按幼儿园文化素质算
待学	11216	0	0	指15岁以下未入学的儿童、幼儿和婴儿
合计	总人口 126583		61283.33	不含港、澳、台的数据

备注:(同上表)

由上述计算得：2000 年中国的平均学历文化素质为 0.484 文化素质/人，对照“文化素质因素测算标准(草案)”查得：2000 年中国的平均学历文化程度相当于初中一年级(其文化素质为 0.48)的文化水平，已进入初中二年级上学期；刚进入不久并没有学完，所以，2000 年中国的平均文化程度为初中一年级结束。

4. 2000 年中国的学历文化素质标准人数计算

2000 年中国在学历文化素质方面的标准人数＝该年学历文化素质总量÷0.81 学历文化素质/标准人＝75658.43 万标准人。这就是说，根据人才素质理论，在当今知识经济年代，中国 126583 万人只能起到 75658.43 万个标准人所起的作用。按人类标准，2000 年中国人的文化素质合格率为 59.77%，与 1990 年相比，这十年来中国人的文化素质合格率提高了 12.29%，可见文化素质对于一个国家是何等重要的。

(六)1990 年到 2000 年中国学历文化素质的年平均增长率计算

使用公式：

$$q=\frac{\bar{C}_{1-n}-\bar{C}_{1-1}}{(n-1)\cdot\bar{C}_{1-1}}$$

设：$\bar{C}_{1-1}$＝1990 年中国的学历文化素质为 0.385 文化素质/人；n ＝2000－1990＝10(年)。

$\bar{C}_{1-n}=\bar{C}_{1-10}$＝2000 年中国的学历文化素质为 0.484 文化素质/人。

计算得：从 1990 年到 2000 年中国学历文化素质的年平均增长率 q＝2.86%

实际上，文化素质的年增长率，在任何地方都不是固定的，它是随着各地区的人口政策、文化教育政策、人才竞争及许多社会因素而变化的，领导者的决策是最关键的。

（七）简要分析

文化素质、文化素质总量、文化素质的年平均增长率和文化素质的标准人数等都是衡量一个国家先进还是落后的重要指标，根据文化素质理论，还可以进行国与国的分析对比。

中国的学历文化素质 2000 年比 1964 年三十六年增多了 0.30 文化素质/人，提高了 1.63 倍，年增长率为 4.66%。（1964 年比 1990 年学历文化素质的起点低许多，所以年增长率就高许多）。

中国的平均学历文化素质 2000 年比 1990 年十年增多了 0.099文化素质/人，提高了 25.71%。年增长率为 2.86%；2000 年中国的学历文化素质总量为 61283.33 万个文化素质，比 1990 年多 17685.7 万个文化素质，提高了 40.57%。这已经是很大的功绩。教育科学文化素质不断提高，国民获得巨大的进步，这是中国强盛的知识动力。

提高国家的文化素质不像个人提高文化素质那样容易。不管是从文化素质的付出原则还是从人类实际上看，都可以说明，人少的国家提高文化素质比较容易，人多的国家提高文化素质就比较难，我国人口众多，提高文化素质就难得多了。在中国共产党领导下，我国的平均文化程度从旧中国文盲充斥的时代到 1964 年提高到小学三年级、到 1990 年提高到小学六年级上学期，到 2000 年提高到初中一年级结束，是多么大的成绩。

在分析中也应看到问题，如，2000 年我国高中以上文化程度的人仅 18680 万人，还包括在校生，实际上有 107903 万人达不到现代化的要求。

2000 年我国的学历文化素质达 0.484 文化素质/人，已进入初中二年级，“初二生”学到初中毕业，只要两年时间；而更多的待学和文盲就是用九年时间也不可能都达到初中毕业的文化程度。因此，要提高国家的文化素质是很艰巨的。

现在已经制定有“文化素质因素测算标准(草案)”,建议各省市县和企事业单位的人事教育、统计部门应积极推广和应用,计算出各自人口的文化素质和学历文化程度;进行社会对比,提供各级领导参考,对于本地区的发展和社会竞争都将有促进作用,具有很高的社会效益和间接的经济效益;待条件成熟后才会有测算文化素质的国家标准和国际标准。

国家教育部掌握有全国各地历次人口普查关于学历文化方面的数据,可组织人员编写《中国的文化素质》,对各地的文化素质变化情况进行统计、对比、分析,为各级领导和研究人员提供宝贵的参考,并为后人留下了宝贵的资料,对各地文化和经济的发展也有重大意义。

二、1990 年到 2000 年福建省福州市的文化素质测算

计算方法同上。

(一)计算范围

包括福州市所辖十三个县(市、区)和辖区内的现役军人的人口。

(二)1990 年福州市学历文化素质计算

1. 1990 年福州市学历文化素质总量计算

从以下 1990 年福州市学历文化素质总量计算表算得 1990 年福州市的学历文化素质总量为 213.0727 万个文化素质。

这个学历文化素质总量可以计算文化素质方面的标准人数,也可供往后作历史性的对比和与外地对比,是很有意义的。

2. 1990 年福州市的学历文化素质＝当年该市学历文化素质总量÷总人口＝213.0727÷534.0927＝0.3989(文化素质/人)。

表 5-4　1990 年福州市学历文化素质总量计算表

学历名称	学历人数（万人）	学历文化素质折算标准（文化素质/人）	总量（万个学历文化素质）	备　　注
大专及以上	13.1547	1.00	13.1547	学历均包括各类毕业生、肄业生和在校生
高中	47.8387	0.81	38.7493	含中专、技校、职高等
初中	100.7139	0.60	60.4283	
小学	230.023	0.42	96.6097	
文盲	68.8445	0.06	4.1307	指 15 岁及以上不识字或识字很少的人，按幼儿园文化素质算
待学	73.5179	0	0	指 15 岁以下未入学的儿童、幼儿和婴儿
合计	总人口 534.0927		213.0727	

3. 由上述计算得：1990 年福州市的平均文化素质为 0.3989 文化素质/人，对照“文化素质因素测算标准（草案）”查得：1990 年福州市的平均文化程度相当于小学六年级上学期结束（其文化素质为 0.39）已经进入小学六年级下学期的文化水平；进入并没有学完，所以，1990 年福州市的平均学历文化程度只能算是小学六年级上学期结束。

4. 1990 年福州市在学历文化素质方面的标准人数：

1990 年福州市学历文化素质方面的标准人数＝学历文化素质总量÷0.81 学历文化素质/标准人＝263.053 万标准人。

（三）2000 年福州市学历文化素质和平均文化程度计算

1. 2000 年福州市学历文化素质总量计算

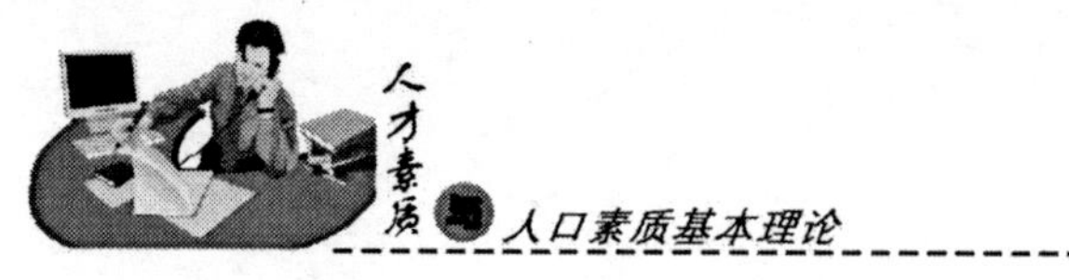

表 5-5　2000 年福州市学历文化素质总量计算表

学历名称	学历人数（万人）	学历文化素质折算标准（文化素质/人）	总量（万个学历文化素质）	备　　注
大专及以上	31.6705	1.00	31.6705	学历均包括各类毕业生、肄业生和在校生
高中	84.9928	0.81	68.8442	含中专、技校、职高等
初中	222.3830	0.60	133.4298	
小学	223.7063	0.42	93.9566	
文盲	36.5845	0.06	2.195	指 15 岁及以上不识字或识字很少的人，按幼儿园文化素质算
待学	39.937	0	0	指 15 岁以下未入学的儿童、幼儿和婴儿
合计	总人口：639.2741		330.0961	

由上表计算得 2000 年福州市的学历文化素质总量为330.0961万个文化素质。

2.2000 年福州市的平均学历文化素质＝当年该市学历文化素质总量÷总人口＝330.0961÷639.2741＝0.5164（文化素质/人）。

3.由上述计算得：2000 年福州市的平均学历文化素质为0.5164文化素质/人，对照“文化素质因素测算标准（草案）”查得：2000 年福州市的平均文化程度相当于初中二年级上学期结束（其文化素质为 0.51）已经进入初中二年级下学期的文化水平；进入并没有学完，所以，2000 年福州市的平均学历文化程度为初中二年级上学期结束。

4.2000 年福州市学历文化素质方面的标准人数＝学历文化素质总量÷0.81 学历文化素质/标准人＝330.0961 万÷0.81＝407.53(万个标准人)。就是说 2000 年福州市 639.2741 万人只起 407.53 万个标准人的作用。

(四)1990 年到 2000 年福州市学历文化素质的年平均增长率计算

使用公式：

$$q=\frac{\bar{C}_{1-n}-\bar{C}_{1-1}}{(n-1)\cdot\bar{C}_{1-1}}$$

设:$\bar{C}_{1-1}$＝1990 年福州市的学历文化素质，为 0.3989 文化素质/人;n＝2000－1990＝10(年)。

$\bar{C}_{1-n}=\bar{C}_{1-10}$＝2000 年福州市的学历文化素质为 0.5164 文化素质/人。

计算得:从 1990 年到 2000 年福州市文化素质的年平均增长率 q＝3.27%

(五)简要分析

福州市的学历文化素质 2000 年比 1990 年十年增多了 0.1175 个文化素质/人，提高了 29.46%，年平均增长率为 3.27%。福州市的学历文化素质总量，2000 年达 330.1211 万个文化素质，比 1990 年增多了 117.0715 万文化素质，比 1990 年增长了 54.95%，均高于全国水平。

福州市 1990 年的学历文化素质比全国平均水平高 0.0139 个文化素质/人，高了 3.61%。福州市 2000 年的学历文化素质比全国平均水平高 0.0324 个文化素质/人，高了 6.69%。说明福州市的文化水平从 1990 年到 2000 年都比中国的平均文化水平高；而且文化素质的年增长率更大，就是文化素质提高得更快，福州市文化水平与全国平均文化水平的差距会越来越大，证实了福州市的

文化教育和经济建设在全国属于发达地区。

但是,福州市与泉州市对比,却不容乐观。福州市是福建省的省会所在地,与泉州市都处于同一个省的沿海一带,人口也差不多,泉州市稍多些。从1990年到2000年,福州市的学历文化素质和平均文化程度都比泉州市高,说明福州市的文化经济基础较好,还是先进的;但十年学历文化素质的年增长率,福州市比泉州市低1.03个百分点;学历文化素质总量从1990年到2000年十年的增长率,福州市比泉州市低26.64%,导致学历文化素质总量1990年福州市比泉州市高19.8万文化素质,而到2000年福州市比泉州市反低20.81万文化素质。说明福州市的文化素质与泉州市相比,已经滞涨,如果福州市以文化素质高自居,满足现状,势必落到泉州市后面。

用文化素质的你追我赶公式计算,如果都以2000年的文化素质为起点,保持各自的年增长率不变,只需10年时光,泉州市的文化素质就会赶上福州市,那样,福州市的"全省文化经济中心"的地位就失掉了光彩。

一旦全国和全省各市县都进行这样的计算和比较,对于社会和经济的竞争及平衡发展都会有巨大的推动作用,至少让各级领导对所辖地区的文化素质心中有数。

三、1990年到2000年福建省泉州市的文化素质测算

计算范围:包括泉州市所辖三市四县五区和现役军人的人口。

(一)1990年泉州市的学历文化素质

从"1990年泉州市学历文化素质总量计算表"查得1990年泉州市的学历文化素质总量为193.02万个文化素质。

1990年泉州市的平均学历文化素质=当年该市学历文化素质总量÷总人口=193.02÷573.44=0.337(文化素质/人)。

表 5-6　1990 年泉州市学历文化素质总量计算表

学历名称	学历人数（万人）	学历文化素质折算标准（文化素质/人）	总量（万个学历文化素质）	备　　注
大专及以上	3.79	1.00	3.79	学历均包括各类毕业生、肄业生和在校生
高中	29.13	0.81	23.60	含中专、技校、职高等
初中	84.783	0.60	50.87	
小学	261.477	0.42	109.82	
文盲	82.35	0.06	4.94	指 15 岁及以上不识字或识字很少的人，按幼儿园文化素质算
待学	111.91	0	0	指 15 岁以下未入学的儿童、幼儿和婴儿
合计	总人口 573.44		193.02	

对照“文化素质因素测算标准（草案）”查得：1990 年泉州市的平均文化程度相当于小学五年级上学期结束（其文化素质为0.33）已经进入小学五年级下学期的文化水平；进入并没有学完，所以，1990 年泉州市的平均学历文化程度为小学五年级上学期结束。

1990 年泉州市在学历文化素质方面的标准人数＝该年学历文化素质总量÷0.81 学历文化素质/标准人＝238.2963（万标准人）。1990 年泉州市有 573.44 万人，在文化素质方面，只相当于 238.2963 万标准人。

(二)2000 年泉州市的学历文化素质

表 5-7　2000 年泉州市学历文化素质总量计算表

学历名称	学历人数(万人)	学历文化素质折算标准(文化素质/人)	总量(万个学历文化素质)	备　　注
大专及以上	13.67	1.00	13.67	学历均包括各类毕业生、肄业生和在校生
高中	60.49	0.81	49.00	含中专、技校、职高等
初中	280.33	0.60	168.20	
小学	278.41	0.42	116.93	
文盲	48.36	0.06	2.90	指 15 岁及以上不识字或识字很少的人,按幼儿园文化素质算
待学	46.81	0	0	指 15 岁以下未入学的儿童、幼儿和婴儿
合计	总人口 728.07		350.7	

从"2000 年泉州市学历文化素质总量计算表"查得 2000 年泉州市的学历文化素质总量为 350.7 万个文化素质。

2000 年泉州市的平均学历文化素质＝当年该市学历文化素质总量÷总人口＝350.7÷728.07＝0.482(文化素质/人)。

对照"文化素质因素测算标准(草案)"查得:2000 年泉州市的平均文化程度相当于初中一年级结束(其文化素质为 0.48)刚进入初中二年级上学期的文化水平;刚进入没有学完,不算,所以,

2000 年泉州市的平均文化程度为初中一年级结束。

2000 年泉州市在学历文化素质方面的标准人数＝该年学历文化素质总量÷0.81 学历文化素质/标准人＝350.7 万÷0.81＝432.96(万个标准人)。也就是说，2000 年泉州市 728.07 万人可以起 432.96 万个标准人的作用。

(三)1990 年到 2000 年泉州市学历文化素质的年平均增长率计算

使用公式：

$$q=\frac{\bar{C}_{1-n}-\bar{C}_{1-1}}{(n-1)\cdot\bar{C}_{1-1}}$$

设：$\bar{C}_{1-1}$＝1990 年泉州市的学历文化素质，为 0.337 文化素质/人；n ＝2000－1990＝10(年)。

$\bar{C}_{1-n}=\bar{C}_{1-10}$＝2000 年泉州市的学历文化素质，为 0.482 文化素质/人。

计算得：从 1990 年到 2000 年泉州市学历文化素质的年平均增长率 q＝4.78％

(四)泉州市追赶全国平均文化素质计算

采用文化素质理论中的你追我赶公式：

$$n=\frac{\bar{C}_{1-a}\times(1-q_a)-\bar{C}_{1-b}\times(1-q_b)}{q_b\times\bar{C}_{1-b}-q_a\times\bar{C}_{1-a}}$$

$\bar{C}_{1-a}$＝中国 1990 年的学历文化素质＝0.385 文化素质/人；

q_a＝中国 1990 年到 2000 年的学历文化素质的年增长率
＝2.86％(1/年)；

$\bar{C}_{1-b}$＝泉州市 1990 年的学历文化素质
＝0.337 文化素质/人；

q_b＝泉州市 1990 年到 2000 年的学历文化素质的年增长率＝4.78％(1/年)；如若中国和泉州市均保持各自的年增长率，带入公

式计算得:n=10.42(年),就是说泉州市从 1990 年起,过 10.42 年,即 2001 年,其文化素质就可赶上和超过全国平均水平。

同理可计算出泉州市的文化素质需要几年能够赶上福州市。

(五)简要分析

1.泉州市与全国比较

1990 年中国平均学历文化素质为 0.385 文化素质/人,2000 年中国平均学历文化素质为 0.484 文化素质/人,中国的平均学历文化素质 2000 年比 1990 年十年增多了 0.099 文化素质/人,提高了 25.71%,年增长率为 2.86%;2000 年中国的学历文化素质总量为 61283.33 万个文化素质,比 1990 年多 17619.49 万个文化素质,提高了 40.37%。

1990 年泉州市平均学历文化素质为 0.337 文化素质/人,比全国平均学历文化素质低 0.048 文化素质/人。2000 年泉州市平均学历文化素质为 0.482 文化素质/人,比全国平均水平还低 0.002个文化素质/人。

这是出乎意料的,泉州市地处沿海一带,早在宋代就有“满街都是圣人”之说,是我国首批历史文化名城,历来被全国看为文化经济较发达的沿海地区,不算不知道,一算吓一跳,其原因值得探讨与反省。当然,看问题也要看发展,泉州市的学历文化素质 2000 年比 1990 年十年增多了 0.145 个文化素质/人,提高了 43%,平均增长率为每年 4.78%,比全国的平均增长率高 1.92 个百分点;泉州市的学历文化素质总量,2000 年达 350.7 万个文化素质,比 1990 年的 193.02 万个文化素质增长了 81.69%。均高于全国水平。用文化素质的你追我赶公式来计算,泉州市到 2001 年,就可以赶上全国平均水平。泉州市抓紧改革开放之机,发挥侨乡优势,在教育事业和引进人才上急起直追等等经验又是值得学习的。仅 2006 年泉州市就引进中高级人才 4625 人,还有大批外来工，提高了泉州市的文化素质。

2.泉州市与福州市比较

1990 年福州市人口为 534.0927 万人，平均学历文化素质为 0.3989，文化程度相当于小学六年级上学期结束(其文化素质为 0.39)，已经进入小学六年级下学期。

2000 年福州市人口为 639.2741 万人，平均学历文化素质为 0.5164，文化程度相当于初中二年级上学期结束(其文化素质为 0.51)，已经进入初中二年级下学期。

1990 年泉州市人口为 573.44 万人，泉州市平均学历文化素质为 0.337 文化素质/人，比福州市低 0.0619 文化素质/人，文化程度相当于小学五年级上学期结束。

2000 年泉州市人口为 728.07 万人，泉州市平均学历文化素质为 0.482 文化素质/人，比福州市低 0.0344 文化素质/人，文化程度相当于初中一年级结束。

福州市的学历文化素质 2000 年比 1990 年十年增多了 0.1175 个文化素质/人，提高了 29.46%，平均增长率为每年 3.27%。泉州市的学历文化素质 2000 年比 1990 年十年增多了 0.145 个文化素质/人，提高了 43%，平均增长率为每年 4.78%，比福州市的平均增长率高 1.51 个百分点；

福州市的学历文化素质总量，1990 年为 213.0727 万文化素质；2000 年达 330.0961 万个文化素质，比 1990 年增长了 54.92%。

泉州市的学历文化素质总量，1990 年为 193.02 万文化素质，比福州市少 20.05 万文化素质；2000 年达 350.7 万文化素质，比 1990 年增长了 81.69%，比福州市多 20.8089 万个文化素质。泉州市学历文化素质总量由比福州市少变为比福州市多，十年的增长率比福州市高了 26.77%。

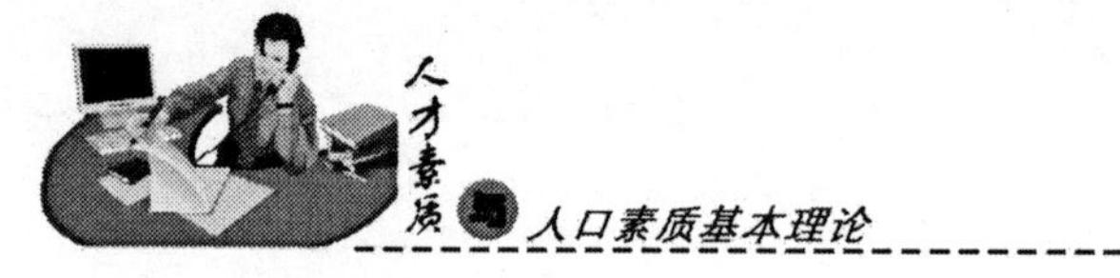

从人口的文化素质上看，泉州市比福州市落后许多；从学历文化素质的年增长率和学历文化素质总量的增长率上看，泉州市比福州市先进。如果说福州市和泉州市都保持原有的文化素质年增长率，用文化素质的你追我赶公式计算，从2000年起再过10年，泉州市的文化素质就会赶上福州市，那时福州市在福建省的文化经济中心的地位将失去光彩。从发展的眼光看，在文化教育和经济建设上，泉州市都将会超过福州市。当然，如果说福州市更加奋发图强，泉州市就赶不上了。

第五节　人口文化素质的提高

人口的文化素质是动态的，如何提高人口的文化素质，这已经是各国政府工作的重点之一。国民教育是各国的国策之一，但是，各地的重视程度和投入仍有很大的差别，使各地区的文化素质差距很大，落后地区的文化素质恐怕还没有最先进地区的一半，严重影响了该地区社会和经济的发展。

要提高人口的文化素质却是非常难的。一个国家要把它的文化素质和文化程度提高到大学毕业的水平是不可能的事，因为还有待学小孩及无法读书的人。一个国家、一个地区的文化素质越高，社会和经济就越发达。

要提高人口的文化素质是一个很复杂的问题。提高人口的文化素质不但是个人行为，主要是领导者、公务员和教育机构的事，可在以下几个方面努力。

提高人口的文化素质应因地因时制宜，两条腿走路，一是加强本地的全民教育，使本地60岁以下所有的人都能不断学习，努力提高文化素质；二是千方百计引进并留住文化素质高的人才。具体办法有：

(1)要加强和提高管理层对文化素质的认识问题,增加文化教育合理的投入,给青少年创造同等的学习机会。

(2)家长、学校和社会都要抓好孩子的素质教育,培养孩子的学习兴趣,保证学生的学习质量;学生学习好,跟得上去,就会大大地减少学生辍学,提高了人口素质。

(3)农村经济困难的学生应减免学习费用,不至于因无钱而停学。农村的学生由于艰苦磨炼,往往身体素质和思想素质都较高,应给予同等的机遇,以免埋没人才。失去父母的孩子,应由乡镇政府和孩子的亲属共同抚养,保证其生活和就学。

(4)要改善文化教育的学校布局,各级政府应配合教育管理部门每年都要做好摸底和掌握辖区内待学和在学的孩子的分布情况,妥善解决他们的就学问题。小学和幼儿园应就近办学,特别要解决山区儿童上学难的问题;中学应根据生源摸底,可以集中县、镇办,以改善学生的社会环境;中专和大学可以国办、省办和地区办(人口少的地区就不一定要办,可到相邻地区就学)。

(5)解决毕业生的出路问题,一是升学,二是就业。使孩子感到读书才有前途。如若读书者也无法就业,就会产生“读书无用论”,人口素质就难以提高。

(6)各企事业单位都要重视和加强职工教育,热心支持职工的业余文化学习,以不断提高职工的文化素质。

(7)要鼓励在外地就读的大中专毕业生回乡工作,要联络和鼓励在外地工作的高素质人才回家乡工作。一般说来,到外乡工作的人都是素质较高的人才,他们回乡把外地的先进技术和先进经验带回来建设家乡,又提高了本地的文化素质。

(8)鼓励国外和外地的高素质人才到本地工作,来开创他们的事业,也是本地的事业,给他们提供安居乐业的条件,也提高了本地的文化素质。连外地初中毕业以上的打工人员,包括外地的大学毕业生,都应当欢迎,因为他们敢到外地闯世界,一般说来都是文化素质和人才素质较高的人,接纳他们也会提高本地区的文化素质。又减少了从小以来的生活费用和培训费用。

(9)人才矛盾是一种普遍的社会规律,一些地区是人才积压和浪费;一些地区是人才匮乏。政府的劳动部门和人事部门可以制定一些优惠措施,在发达地区的职工中动员一些文化素质较高的、技术业务上的多面手到欠发达地区工作;在一些较发达地区的大中专毕业生,一时找不到工作,动员他们去支援落后地区,既解决了他们的就业问题,为国家减少了下岗的压力,也提高了落后地区的文化素质,推动该地区的经济发展。

我们要学习外国的技术人员引进政策和外国留学生毕业后留用的政策等有利于提高人口素质的好政策。

作为社会,作为国家,都要努力向每个人提供良好的学习机会和学习环境,这是提高文化素质的重要条件。提高文化素质过去只是靠就业前的读书,最后什么学历,往往伴随终生。现在党和国家很重视人民工作后的继续教育和成人教育、终身教育,工作后同样可以学习中专、大专和大学等,同样可以提高文化素质,就是每个人要努力抓住机会,你不学,谁都没办法。

总之,文化素质理论具有非常丰富的内容和极其深刻的含义,可以说明一个人或一个群体的文化素质、文化程度、文化水平、文化功力、文化总量、在文化知识方面的"标准人"的数量、人类群体文化水平的年增长率等等,还可以参与知识素质、人才素质和人口素质的统计、计算、对比、分析,突破了过去统计学历只能说明学历异同而不知道差距多少、知道了每个人的学历又不知道人口的平均文化水平的缺陷。

如果每个企业、每个地区、每个国家都统一按本方法计算出各自人口的文化素质和平均文化程度,就可以进行非常有意义的人口素质对比分析,对于个人成长和竞争,对于企业和国家的竞争与发展,对于社会和人类的进步事业都将有推动作用。

第六章

人力公式、人才素质公式和人的价值公式

1. 人力公式，人的能力。
2. 人的公式、人才素质公式分析。
3. 人的价值公式，人才素质主动实现价值的价值规律。
4. 人的时间。
5. 人才素质的成果定律。
6. 人才素质测评。

第一节 人 力

人力是各国人口学研究的一项重点。以往人们把人力有的当作“人”，有的叫做“人头”，有的叫做“人手”，有的叫做“人口”。因为每个人都有且只有一个头、一双手、一只口，你说什么都行，都是指人数；不管是青壮年人、小孩、老人、残疾人都一样，一个人就是一个人力，人力无大小是不符合客观事实的，是不科学的。过去的人力研究，实际上只是人口数量的研究，模棱两可，你说对就对，你说不对也不对。

一些学者认为，人的劳动力包含体力和智力两个方面。在《河北学刊》1987 年第 4 期，宋起瑞先生提出人的“德力”也是劳动力的观点。这比起“人力等于人数”有所进步，但仍然是片面的，因为“德力”只是精力的一项，德力不能代表所有的精神力量。而且，人的体力、智力、德力的大小直到现在还是没有统一定义、又尚不可测，它们之间的关系、大小也不晓得；人的劳动力或人力都只有人数，无法测算大小，你说了半天，还是白说。

根据人才素质理论，人才素质简称“人力”；身体素质简称“体力”；思想素质简称“精力”；知识素质简称“知力”。把简称带入人才素质公式：人才素质＝身体素质×思想素质×知识素质，则人才素质公式可写成：

人力＝体力×精力× 知力

各项的数量单位均是按照国际标准制定的一个标准人的分量，分别为标准人才素质（标准人或标准人力）、标准身体素质（标准体力）、标准思想素质（标准精力）、标准知识素质（标准知识力量或标准知力）。就是说各种素质的数值都是相对于一个标准人该项数值的倍数，都是相对的量。这是人才素质理论能够测算和计算的基础。

这个人力公式也符合人的定义。人的精力不仅维系和控制着自身的知力和体力，而且与知力和体力构成三位一体的关系。这样的人力才是真正的人力。

人才素质理论所说的人力，有使用价值，并能参与有关的计算，适用于人的价值公式，人力加社会必要的劳动时间就能创造出相应的价值，这得到了社会实际的印证。

这种人力，是以标准人的人力或能力为单位，包括 1 个人的体

力、精力和知识力量，这三种力经过人才素质规范化以后，既有大小又具有“1”的特性；人力不是把人的体力、精力和知力简单的相加，而是这三种力量共同微妙地综合作用的结果，是辩证力，是规范化的、量化了的真正的人的能力。只要测算出人才素质因素，这三种力都是可计算的。

这种人力符合实际。比如，一个人生病发烧，身体素质会大大降低，还会牵连到思想素质，使他的体力和精力都降低了，则他的人力也降低了，这时，他做什么事效果都很差，甚至只能躺在病床上养病。一个健壮的人，如果太懒惰，精力很低，则他的人力同样很小。有的人身体好，文化知识也高，但思想很差，走上犯罪道路，被判重刑，他的人力也很低。有几个工人，都能搬动 100 多公斤的重物，但无法移动和安装车间内几吨重的机器设备；一个工程师带一个助手，用杠杆、滚轮和吊葫芦就把几千公斤重的机器移动安装好了，证明工程师的知识力量较大、人力大。这些说明，人力是人的体力、精力和知识力量综合作用的结果。

人力体现出人的力量。用人才素质表示人力是符合客观事实的、是科学的正确的方法。只有利用人才素质理论，才能真实地解释和解决人力的所有问题。

第二节　人的能力

人的能力是能胜任某项任务的主观条件。实际上，能力属于实际活动的范畴。**能力主要表现为技能，是解决会不会、能不能的问题，人的能力是以知识素质为主，在思想素质和身体素质共同作用下形成的**。人的能力与人的生命同步。人的能力是指科学的创见、体力活动能力、记忆能力、操作能力、技术的熟练、管理才能、组织能力、适应能力、创造能力、观察能力、社会活动能力、认识世界和改造世界的能力等等。

人的能力,也有的叫才能,才能就是有知识和能力,表现在他所掌握的知识活化程度和运用能力的高低。知识面越宽,知识越丰富,能力就越强。但是,光知识又不等于能力,懂得某方面的知识,要经过思想素质和实践的锤炼,才会表现出他在这方面的能力。

能力就是所有人才素质因素的组合。由于有些人才素质因素较强、有些人才素质因素较弱,表现出有这方面的能力、有那方面的能力、有表现出来的能力、有待开发的潜能力。潜能力有基本能力和运用能力。基本能力主要指体力、记忆力、技能、吃苦耐劳和一般知识能力。运用能力是基本能力的升级;运用能力有理解力、判断力、决断力、思维能力、创造力、计划力、开发力、协调力、涉外力、管理力、统率力等;概括起来叫解决问题的能力和创造新事物的能力、组织领导能力。只要发掘得好、激励得好,人才素质就会大放光彩。

从人才素质和人才素质因素的定义看,人才素质的本质就是人的基本成分的功能、就是人的能力;人的能力是身体素质、思想素质和知识素质综合作用的结果,实际上,人才素质理论就是从人的能力上来描述人、就是人的能力的理论。所以任何人的能力的大小和强弱都可以用人才素质公式表示:

人的能力=人才素质=身体素质×思想素质×知识素质

单位:标准人(的能力)

人的能力与人才素质在数量上相等,但含义不同、社会意义不同,计量单位不同。人才素质的单位是标准人,人的能力单位是标准人的能力。

人才素质表明了一个人的能力,但他对社会发挥出多少光和热,作出多少贡献,则是另一问题;有能力会办事,但办了没有? 办

了多少？牵涉到社会对个人的使用和个人的主动发挥两方面。按能力公式计算出来的是潜能力，你要再花必要的社会劳动时间，才能解决实际问题，从工作效率上和工作成绩上就能表现出一个人的能力。

有人说，人的潜力是生来俱有的。实质上，人的潜力是先天遗传因素和后天投入的教育培养形成的。

人才素质表明了人的潜力，他随时都有这样的工作能力，体现了他所具有的使用价值；但是他对社会对人类都不可能全部发挥出潜力，一天 24 小时，每周共 168 小时，要工作和劳动，还需要吃喝、睡眠和休息，按中国国家规定，每周工作 5 天，我们按每天工作 8 小时来计算；就算一个人工作时间内全部发挥他的作用，他每周也只用了 40 工时，只用了 5/21(40/168 约简)的能力；扣除休息时间，如果工作需要，一个人每周还有 3/7(9/21 约简)的潜力可挖掘，潜力比工作力大。

大力开发人的能力，提高人才素质，是促进经济发展的重要条件。人力开发包括教育提高和利用人才素质两个方面；人的能力的开发主要依靠教育的普及和提高；要提供足够的工作和生产的实践机会。实践是才能的摇篮，才能必须在实践中体现出来。要增长自己的才能，就要不断继续学习，不断拓宽知识，不断深化知识，才可能促进自己才能的迅速萌发。另一方面，个人和社会都要注重开发 3/7 的潜力，企业和社会要给职工多劳多得。这是每个人特别是领导者和企业家应该十分关注的问题。

关于智力和能力，苏联的观点认为能力包括智力，西方的观点主张智力包括能力。中国一些学者的观点认为，智是知识素质的总代表，智力是知识能力；中国主张智力、能力相对独立，两者有区别又有联系。本理论的观点是：人的能力就是人才素质、就是人力。能力是由身体素质、思想素质和知识素质综合作用的结果，不论智力属于知识素质还是属于思想素质因素，都是能力包括智力，就是说，智力是能力的一部分。

第三节　人才素质的辩证关系

综上所述，人才素质 S 可写成公式：

$$S= S_a \times S_b \times S_c$$

按人才素质规范，每项素质因素都不得大于 2；而 S、S_a、S_b、S_c 都不是素质因素，而是“人的素质”，是复合因素，是由素质因素计算过来的，已经不是某个因素的量，而是许多素质因素综合的量，都可以大于 2；但不管多大都具有“一个人所拥有的”“1 个人”的内涵，都是相对于标准人的数量。

从公式看出，人才素质是由身体素质、思想素质和知识素质组成的，它们互相的关系是非常复杂、非常奇妙而辩证的。首先，这四种素质都是致命因素，真正是同生死共患难、互相依存、互相促进、互相制约、相辅相成的，其中，任何一种素质为 0，其他素质也同时不存在了。在公式右边三大素质中，任何一种素质的增大或降低，都会引起人才素质的增大或降低。

公式显示，人才素质即人的任何作为，都是由身体素质、思想素质和知识素质共同做、共同完成的，只靠一种素质的表现是不存在的。

身体素质是与思想素质和知识素质紧密相连的，身体素质是人才素质的物质基础、是客观存在的；身体素质是思想素质和知识素质存在的基础，是载体，身体素质有自然状态，如同动物一样，人类的身体素质可以通过繁殖不断增加。身体素质是思想素质和知识素质的执行者，思想素质和知识素质都是通过身体素质起作用的。有一定的身体素质，就有了掌握较高的科学文化水平和劳动

技能的物质条件;一个痴呆儿是谈不上什么精深的科学技术知识的;身体素质又有赖于知识对人体的认识和研究成果,人们只有通过知识素质才能认识和保障自己的身体素质,只有通过思想素质指挥身体素质,才能锻炼身体和从事社会工作和生活。

思想素质主导着人的行为表现,思想素质是人的灵魂和统帅,思想素质是人才素质的根本,就是人才之本也。思想素质是身体素质和知识素质的指挥官,身体素质和知识素质也是通过思想素质起作用的。思想素质又会影响和决定了知识素质的发挥。思想素质是"知识素质的积累和整顿"在人的头脑中形成的种种指挥软件,遇到环境信息,思想素质就会按照相应的程序使身体作出相应的反映,调动身体素质和知识素质表现出行为、做出行动。

知识素质是人才素质的主体,知识素质是身体素质和思想素质的园丁,要认识、要运用、要提高身体素质和思想素质都要依靠知识素质;知识素质是认识身体素质并会影响到身体素质的大小和发挥,知识素质可以开通和改造思想素质,而且,知识素质除了随着人的生命而兴亡的特点以外,还可以无限地积累在社会上;而身体素质和思想素质却不能;所以,知识素质也是最基本的。知识素质会通过身体素质和思想素质,结合社会必要的劳动时间,创造出人所需要的财富和新的知识,又反过来推动人类的发展。毛泽东主席曾指出:"体者,为知识之载而为德之寓者也。"一语道出了德智体三者的辩证关系。

身体素质、思想素质和知识素质都有各自独立的理论,而又互相关联,统一于人才素质理论之中。

人才素质是遗传的结果、是社会培养的结果、是个人努力的结果。人才素质也是人的本性,要改变人的本性,只有通过教育和个人努力(包括实践锻炼)才能实现。

人才素质是身体素质、思想素质和知识素质辩证的统一体,是

人本身认识世界和改造世界的条件和能力。从人才素质理论分析,人的身体素质和思想素质只对个体本身起直接的作用,受的制约较多。思想素质对其他人也有一定的感染力,但也要通过知识才有感染作用。由于自然属性的作用,人到中年以后,身体素质会走下坡路对思想素质和知识素质也有一定的影响,而知识素质仍然可以不断提高,但进展变慢了;特别是根据自己的身心健康和工作需要而不断学习的知识,又作用于身体素质和思想素质,使其稳固和提高。

对于人,人的身体素质是硬件、是能源、是载体,相当于动力系统;知识素质是知识库,相当于存储和计算系统;思想素质是启动器,相当于软件程序和控制系统。这三种素质三位一体形成人的生命的辩证的统一体。研究人才素质对人类的生存与发展具有重要的意义。

第四节　人才素质公式分析

若把 S_a、S_b、S_c 三个公式带入人才素质公式,成为:

$$\begin{aligned} S &= S_a \times S_b \times S_c \\ &= a_1 \cdot a_2 \cdot a_3 \cdots\cdots a_m \times b_1 \cdot b_2 \cdots\cdots b_e \times \\ &\quad \frac{b_{e+1} + b_{e+2} + \cdots\cdots + b_n}{n-e} \times C_1 \cdot C_2 \cdot C_3 \cdots\cdots C_g \times \\ &\quad \frac{C_{g+1} + C_{g+2} + \cdots\cdots + C_p}{p-g} \end{aligned}$$

这个人才素质公式也是“人的公式”,不但表明了人才素质与三大素质的关系,表明了人力的真谛;而且包括了所有人的基本成分,即所有的人才素质因素,名副其实地成为全人类的人的公式(包括人力公式)。其中任何一项致命因素缺少了或者为 0,人才素质就变成 0,人就相当于死亡。S 是一个人的人才素质的大小、是真正的人力,等号右边的每一项素质因素都是人的 1 个结构,都是同一个人的、允许有 1 的偏差、不得等于大于 2;物理意义是,每一项素质因素都可以大一点或小一点、强一点或弱一点,但不能有 2 个以上;否则不符合人的客观事实、不符合人才素质因素定律和人才素质公式构成原理,这个公式就不是人的公式,就没有意义了。

人才素质公式包含了人的身体、人的思想、人的知识、人的能力、人的行为、人的力量和人的生命力,使人才素质由定性概念发展到定性加定量的科学理论。从公式中可看出所有素质因素所起的微妙作用及互相紧密地、科学地联系在一起的规律,最完整地、生动地反映出各素质因素与人才素质的辩证关系。

在人才素质公式中,人才素质和身体素质、思想素质、知识素质及各项素质因素,都具有客观性、标准性、社会性、生命性、统一性、事实性、同时性和专属性。客观性是公式中所有的素质因素都是客观存在的;标准性是各项素质因素都要制定国际测算标准、按人类的社会标准进行测算;所有的测算标准都充满了人的社会性,人可互相比较;生命性是公式右边任何一项因数为 0 时,人才素质都为 0,人便死亡;统一性是指不同的人测算人才素质因素的项目要统一,不能对张三测算 5 个项目、对李四测算 3 个项目;事实性是所有的素质因素都是根据被测对象的事实测算的,不能虚构;同时性是指测算各项素质因素要在相同的时间段内完成,不要超出几天,不能把一年前的素质因素和现在的素质因素同时放在一个公式中计算;专属性是不能把别人的素质因素当作你的素质因素来计算。

从公式看出,人才素质因素只有致命因素和非致命因素两类。致命因素都是乘法公式的因数,没有先后、主次之分。

非致命因素要做必要的处理:本书列出的非致命因素有思想素质因素7项、知识素质因素7项,具体测算时应按照人才素质公式的构成原理:"……凡是没有致命作用的素质因素(即非致命因素)其类似项目达到致命程度的,用其平均值参与乘法运算。"非致命因素要按这个原理进行分组,把两三项非致命因素的平均值作为一项致命因素参与所在公式的计算;分组确定后,思想素质公式和知识素质公式就可以写得更完整、更明确。

人的公式在具体应用时,已经制定有"某素质因素国际测算标准"的素质因素,如文化素质因素和勤劳素质因素,应按测算的数据带人公式;还没有制定测算标准的素质因素,可用1带入公式计算,把没有标准的素质因素都看作"标准值1",因为它们都是人的一个基本结构,以后再视具体表现进行强弱增减。

人类在社会中生活,造就了许多所有人共同的素质因素,各种素质因素都不是孤立存在的,它们具有多重关系,互相影响,共同作用于人才素质。由于各种素质因素之间的内在联系,表现在几个素质因素都有某些共同的素质因子,这些因子一变化,就会牵动相关的素质因素也起相应的变化。当任何一个素质因素大于1时,对人才素质S都有促进作用,使之增大;当任何一个素质因素小于1时,将使人才素质S变小,起到制约和促退作用。因此,对任何素质因素都不可忽视,每个人都应力求全面发展。

在人才素质公式中,国际测算标准所确定的素质因素是每个人都应该有的,而且每个人的任何素质因素都不能是两个以上,这是人类的共性特征;但是公式中每个素质因素的大小却因人而异,有的人才素质因素很大,有的人才素质因素很小,甚至某些非致命素质因素可以等于0(比如外语素质因素等),非致命因素的平均值就很小,其人才素质必然也很小,他在人类社会中的作用就差了。这就形成人类的个性差异。这个公式同时显示了人类的共性

特征和个性差别。

如果说一个人的每项素质因素都是标准值 1，则计算结果，他的身体素质、思想素质、知识素质和人才素质都等于 1，他就是一个真正的**标准人**，是名副其实的一个人，他具有一个人的价值，能够发挥现代社会一个人的作用。

一个自然人，用人才素质公式计算，或许可值几个、几十个、几百个标准人，如优秀领导者、科学家、企业家、工程师、发明家、技师、能工巧匠等等，他们对人类社会可能有重大贡献。如世界著名的火箭专家钱学森原在美国，在新中国成立后，就千方百计地争取回到祖国，美国海军部次长说："钱学森知道美国导弹工程的核心机密，一个钱学森抵得上五个海军陆战师。"当时英明的周恩来总理用十几个美国战俘换回了钱学森，由于钱学森回国效力，使中国的导弹、原子弹的发射至少向前推进了 20 年！钱学森当时的人才素质就抵得上几千个标准人、抵得上五个师的兵力。

一个自然人或许只值零点几个、零点零几个标准人，如犯人、重病人、婴幼儿、耄耋人等等，所以他们都需要正常人的"看护"和"照顾"，消耗别人的和社会的一些人才素质。

有些人某些素质因素很低又无法提高，也不要悲观，通过努力提高其他素质因素，他的人才素质同样可以提高，成为有用之人，许多残疾人就是这样。

在人才素质公式中，许多素质因素都有先天性的影响，遗传因素十分重要，对身体素质因素、思想素质和知识素质因素都有直接的影响；但后天的素质教育对人的各项素质因素的高低又有主要的作用。

利用人才素质理论就能真正认识自己。从人才素质公式可以看出，每个人都是由许许多多的素质因素组成，每种素质因素各有长短、可能较大、也可能较小，显示了人的各种能力都是有大有小，不可能都很大或者都很小；全世界没有一对所有素质因素都一样的人。一个成年人，不可能每项素质因素都大于1，也不可能每项素质因素都小于1，每个人都有一些才华，也都有一些缺点；你语文好，我数学好，他体育强，有的人具有科学、技术方面的能力，有的人具有体育运动或艺术方面的能力，有的人具有社会工作和管理能力，有的人具有生产操作方面的能力等，你这个素质因素大，我哪个素质因素比你强，都有前途。这个公式证明了“每个人都是人才”的观点，只是人才大小不同而已；只要你能发挥较强的素质因素的作用，都有前途。主要是看你是否主动发挥了人才素质因素的作用，就是看你的人才素质因素是否付出了社会必要劳动时间；你的人才素质因素如若没有付出社会必要劳动时间，就没有起到社会作用。一个人若能经常反思自己的素质因素，特别是思想素质因素是否不足？对自己的坏思想有制约作用。

人才素质因素是稳定的又是动态的，其强弱是可以改造的。我们应当辩证地看待人才素质因素。你可以用一两项较高的素质因素与别人相比，这就是你的特长，你可以自豪，增强自信心，并充分发挥其作用，取得收益；你又不能只用一两项素质因素与别人相比，因为你还有较弱的素质因素比别人差。就是说，一个人要看到自己的优点，也要看到自己的弱点。素质因素强的不要骄傲，强中还有强中手。素质因素弱的也不要悲观，还有人的这个素质因素比你更弱，只要你肯努力，你较弱的素质因素可以改造、可以提高；而且你也有较强的素质因素，只要肯干，就有前途。

事实说明，人才素质的大小表明了当时这个人所具有的本领、价值和潜力的大小、他对人类社会所能发挥作用的大小。当然，他是否都发挥了应有的作用，则是另一回事。

人才素质的大小还说明了人的健康程度，人才素质因素还说明了人的健康状况。联合国世界卫生组织（WHO）为健康下的定

义是:“健康是指具有身体上、精神上、社会适应性上完好的状态,而不仅仅是没有疾病和虚弱。”这就是身心健康,表现为身体和心理都处于最佳状态,知力和精力充沛,情绪稳定,善于感受到艰苦奋斗的乐趣和单调生活的丰富内涵,能奋发追求美好幸福的未来。

过去人们说的健康多指身体健康。实际上,健康的心理与健全的人格和许多思想素质因素也是学习科学文化知识的基本条件之一,也是健康的标准。文盲是人的一种缺陷,也是不健康的表现。

从理论上和实际上都说明人健康的真正标准应该是:没有躯体缺陷,没有思想素质缺陷,文化水平达到高中毕业以上,身体素质、思想素质和知识素质都完好的人,即三种素质都达到 1 个标准人以上,才算健康的人。

在人才素质公式中,还可以反映出什么是天才? 在同龄人中,人才素质特别大的或者说有某几项素质因素特别大的人就是天才。

人的公式,更大的意义还在于进行个人的各种测算分析、参与人口素质的计算分析。

第五节 人的价值公式

一、人的价值

人的价值,是人类经常探讨而没有统一观点的问题。人才到底有多少价值?用什么标准来衡量人才的身价?

人才素质理论反映出人的社会价值观,并且可以测算出每个人的价值量。人的价值在于人才素质即身体素质、思想素质和知识素质为社会进步所进行的劳动,劳动就有产品、有成果、有价值。

人的劳动成果被社会承认，就是人的价值。

传统的观点是：一个人的真正价值就在于你为祖国做出的贡献。一个人的价值有多少，要看你建构的自我潜在的素质为社会能够奉献多少；你为社会做出了贡献，社会对你劳动的承认就是你的价值。每个人都希望在人生舞台上展现自己的才华并得到鲜花、听到对你的掌声，这是价值的体现，只不过不是人人都有这样的价值。

在商品经济的环境中，面临着展示自己价值的问题。人的价值不在于人体躯壳本身，而在于身体素质、思想素质和知识素质的共同作用，在于人才素质与生命的时光相结合的劳动结果。

个人价值就是社会和个人都把个人作为目的、作为尺度，来衡量个人对社会的贡献和在社会中的地位。个人在社会中活动，其主要的动机就是在追求个人生活需要的基础上，同时为社会做贡献，最终无条件地为社会的整体利益牺牲自我。现在世界上的所有财富都是前人牺牲自我遗留下来的。

从个人看，个人价值就是个人的人权得到社会的尊重，个人的利益得到社会的保护，个人的需要得到社会的满足，个人的才智和劳动得到社会的承认，个人的意愿在社会中得以实现，个人在社会中有一定的分量等等。

从社会角度看，个人价值就是社会承认个人的尊严，维护个人的正当权益，满足个人的合理需要，尊重个人的人身自由，提供给个人充分展示自身才能的最佳社会环境，承认和尊重个人的劳动成果等等。从个人和从社会两方面看，人的价值观是统一的。人为有这样的价值感到满足。

社会希望使每个人都充分发挥出生命的潜力，在创造中实现最大的个人价值。社会是个人的联合体，社会利益必然是该社会大多数个人的共同利益。在任何社会里，个人对社会的贡献，都是

在尽自己的社会义务，都是在使自己的社会价值得到实现。任何社会都有整体的需要、整体的利益；满足社会需要，维护社会利益，就是实现社会价值。这是社会对个人的客观要求。

每个时代、每个地区，社会价值观的标准都不尽相同。现在社会的价值观有：努力学习、艰苦奋斗、助人为乐，以“为人民服务”为宗旨、以“为社会多做贡献”为荣、为共产主义而奋斗为伟大；也有以占有财宝为荣耀，以闲逸、玩物为高贵；以善于捞钱为高明、视骄奢靡费为荣耀。社会风气与历史、地理环境、传统风尚、民俗、文化素养、外来影响以及生活水平等密切相关，但是，社会价值观却更直接更有力地影响着社会风气，因此，社会价值观事关盛衰。宣传部门和媒体是社会价值观和社会风气的掌舵人。

现代的价值观不但有社会价值，而且可以用经济价值来衡量。经济价值是体现在商品里的社会必要劳动，社会必要劳动是由劳动力素质和他的劳动时间组成的。价值量的大小决定于生产商品所需的社会必要劳动时间的多少以及劳动力付出多少。商品的价值量决定商品的价格，同一市场、同一时间、不同商品价格之间的比例关系叫商品比价。国家乃至市场通过比价政策，自觉地运用比价规律，调节商品生产和市场供求，促进国民经济有计划按比例地发展。不同商品的比价关系，实质上是生产、消费收益高低的对比关系。确定不同商品的价格比例，要考虑生产商品的劳动消耗，使各种商品的生产者在正常经营情况下得到大体平均的收入，相同的消耗要有大体相等的收入；也要考虑国家政策的要求、供求关系、消费习惯和历史比价等等。不列入计划管理的产品在市场上自由形成价格的比例关系。

人才素质有使用价值，他工作劳动取得报酬，就是他的劳动力的价格。价格不等于价值，价格一般都低于价值。价值有性的意义，没有量的意义。比如电冰箱、水、电视机等等都有使用价值，但使用价值为多少？无法断定。价值几何？没有明确的数据。而其价格是由市场和物价部门决定的，价格有明确的数据。

商品的价值在于，产生商品要有“社会必要劳动时间”，如“空气，不需要社会必要劳动时间就已经存在了的，对人有使用价值，但没有价值、也没有价格”。

人是一种特殊的商品，人才素质本身具有使用价值，而且有交换价值，而人的比价关系实质是根据国家需要、市场需要，依人才素质决定的。

人的使用价值在过去是无法测算的，而在人才素质理论中是可以测算的。测算的关键在于人才素质理论树立了全人类的标准人，每个人的一切都可以与标准人相比。人才素质的计算数值是“有几个标准人”，这也是人和人才素质相对价值的一种表现形式，意义是“有几个标准人的价值”。

人才素质是人身价值的真谛，人才素质理论把任何人的自我价值都与他的社会价值结合在一起。

马克思指出：“人的劳动能力和内在素质，只有在物化形态上才具有价值；实绩作为德才表现的结晶，是检验干部的最有权威的标准。”（《资本论》第 1 卷，第 65 页）实绩就是劳动成果、就是价值。

人要从事生产劳动，才能为社会创造财富，才有价值；否则，他就只能是个纯消费者，其人生毫无意义。劳动是人的一种特性，工作最容易令人开心，工作使人要面对或参与一种具有挑战性的活动，使之充分动用自己的心智，扩展自己的潜能，最有效地消除烦闷的情绪，能给人带来无穷的乐趣。人需要通过从事自己所热爱的工作来发现、证明、创造自己的价值。

二、人才素质的价值公式

由于人才素质的计量单位是国际化的标准人，按照现代国际生产力平均水平,每个标准人正常发挥作用,不管做什么,劳动1小时所创造的经济价值是固定的、一样的,我们把它称为标准人的经济价值常数K,可以由国际权威机构确定。K值就是1个标准人在世界的平均生产条件下劳动1小时所创造的纯收入(已扣除简单的成本),包括工资、补贴、所得税等。人才素质的经济价值常数K还与世界的自然资源、经济贮备、科技水平、国际环境、平均生产率、平均工作效率等等有关,K已经包含了这些因素。所以K是世界或人类的经济水平历史性的标志。标准人的经济价值常数K每几年应该根据世界经济的发展情况进行必要的修正。

现在,我们可以对任何人(包括任何群体)进行价值计算。

设J为个人能够创造的经济价值,则人才素质S的经济价值可以用下列公式表示:

$$J=K\times S\times H \qquad \text{(单位:人民币元)}$$

K为世界经济价值常数,单位:即:元/标准人·小时

S为人才素质,单位:标准人。

H为该人才素质的社会必要的工作劳动时间,单位:小时。

三、人才素质的价值公式分析

1. 如若一个人的人才素质S等于0,则他的经济价值J也等于0;换一句话说,就是“没有人才素质,就没有经济”、“没有人就没有经济”。

2. 人才素质与他的经济价值成正比关系,人的人才素质S越大,经济价值J越高。

3. 人才素质的工作时间也是与他的经济价值成正比关系,工作时间H越长,经济价值J越高。当然,工作时间受到社会和人本身的许多限制。

4. 如若H=0,则J=0;就是说,不管一个人的人才素质S有

多大，他若不工作、不劳动、不干活，他的价值还是等于 0；他对人类社会来讲，没有用处。所以，**一个人要积极参加劳动工作，要主动实现人才素质的价值**，这就是**人才素质主动实现价值的价值规律**。这从理论上证明了“人才素质本身不是价值”，只有当人才素质有工作劳动时间、有社会必要劳动才产生价值，否则人才素质只有潜在的使用价值而没有价值。

5. 工作时间 H 变数较大，是由人才素质 S 决定的，工作时间是人才素质的社会劳动时间，是人才素质主动实现价值的标志。因此，这个公式只有人才素质 S 是主动的、决定性的因素。所以说经济是人创造的，人才素质是经济发展的动力，人才就是财富。在相同的工作时间里，人才素质越高，经济价值越大；可以说人才素质 S 就决定了一个人使用价值的大小，是相当于多少个标准人的价值。所以说，人才素质不是价值但也可以说明人的相对价值的大小。人才素质大的人，其相对价值也高。

6. 公式说明，人类的任何成果，任何财富 J，都是由人才素质 S 和劳作时间 H 化合的结果。人才素质与时间的化合就是人的行动。在人类社会中，没有离开人才素质的行动，也没有不用时间的行动。人们常引用法国著名作家巴尔扎克的话：“……因为任何财富都是时间与行动化合之后的成果。”人才素质理论证明，这句名言也有不妥，它把人才素质吊空了。行动已经包括了人才素质和时间。因为行动是人才素质的行动；行动也包括时间，没有不消耗时间的行动；人才素质与时间可以测算，而行动不好测算。所以，应该说“任何财富都是人才素质与时间化合之后的结果”，且财富主要是人才素质的成果，时间和行动都是人才素质决定的，哪句名言恰恰是置人才素质于不顾。

7. 从人才素质的价值公式推出：$J = K \times S_{张} \times H_{张} = K \times S_{李} \times H_{李}$，若张三的人才素质高，李四的人才素质低，做同样的一件事，

要达到相同效果 J，李四比张三就要花更多的社会必要劳动时间 H。这也说明提高人才素质是多么重要，从理论上证明了“花代价去学习，提高人才素质，也有经济效益”。

8. 在分析和使用人才素质的价值公式时，要注意人才素质与时间的辩证关系。在人生的长河中，人才素质是随着时间而变化的，不能用某日的人才素质来计算他一生的价值，应该分段计算。

价值公式对于研究人才素质与企业、国家和人类的经济发展有十分重要的作用。经济是人创造的，人口素质是经济发展决定性的因素；离开人口素质就不存在经济。还要明确，在价值公式中的时间 H 是人参加社会劳动和工作的时间，是“社会必要的劳动时间”，与勤劳素质因素中的劳作时间是不同的。参加社会工作的时间有社会效益和经济效益，当然有时上班也没有产生效益，但他还是算上班拿工资，从个人讲还是有经济效益，这取决于管理；而勤劳素质因素中的劳作时间不一定有直接的社会效益和经济效益，如学习、做家务等都不好说有没有直接的经济效益。

四、人才素质主动实现价值的规律

人才素质就是人的能力、人的社会质量，是一种潜能。**一个人唯有主动发挥人才素质的作用，社会也要合理地使用人才素质，人才素质才能实现人的价值，这是人才素质主动实现价值的价值规律。**人的价值的自我实现，是人当作主体反映在人才素质理论中的一条基本规律。

世界上失业者很多，留下许多社会问题，人资和劳动部门应具体分析，分别解决，以促进生产、保障社会稳定。

人要生存就必须有工作、有劳动、有收获、有收益才能维持生存。一个人要主动实现自己的人才素质的价值才能生存，人生才有意义；否则无异于动物。每个人都要主动发挥人才素质的作用，对国家、对人类有所贡献。我们现在的世界、现代的生活是几千亿个前人发挥其人才素质,创造、积累下来的。

工作时间 H 就是人才素质主动实现价值的标志;也是社会必要的劳动时间。

有的人整天吃喝玩乐,比如说:大部分时间用于玩游戏机、赌博、迷恋刺激等,没有工作时间,没有社会必要劳动,其人生就处于危险状态之中,政府和公安部门应把他们列入日常教育的重点,既可以提高人口素质,又可以大大地减少犯罪。

现在世界上普遍实行每天 8 小时工作制,这是人们赖以生活的基础;按现在世界的科技水平,容易发明或发现的成果,都早已实现。只靠 8 小时工作制的人,虽然也可以把基本工作干好,但是对较难的和很复杂的问题,是不可能有重大贡献;一个人要有重大贡献,都必须挖掘人才素质第二个 8 小时的潜力。许多人一生没有作为,就是没有发挥自己人才素质第二个 8 小时的作用。

一个人的人才素质主动实现价值,能够促进身体素质、思想素质和知识素质的提高;人才素质提高了,又会促进价值的提高。所以,人有工作,会促进人才素质和价值的良性循环。有工作才会快乐。

社会上许多过去的差生当了老板,成为富翁;而过去的优生却只有工薪,一家生活过得去,却连房子都买不起。主要是差生的勤劳素质因素高,社会知识素质等非书本知识素质也较高,他的 S×H 比死板的优生要高得多。

知道了个体人才素质 S 的大小,就可以按你平均一天工作几小时估算出你一个月、一年、甚至一生所能创造的经济价值;还可以计算出人口素质的经济价值。

人才素质的价值公式还有很多的用途,这里不详述。

第六节　人才素质的时间

人才素质的存续是随着时间而流变的，时间是衡量人的生命和价值的尺度，在研究人才素质时也不能忽视时间的作用、影响和价值。

时间有三种：一种是宇宙时间，既所有物体的持续时间；一种是人类的时间；一种是每一个人的生命时间。人类的时间是依附在宇宙时间之中，因为人类诞生以前，宇宙就已经存在。个人的生命时光都只有一小段，从出生到死亡，最长也就一百多年，是依附在人类的时间长河之中。每一个人都像一根时间纤维，粗细长短不一，扭成人类的时间缆绳。

时间是指一切客观存在的物体所具有的持续性，是物质存在的一种客观形式，由过去、现在和将来构成的连绵不断的系统，是物质的运动、变化的持续性的表现。任何一个物体总是产生在先，消灭在后，产生和消灭绝不可能是同时的。从产生到消灭必有一个持续的过程，没有持续性的物体是没有生命的、是不存在的。物质的时间特性表现在任何物体都有长短不等的持续性，而且表现在某一物体和其余物体的先后关系上。任何事物都和它周围出现的事物构成某种时间上的顺序。时间有两个最大的特性。一是它的一维性，无限性；是有限（比如人的时间）与无限的统一体。二是它的不可逆性，永远不能从终点倒过来，"机不可失，时不再来"就是这个道理。浪费的时间是不能弥补的。

在宇宙中时间是客观的、无限的，宇宙运动在时间上没有开端也没有终结。对每一个具体事物，时间又是有限的，又是有开端有终结、有生有灭的。人，特别是青年人都应当惜时如金，把有限的生命投入到无限的人类的进步事业中去。时间，最公正无私，它童叟无欺，从不多给谁一分钟，也不少给谁一秒钟；鲁迅先生说：“时间，每天得到的都是二十四小时，可是一天的时间给勤勉的人带来智慧与力量，给懒散的人只能留下一片悔恨。”

时间对任何人都是非常重要的。时间是构成生命的材料，时间是人生命的写照。任何办事拖沓、延误时日的做法，那些饱食终日、无所事事的行为，盲目做事导致失败者，都是对生命的浪费。浪费时间就是浪费自己的生命。从人才素质的价值公式看出，无论哪类人才，他创造的精神财富和物质财富都是他的人才素质与时间化合的结果。争取时间，合理运筹好时间，主动去利用时间，时间就不负有心人。人们常说：“时间就是生命，时间就是金钱”、“一寸光阴一寸金，寸金难买寸光阴”。一是说时间宝贵，时间就是生命，抓紧利用时间就是维护生命、延长生命；一是说时间就是金钱，具有价值，人付出劳动时间就要有成果、有经济价值，否则白费时间就等于浪费自己的生命；一是说明了人生命的时间的不可逆性，时间像奔腾的急流，从不停顿，一去不复还。人生就是几十年的工作时间，不懂得时间的价值，让它白白流走，就像中国民族英雄岳飞说的“莫等闲，白了少年头，空悲切”。不珍惜时间，你的一生就没有幸福生活。这些说明人的时间有价值又不一定都有价值，如何利用时间？如何提高时间效率？就成为十分重要的问题。

爱惜时间，见缝插针，利用一切可用的机会，抓紧学习和工作，就等于节约了时间，只有抓紧时间又注意时效，方法对头，才能学有收获，研有成果，工作有成就。纵观世界，凡是有作为的科技工作者，没有一个不是珍惜时间的，科技工作者把时间当成力量，把时间当成生命。他们的时间观念就是要尽快地拿出科技成果。时间是勤劳素质因素的基本成分。时间是出人才、出成果的基本条件之一。

怎么利用时间因人而异，效果和收益都大不一样。

一个人如果不去挖掘自己的潜在能力，潜在能力就会衰退到自行泯灭。关键在于持续不断地学习与锲而不舍地奋斗。唯有不断学习，与时俱进，努力工作，钻研创新，才能一生立于不败之地，才能驾驭自己的人生，在真正意义上实现人生价值。

社会应及早地更多地发挥人的才能和专长，以使社会保有最旺盛的活力，这是人才提高时间效益的重点。人才素质按及早和更多的使用时间来估量、评价，由此产生的人的作用和效果，就是**人才的时间效益**，就是人才素质的使用时间与该人才素质的总时间之比。每个人的时间都是一定的，如何利用时间却不相同，这就产生了时间效益。“及早”是指一个人经学习培训后能及时参与工作。“更多”是指一个人每天的劳作时间超过工作制时间的规定值。反过来，如若一个人每天的劳作时间低于工作制时间，他就没有发挥一个人的作用，他就不如一个人。时间效益高的人，可以多工作、多收益、多进步、多贡献。在社会上，忽视人的时间效益，有些各式各样的毕业生不能及时找到工作或不能继续升学，该学习时没有学习，该工作时没有工作，对个人对社会对国家都是一种极大的浪费；对个人，学了不用，知识会忘却和过时，如若没有继续学习和锻炼，人的思想会麻木甚至僵化。就算一个人每天工作制 6 小时，如果你很勤奋，每天工作和学习在 6 小时以上，你就可发挥不止一个人的作用。人的工作时间本身就是屈指可数，所以，一个人没有及时工作，或者工作偷懒，对个人的知识、思想、人才素质和生命的时光、经济收支，都造成浪费。这是人才素质浪费造成的损失，也是社会的损失、国家的损失。

从人才素质的价值公式 $J=K\times S\times H$ 可知：时间与人才素质都是重要的，都是价值的决定性的致命因素；这个时间是人的社会必要劳动时间、是人掌握的，因此，每一个人都应掂量掂量。

英明的企业家很重视“人才的时间效益”，尽量发挥职工主人翁的思想；对职工利用业余时间为企业的发展、研究和实施合理化建议和革新改造、创新给予必要的奖励和鼓励，激活职工的积极性，企业就会欣欣向荣。人才的时间效益也是国家的一项重要工作，是国家是否欣欣向荣的一项标志。

现在有些先进的国家实行每天 7 小时甚至 6 小时工作制，中国等国家实行每周 5 天工作制（都不包括上下班的路途时间），因为国民的劳动生产率已经可以满足和超过生活需要。而且，工作外的业余时间，人们可以继续学习、业余研究、锻炼身体、搞好家务、改善精神生活和物质生活，也是有利工作的；只要有干活，包括有目的有计划的学习，都应当算劳动时间，虽然没有直接的经济效益，但都有价值。在计算人才素质最大价值的时候，可以把人的劳动时间 H 定为每天工作 16 小时，全年满负荷工作，计算出来的人才素质价值就是这个人的最大的价值，是极限价值，一般是不可能达到的。任何人都不例外。

第七节　人才素质的成果定律

什么叫成果？成果是指劳动、工作或事业的收获，就是要有产品（包括文字产品）、有收益。

人的工作成果有两类，一类是根据工作需要研究出的工作成果；一类是由个人的灵感推动，研究出的业余成果。对人类来说，人的工作成果和业余成果都是宝贵的，都应得到尊重、采用和鼓励。

成果都是人创造的，具有社会性。表面上看，动物、植物也有成果，比如说蜂蜜、野生水果、动物的繁殖等。但它们没有人的社会性，人类要利用它，还是要人去采摘，没有被人类收获的东西，都不是成果。人的成果大小差别很大，有的成果只满足个人或几个

人需要，有的成果可以满足所在企业或行业的需要，有的成果可以满足国家和全体人民的需要，有的成果可以为全人类服务。成果的大小，就是人才素质贡献的大小。

人们在说明“作为和成果”时，往往只说成果而把时间隐去，人人都知道，人的任何作为都是需要时间的，没有必要处处都挂上时间；而且由于人才素质的不同，不同的人做同样的事情所花费的时间也不同，就是说在成果定律中时间是变数，所以也不好用时间来评定成果。人才素质低，不懂得抓住灵感的人，花再多的时间也无法创造出重大成果。个人的成果形成知识以后，其他人一般只要花费更少的时间就可以重现你的成果。社会需要的是成果，而不必过于计较创造成果所用的时间代价。

人的任何创造和伟大的发现都是由相关的人才素质因素与时间组合成的，比如，近代物理学取得的第一个成就是伽利略发现的自由落体定律，是怎么来的呢？首先，伽利略深刻地掌握了亚里士多德关于“物体坠落的速度与重量成正比”的错误定律知识，两千多年来无人怀疑，伽利略在有关的思想素质因素和知识素质因素作用下，进行了深入的科学分析，按照亚里士多德理论，重的物体在下落时一定会超过轻的物体而先行到达地面，若把10磅和1磅的两只铁球用细线连接起来，从高处落下，按原理论就有两种矛盾的结果，而正确的科学的结果只能是一种。说明亚里士多德错了，伽利略在自己许多较高的素质因素综合作用下，经过一些实验，推导出正确的理论，从而发现了自由落体定律，私下检验成功，然后拿了大小不同的两只铁球登上比萨斜塔当众检验成功，对人类作出了巨大的贡献。伽利略的这个贡献是在前人智慧基础上，由他的许多身体素质因素、思想素质因素和知识素质因素，加上辛劳的生命时光，组合成新的知识。

从人才素质公式看出，人才素质是由所有的人才素质因素共

同作用的结果；从人才素质的价值公式也可以看出，人才素质结合社会必要的劳动时间发挥了作用就会有价值、有成果，人的工作成果是与人才素质及工作时间成正比的。就是说，**人的一切行为、成果和财富都是由人才素质结合自己生命的时间组合而成的。**这是一条定律，叫做**人才素质的成果定律**，可以解释人类的一切有关问题。从生产到科学发现，到社会现象无一例外。

现在社会上年年都要进行人才招聘，从高级人才、公务员直到普通工人，都列有招聘条件，就是人才素质要求。高级人才，年薪几十万元人民币，要求有很高的人才素质，招聘后能发挥他很高的人才素质因素的作用，做出很多成果，能有很大的贡献；可是符合高素质条件的人并不多；普通的熟练工，要求的人才素质不高，每月工资只有几百到一千多元人民币，每天重复一些简单的工作，成果只有一些简单的产品。一般说来，人有多大的人才素质，就有相应的工作成果，就有相应的工作效率，就有相应的经济效益，就有相应的工作报酬。这也是人才素质的成果定律的一种表现形式。这与人才素质的价值公式是一致的。但工作报酬往往被社会扭曲了，工作报酬与人才素质相适应才是合理的。

人类的发展、财富的积累和发明创造等都符合人才素质的成果定律。

知道人才素质的成果定律，就应从小培养和提高人才素质，争取在短暂的人生中多出成果、多作贡献、多些幸福。

当然，人要有成果，还需要必需的物质条件，这也要靠人才素质争取。任何产品都需要人以外的物质，而这些物质都是由人才素质塑造成产品的、都要靠人去收集、去用它，没有人才素质，任何自然物质都不会变成产品。

成果要得到社会承认才有价值。一般说来，工作成果都会得到社会承认；业余研究成果，能立竿见影见效的比较容易得到社会

承认;而理论性的成果要得到社会承认,难度较大。人们的研究成果是否即时受到社会的重视、得到使用和推广,是社会进步快慢的一种表现。

人才素质就是人的力量,就是人的潜力,就是人的使用价值,结合社会必要的劳动时间,就可以创造出社会财富(包括经济财富和精神财富),就可以创造出成果。

第八节 人才素质的测评

人,需要社会的评价。如若对人不加评价,就会好坏不分、强弱不分,就会使高能者或创造者受到挫伤和贬抑,就意味着对懒惰和墨守成规者的鼓励和褒扬,结果将是毫无生气、毫无进取意识、毫无希望的社会。只要有人群的地方,就客观上存在着评价问题。人们总是自觉不自觉地将自己的体质、思想意识、情感、价值观投射到他人身上,评价别人也评价自己。任何单位要用人,就要选择人、评价人。对人才素质的测评是人类社会发展的需要。

人才素质是由许多人才素质因素组合成的,要测评人才素质就要懂得、就要测算人才素质因素,这是最基本的道理。然而在科学十分发达的今天,人们测评人才素质却不从或不能从人才素质因素算起。

人才素质测评,就是运用医学、心理学、教育测量学、行为科学、管理学及相关学科的研究成果,通过体检、心理测量、考试、询问、实际操作测验、资历评审、著作发明审察、绩效评价等手段,通过对人才进行综合性定量测量和定性评价相结合的技术,用来衡量和评价一个人的身体健康、思想品德、性格特征、知识、能力、专业水平等多种指标。为个人发展提供咨询,为企业提供人才的录用、选拔、培养等各项咨询信息。

据说，在西方发达国家，人才素质测评是人才资源开发的重要工具和基础工程；在我国这项工程起步较晚，1988 年已经出现第一家人才评价机构，目前不少省、市人才市场都已成立了专门的人才测评机构。

传统的人才评价尺度已越来越不能满足市场的需要，不能满足了解人才的岗位适应能力、发展潜力、环境条件适应性和管理控制能力的需要。到目前，我国人才素质测评使用的测评工具仍不够规范，测评软件绝大部分是进口的，适合外国人，不一定适合中国人。因为现在还没有统一的人类测评标准。今后的测评工具要能在全世界通用，才是真正的人才素质测评工具。当然，各国都可以不断创新，向世界推广。

人才测评是人才测量与人才评定的综合总称。人才测量是对个人特质、运用技术和方法进行客观描述，并正确区分被试对象在某个方面所表现出的程度或达到何种水平，并用统一的标准进行衡量，而不管其有多少价值。人才评定是应用这种描述来确定其具有多大的使用价值，并以测量的数据和管理绩效的相关资料进行相对的评价。

人才素质关系到用人单位的生存与发展，加上社会上人口素质的不断提高；用人单位选聘时，人才的竞争越来越激烈。除了个人需要更好地了解自己、确定未来发展方向、理性地选择职业之外；用人单位更加迫切需要一个科学、客观和高效的方法来选拔人才并进行合理的配置及培养。

学历也是一项不可缺少的测评内容。学历不单是看证书，还要看各科成绩；分析学历，还可发现测评对象的许多问题。学历只能证明一个人的学习经历、基本学识水平和基本能力，不能说明你具有适合个人事业发展成功的性格和在某项工作领域具有潜力或成功的可能；还需评价一个人的工作和贡献、性格特征、职业能力、

给社会增添的精神和物质财富，还需要评价他对社会的安定、精神文明程度、道德水准的提高，发展社会生产等等的积极作用。

现有的人才测评手段和方法，非常繁琐和复杂，效能低，没有统一的规范，衡量尺度五花八门，最后无法综合计算。应用人才素质理论，按照全人类共用的人才素质因素和素质因子的测算标准进行测评，将更加科学、公平、正确、有效，且能综合计算。这将导致人才测评工作有一个革命性的发展。人才素质测评将严格按照“人才素质因素(因子)的国际测算标准”进行。素质因素(因子)的测算标准制定了几项，对任何测评对象都要测评这几项；测评结果才有对比价值、才有社会性、才能参与人才素质的计算分析。

运用“人才素质因素的国际测算标准”测评，也只是相对的公正和相对正确，由于人本身生命的不断活动、测评技术的限制、测评环境的影响，对人的任何测评都不可能绝对正确，都只是相对正确。

只要尊重科学测评，按照人才素质理论测评人、使用人，可以不计前嫌、不避亲疏、不论贵贱；使用人才素质与工作需要相一致，企业就能更加健康地发展。

人才测评是为用人制度服务的，这是另一个课题。

第九节　估算自己的人才素质

虽然各种素质因素的测算标准有待制定，但每一个人已经可以估算自己的人才素质。

对于每一项素质因素，人们可以把“具有该项素质因素中等水平的人”看作是该素质因素的1个标准人；按各个工种能独立工作并具有带学徒水平的人，看作是技术业务素质因素的1个标准人；把100个22周岁男女青年的平均水平，看作是所测算素质因素的

1个标准人；把高中毕业文化程度的人，看作是文化素质因素的1个标准人；把每天劳作时间达8小时的人，看作是勤劳素质因素的一个标准人。把自己该项素质因素与标准人对比，就可以看出自己的该项素质因素是高些还是低些。

如若你的一项素质因素比标准人的高一些，你的该项素质因素就大于1，你就可以宽慰和高兴，并且努力使这个素质因素达到更高的水平。超过1个标准人的素质因素就是社会需要你的地方，就是你争取更大前途的方向。任何人的前途都在高于标准人的素质因素之中，这是一条规律。

如若你感到一项素质因素比标准人低一些，你的该项素质因素就小于1，就应引起警觉，自我探讨其原因，就要注意学习、防范、锻炼和提升，如何使其不再降低，如何使其提高到1个标准人以上。

据此就可以列出一个人的人才素质因素自我评估表(参见附表)。

在人才素质因素的测算标准确定以后，每个人就可以对照测算标准进行人才素质因素的测算了。当然，你没有软件和设备，你只能对照“人才素质因素的测算标准”自己估算；最好是到正规的人才测评机构测算。因为条件不同、掌握的分寸不同，结论差距很大。

估算自己的人才素质，目的是了解自己，真有自知之明，能扬长避短，有所作为。要认准自己的长处，找准基本点，循着基本点去努力拼搏，去强化自己的长处。人才之短，可以下决心克服短处。

人才素质公式的运用，会使人意识到自己的生命是一个不断流变的前进和衰退过程，不但对健康的人有指导作用，而且对许多不健康的人也有一定程度的鼓励、治疗和摆脱疾病的作用。

为使读者进一步认识人才素质理论的实际意义，作者进行了2006年人才素质自我评估计算，证实了人才素质理论和公式的可行性，以供参考。

表 6-1 作者的人才素质因素自我评估表

序号	人才素质因素代号	人才素质因素名称	评估值（标准人的值）	表现依据
1	a_1	脑素质因素	1.20	
2	a_2	手素质因素	1.10	
3	a_3	脚素质因素	0.95	
4	a_4	眼素质因素	0.20	
5	a_5	呼吸系统素质因素	0.94	
6	a_6	耳素质因素	1.00	
7	a_7	血液素质因素	0.94	
8	a_8	神经系统素质因素	1.00	
9	a_9	消化系统素质因素	0.90	
10	a_{10}	循环系统素质因素	0.90	
11	a_{11}	泌尿系统素质因素	0.95	
12	a_{12}	生殖系统素质因素	0.97	
13	a_{13}	内分泌系统素质因素	1.00	
14	a_{14}	皮肤素质因素	1.10	
15	a_m	骨骼素质因素	1.00	
16	b_1	记忆力素质因素	1.00	
17	b_2	爱国素质因素	1.30	
18	b_3	遵纪守法素质因素	1.150	
19	b_4	学习精神素质因素	1.30	

序号	人才素质因素代号	人才素质因素名称	评估值（标准人的值）	表现依据
20	b_5	创造力素质因素	1.30	
21	b_6	勤劳素质因素	1.125	
22	b_7	智力素质因素	1.20	
23	b_8	人格思想素质因素	1.15	
24	b_9	道德思想素质因素	1.15	
25	b_{10}	思维能力素质因素	1.35	
26	b_{11}	诚信思想素质因素	1.20	
27	b_{12}	情绪思想素质因素	1.10	
28	b_{13}	注意力素质因素	1.15	
29	b_{14}	为公思想素质因素	1.20	
30	b_{15}	容忍心素质因素	1.05	
31	b_{16}	兴趣思想素质因素	1.20	
32	b_{17}	性格思想素质因素	1.25	
33	b_e	自信心素质因素	1.30	
34	b_{e+1}	理想思想素质因素	1.10	
35	b_{e+2}	羞耻心素质因素	1.05	
36	b_{e+3}	猜疑心素质因素	1.00	
37	b_{e+4}	灵活性思想素质因素	1.15	
38	b_{e+5}	意志力素质因素	1.30	
39	b_{e+6}	责任心素质因素	1.30	
40	b_{e+7}	自尊心素质因素	1.05	
41	b_{e+8}	妒忌心素质因素	1.00	
42	c_1	文化素质因素	1.73	

序号	人才素质因素代号	人才素质因素名称	评估值(标准人的值)	表现依据
43	c_2	政治知识素质因素	1.30	
44	c_3	技术业务素质因素	1.80	
45	c_4	信息知识素质因素	1.25	
46	c_5	生活知识素质因素	1.00	
47	c_6	人体知识素质因素	1.20	
48	c_7	思想知识素质因素	1.20	
49	c_8	科学知识素质因素	1.50	
50	c_9	社会关系素质因素	1.15	
51	c_{10}	鬼神知识素质因素	1.20	
52	c_g	安全知识素质因素	1.35	
53	c_{g+1}	管理知识素质因素	1.20	
54	c_{g+2}	美学知识素质因素	1.15	
55	c_{g+3}	文娱知识素质因素	1.10	
56	c_{g+4}	外语知识素质因素	0.85	
57	c_{g+5}	书法知识素质因素	1.05	
58	c_{g+6}	艺术知识素质因素	1.00	
59	c_{g+7}	经济知识素质因素	1.30	

说明：

1. 人才素质因素现在已经点到的项目有59项，在估算表中，一项都不能遗漏。以后增加项目数，也要按新的项目数统一填表。不统一，就没有比较价值，就不能说明问题。

2. 每一项素质因素都要注明表现依据，本表因是公开发行，删掉了表现依据。

3. 每项素质因素都是以标准人的量为计量单位，“一个标准人”是很大的量、

是很大的单位。素质因素的大小一般都在1上下波动，且偏离不大。在估算和制定标准时要恰如其分。从本人的估算实践看，本书制定的文化素质因素、勤劳素质因素和科学素质因素文化素质因子的测算标准都是正确的、适用的，其他还没有测算标准的素质因素的估算值都要紧挨标准人的数值，在人才素质理论规范下尽量贴近本人的实际。读者在自我估算时，一定要抓住这个要点，增加或减少都不是很大。否则，评估不准、差距太大就没有意义。

4. 估算出各项素质因素以后，要把各项素质因素的值带入公式计算，如我的人才素质计算得：

身体素质＝0.182(标准人的身体素质)

思想素质＝25.410(标准人的思想素质)

知识素质＝18.544(标准人的知识素质)

人才素质＝85.759(标准人)

5. 从我的估算看，在三大素质中，思想素质占第一位，知识素质占第二位，身体素质占第三位。究其原因，思想素质高，主要是思想素质因素项目较多；我出生后，国家危难，六岁父亡，从小经过十分艰苦的磨炼过程；且思想素质因素是处于随着年龄的增大而不断成熟的过程；思想素质和知识素质较稳定，身体素质的衰退较快，这是人的必然规律；我最扎实的是知识素质。说明一个人精力的影响最大，体力的影响最弱。这是否普遍现象？有待验证。

这些计算基本上符合我和社会的实际，我现在在人类社会上可以相当于85.759个标准人，只是中间人物，这就是我的一种价值形式。而我的身体素质只有0.182标准人，也许我的身体素质因素估算偏低了，但我的思想素质和知识素质较高，所以，我并不悲观。

依我的估算推测，我国由于文化素质偏低的人很多，会有七分之五左右的人，其人才素质达不到1个标准人。自我评估表不仅可为个人提供参考，也可以作为组织部门了解和评估职工的有力的好工具，关键在于统一标准。有了这些测算数据，还可以进行人的价值等等深入的计算分析，还可以参与人口的许许多多的计算分析。

第十节 人才素质有关的几个问题

一、人才素质曲线

人才素质是活的，是动态的，有生命力。过去，对人的生命是无法描述的，现在，人才素质曲线就是人的生命线。每个人都有一条从出生到死亡的人才素质曲线。按人才素质的发展规律来区分，一般人的人才素质起码有两个拐点，即 22 岁左右大学毕业转入工作和 60 岁由工作转入退休，把人的一生分成三大阶段；不到大学毕业和特殊工种及妇女等不是 60 岁退休的人也有三大阶段，只是拐点不同。

第一段就是素质教育阶段，到大学毕业参加工作通常要用 22 年的生命时光去专门培养和接受素质教育，这一段人的身体素质、思想素质和知识素质都是高增长期，为后两段打基础；到参加工作时，这些素质都基本上稳定了，形成一个人的社会质量、社会本性，决定了一个人一生的前途和成就；因而工作前的素质教育是非常重要的。这时期人才素质的培训主要靠家庭教育和学校教育，社会教育和社会风气也是重要的素质教育。

许多人，其人才素质一二段的拐点不在 22 岁。无法读到大学毕业的人，多数是拐点提前了，有的人十几岁就参加了工作，其拐点的人才素质较低；大学毕业而不能即时就业的人，这个拐点是拖后了；有的人高中毕业考不取大学，以后再考，也属于留级生；各种留级生的拐点也是拖后了，其拐点的人才素质却变化不大；不能即时就业，不能实现人才素质的价值，这段曲线对个人和人类都是浪费和损失。

第二段是工作段，以大学毕业生为例，从 22 岁参加工作到 60

岁退休，共 38 年时间(女人仅 33 年)，工作后主要是利用和发挥人才素质去创造财富，去建设祖国、成家立业的问题，这时期的人才素质教育主要靠职工教育和个人自学，他的技术素质、业务素质、科学知识素质因素和社会知识素质因素等会快速增长，思想素质也会有波动，其他素质因素因个人的需要和境遇而变化。所以，有工作的人，人才素质会不断提高。提早工作的人，工龄多，但是，基础差，素质低，工作能力和工作效益低；因而，少读书，早工作，工龄多，工资多的现象是不合理、不科学的。因读书而迟工作的人，提高了素质，提高了工作能力，待遇多些，有所补偿。

工作晚期，人的身体素质会明显降低。身体素质遇到突发事件会急剧下降，拉动人才素质急剧降低。身体素质和人才素质低到一定程度就不适应工作，所以要退休。

第三段是晚年生活段，不好叫退休段，因为世界上有相当多的老人是没有退休待遇的，他们也需要过晚年生活。主要由于身体素质的降低导致人才素质的下降。比如，八九十岁的老人，他不但无法为社会服务，反而需要别人照顾他，需要消耗年轻人的人才素质。

人要活到老、学到老，退休后知识素质还会增加；还可以发挥余热，为国家为人类再作贡献。这样，还能减少人才素质的下降速度，人会长寿。

人才素质曲线的起点是相同的，出生时都是从原点起，总体趋势是大同小异的，人才素质曲线有多长，因人而异；小孩夭折，生命线很短；正常老死的人，可活到 100 岁左右，他的养老段有 40 年，他的生命线有 100 年。人在 40 年的养老段中，“人”的实际作用大大地降低了，应该在重视养老的基础上挖掘老人这四十年的潜力。

病死或事故死亡者，其人才素质可能只有一个拐点，甚至一个拐点都没有就到生命线的终点。

根据人才素质理论，每一个人都可以画出自己的人生轨迹，为社会对个人一生的评价提供参考或依据。在需要的时段，依据其人才素质曲线的斜率或趋势，可看出一个人当时的人生和人才素质发展情况，为人才的选用和培养提供更好的依据。

人才素质和各种素质因素遇到严重的事端，如安全事故、受天灾之害、生病、社会变迁、思想的重大挫折等都会使人才素质急速降低。

二、人才素质具有人的自然属性和社会属性

大自然创造了人，人有许多天然的本性叫做自然属性，受自然规律的制约。如人体结构、饮食、呼吸、排泄、性欲、动作、学习、吸收和处理信息、遗传、生老病死等等。

人不能脱离自然界，更不能脱离人类社会而独立生活。人类只有结成社会才能生存和发展，人必然具有种种社会特征，这叫社会属性，如语言文字、学习、劳动、群居、交往、互助、恻隐之心、有知识、阶级性、人才素质结构及所有的人才素质因素等。社会属性受社会和全人类的制约。人的发展靠社会。如：每个人的衣食住行的用品都是由社会人中的劳动供给的，每个人的劳动都是在社会所提供的条件下进行的，个人对自己、家庭、他人和社会承担着一定的责任，拥有社会共同的语言和知识等等。人受到社会制约又推动社会前进。人有社会属性，是人与动物的主要区别之一。社会属性反映了人的本质特征。人是社会的人，没有人就没有社会；社会是人的社会，没有社会，人也难以生活。

人的自然属性同他的社会属性是紧密地联系在一起的，人的自然属性是社会属性的物质前提，又是受社会属性影响、制约和决定的。

人性是指人区别于动物的诸基本属性；包括人的社会属性和

一些自然属性。

决定人类特殊本质的，不是人的自然属性，而是人的社会属性。社会性才是人的主要的、本质的属性。每个人都在社会关系中生活。人的本质是在共同的社会生活中形成的，是关于人的社会关系的科学抽象。人的本质只是移植于人的头脑中的由生产关系和生产条件所制约的个人关系和社会关系，每个人所具有的特点都是一定的社会关系造成的。如马克思所说："人的本质是一切社会关系的总和。"人才素质理论包含了人的自然属性和社会属性，核心是人的社会性，集中地体现在人才素质因素的国际测算标准之中。

三、人的内因与外因的关系

人才素质理论能正确地、科学地说明人的内因与外因的辩证关系及其本质作用。

人的内因是指影响人才素质自身发展的身体素质因素、思想素质因素和知识素质因素。内部因素是事物发展的根本原因，第一位的原因，是事物发展的源泉和动力。过去说人的内因，却无从知晓；人才素质理论揭示了人的内因就是人才素质因素所起的作用。人才的内因是人成长、发展的基础，对人的一生起着主要的决定性作用；内因的发展过程是随着人的外在因素如环境、教育、锻炼、实践练习活动等而得以充分发展的。

外因是指人所处的环境，自然环境、社会环境、家庭环境、教育环境、生活和工作环境等。外因是事物发展的条件，起激发作用，是第二位的原因，外因必须通过内因起作用。

人随时都处于内外因共同作用下，内外因是辩证统一的，同时又是互为转化的；在一定条件下，外在的影响包括教育和社会环境的影响等，对人的发展起着暂时性的决定作用，外在的影响可以转

化为内在的素质。人出生后，幼苗式的内因通过外因作用，掘壮成长，一般说来，开始工作以前主要是外因起作用，外因在培植内因。内因成熟以后，虽然外因也起一定的作用，主要是激发作用，而内因起主要作用，人们会利用和发挥自己的人才素质因素对人类对社会作出反应或贡献。

在对人的影响中，内在的永远比外在的来得重要，内在的影响就是人才素质因素，就是人的本性，这是决定性的因素。

要认识人类自己，要研究人才成长和发展，首先要研究人内在的决定因素，就是要首先研究人才素质、身体素质、思想素质、知识素质和它们的素质因素。过去的人才研究恰恰相反，多数只研究人才的外因，对人才的内因研究得很少。

四、个人作为

任何人要想有所作为，都离不开自学和研究，这是人类的一条规律。所有的发现和发明创造，都是在一定的知识基础上自学研究而成的，因为所有的新发现和发明创造、包括新的管理知识，都是过去所没有的，只能在一定的社会条件下靠自学研究和协作创造出来。

作为人，个人作为是不可回避的问题。然而，大部分的人还是回避了这个问题，他们都自然地生活着，只求温饱和刺激；有的人苟且偷生，不知道也谈不上什么作为不作为的问题。社会需要人们、要求人们要有所作为。

个人要有作为就应该努力提高自己的人才素质和主动发挥人才素质的作用。如若一个人的人才素质很低，自身难保，谈何作为？如若一个人有较高的人才素质，不能主动发挥其作用，还不是等于没有他一样！实际上，个人作为就是个人贯彻和实现“个人的人才素质主动实现价值的规律”，你不主动实现人才素质的价值，你就没有作为。用人才素质理论来分析,没有作为的人,其人才素质必然不高。

我们要懂得,个人作为虽然有人事背景的影响,但主要是靠人才素质,而人才素质也是先要“投入”才有“产出”,你要先付出生命的时光去努力,才能练就相应的人才素质,才有作为的基础。

每个人都生活在一定的群体之中,从家庭、家族、工作单位、社会团体、国家、直到全人类,只要你认同了这个群体,感觉到自己是这个群体中的一分子,你就应该把自己当作这个群体的主人翁,为这个群体服务,你就享受这个群体的公平待遇,你就代表这个群体的人。有主人翁的精神、有责任心才可能有作为,这是很重要的。“作为”是你个人的成绩,是你对群体的贡献,也是社会对你的信任。一个人能够得到信任,是因为他已经为这个群体取得成就,最起码敢说:“我是一个人!”

你的作为和创造的知识对群体对人类长期有用,这就是你对群体或对人类的贡献。

一个人要有所作为,有所贡献,有所发现,有所创造发明,必须身体素质好,有健康的体魄;有丰富的知识,不但有较高的文化素质,还需要有科学技术知识和生产知识、生活知识、安全知识、社会知识和管理知识等等,要有强大的知识素质;还要有崇高的思想素质,有爱国主义精神、正确的思维方式、较高的勤劳素质、良好的道德品质,有较强的自信心、责任心,有良好的情绪和坚韧、坚毅的品质。做人要遇得安,遇失安,遇宠安,遇辱安,自觉地抛弃虚荣心、妒忌心,常存平常心、宽容心、友爱心。小心眼的人是不会有大作为的。

爱因斯坦认为:“人是为别人而生存的”、“人只有献身于社会,才能找出那实际上是短暂而又有风险的生命的意义。”

孔子在两千多年前就说过,做人,做一个内心完善的善良的人

是不够的；要做一个“君子”，不仅是做一个好人，还要是伟大和高尚的人，他要胸怀天下，造福人类，奋发有为，有所贡献。

要成为伟大而高尚的人，谈何容易！人生在世，道路曲折，到处是坑坑洼洼，事不如意常八九；一个人要调动你的人才素质，逢凶化吉，才能通达光辉的终点。

学生时代以学为主；走向社会，以工作为主；不断学习，不断工作，都为了作出贡献。学习是为工作好、有所贡献作准备。生活的道路要靠自己走、自己闯，要付出辛勤的汗水，才能获得荣誉和报酬，享受其用劳动换来的丰收果实。一个人要有所贡献，最有效的手段就是在搞好本职工作的基础上开展业余研究，发挥一个人“第二个 8 小时的作用”，历史上大多数有贡献的人都是靠业余研究而成功的，如孔子、达·芬奇、哥白尼、伽利略、马克思、培根、爱迪生、牛顿、爱因斯坦、毛泽东等等。有作为的人绝对不会计较工作时间的。

作为现代化的人要有作为，具体地说，应该要：(1)努力学习，重视教育，能充分认识到教育是基础；教育自己和教育别人，都是非常重要的。(2)无论本人从事什么工作，都能掌握科学技术，缺少科技知识就不能算是现代化的人。(3)事业心强，有强烈的好奇心，重视情报和信息，关心舆论发生的事情，对政治和经济都十分感兴趣。(4)公民意识强，愿参加各种组织并在其中成为活跃分子。(5)人类意识强，有强烈的为人类的进步事业而奋斗的精神。(6)对社会有主人翁精神、有责任感，做每件事能从是否有利于部门或整个社会为出发点。(7)对个人生活和工作排有短期和长期计划。(8)勇于创新，喜欢变化，对新鲜事物采取开放态度，对新观念感兴趣，善于提出问题，敢于迎接挑战，富有活力。(9)有自信，相信自己的能力，善于组织好自己的工作。(10)尊重权威，又不盲从；若自己是权威，则比较灵活，给部下有完成任务的自主权。

(11)善于自我分析，自我调整行为，自我修正缺点。这样，人的思想素质和知识素质都会得到锤炼和提高，就很有可能得到更大的收获、创造出新的知识、作出贡献。

一个人的成才因素有：先天因素、社会环境、教育影响、个人刻苦努力和奋斗进取。

人要成才，就要靠自己的志向和努力，可以说，理想是前进的灯塔，立志是事业的大门，学习是人才的阶梯，奋斗才是成功的道路。

人是社会的人，总要为社会服务，树立为人民服务的思想；把为祖国为人类谋利益、做贡献的思想动机，作为自己行动的指南。对于一个有志于为社会为人类做出自己贡献的人来说，他所终身为之奋斗的目标，应该是高尚的、远大的、宏伟的。

人的精力总是有限的，客观世界有待于人们去认识和挖掘的真理是无穷尽的；而人世间最伟大、高尚的奋斗目标，就是为人类追求真理，矢志不渝，哪怕自己这一辈子实现不了的事业，也要为之奋斗，前仆后继，促进人类的发展。

人，要有作为，还应该成为人类的人，只有当你为人类做事情、为国家、为人类做出贡献，才会得到人类的信任；人的一生要有创造性的成就，让后人知道有你存在过；如历史上名人那样为后人服务、照耀着后人前进。人生的意义在于为社会、为祖国、为人类留下光辉的痕迹，用事实证明你没有枉度人生！否则，人生百年，无所作为，岂非与草木同腐。

第七章

人口素质解读

人口素质是企业和国家的生命、能量和财富、是国家的根基。过去的人口素质与人才素质是互相脱离的两个专业，实际上，人才素质理论与人口素质理论是一个整体。人才素质是人们必学的知识，了解和提高人口素质是国家必办的事业，有利于人口素质的研究走向正轨。

本章论述的要点有：人口研究、人口问题和影响人口素质的问题；人口素质结构图、人口素质；人口的身体素质、人口的思想素质、人口的知识素质；群体素质；人口素质规律；人口素质的竞争；人口素质预测；素质教育；人口素质是生产的决定性因素；略谈提高人口素质；人口素质理论的应用。

第一节　人口研究概况

人口问题历来是世界各国共同关心的问题，“限制人口数量，提高人口素质”是中国的国策，也是世界和人类发展的重大战略问题，关系到全球子孙后代兴旺发达的大事。人口科学的研究和普及有着深远的历史意义和迫切的现实意义。

新中国成立60多年来，人民的基本生活有了保障，科学文化教育事业有了很大发展，人民的医疗卫生条件有了改善，人民的社会主义觉悟和思想道德品质有了很大提高，婴儿死亡率大大降低，人的平均寿命有很大提高，中国从“东亚病夫”变成体育强国等说明中国的人口质量有很大的提高，但人们至今还无法科学地衡量人口质量的大小。谁能说说我国的人口质量到底多大，人口质量提高了多少？所以，我们很需要开展人口质量上的研究。

中国是世界上最早进行人口调查和研究的国家之一。相传夏禹治水后，把中国分为九州，着手统计人口和土地，这是最早的人口研究记载；秦朝的商鞅把人口调查作为变法的重要组成部分；秦汉以后的各个封建王朝，都有详细、严格的户籍制度，使得我们现在还能知道历代人口总数以及历代人口分布。

世界上对人口的研究，1885年法国人口学家顾拉特提出“人口学”一词，现在已经发展到人口学、人口经济学、人口统计学、人口社会学、人口地理学、人口优生学、人口遗传学、人口生态学、人口思想史、人口未来学、人才预测学、人口管理学等，构成人口学科体系。中国人口学研究的主题，20世纪70年代及以前是人口理论，80年代以来是人口的生育和节育，2000年以来是老龄化、人口迁移和流动，总的看，还是处于人口数量上的统计分析研究比较多，对人口质量上的分析研究比较少。人口质量实际上就是人口素质，对人口素质的研究有待兴起。

研究人口数量可以不讲质量，而研究人口质量必须同时包括数量。人口研究重在量上分析，人口素质研究重在人口质上的分析。而人口素质与人口数量是密不可分的、是人口发展不可分割的两个方面。我们需要力求做到人口数量和人口素质具体的、历史的、合理的结合，以促进社会生产力的发展和促进社会进步。

现在对人口质量的研究,已经越来越被重视,如人的价值、人口优生优教、对人的测评、人口素质等等。人口素质已经成为当今世界最关心最重要的问题之一,以至于在国与国之间、各地区各企业之间展开了"人才竞争"和"人才争夺战"。

在人口学中,有一套科学的计算和分析方法,而且还要研究这些人口变动的原因及其对社会发展的影响,提出并分析扬长避短的方法。但是,由于历史原因,中国人口学把"人口质量是指在一定社会生产力水平、一定社会制度下,人们的思想道德水平、科学文化水平和劳动技能以及人的身体健康"作为人口质量的主要标志。就是说,人口质量是有前提的,这是不科学、不客观的。那么,不同社会制度的人口质量就无法比较了。道德水平、科技水平、身体健康、劳动技能与人口质量等等,没有标准,似是而非,混乱不堪,没有实数。实际上,过去人口学的观点是只看到外在的现象,看不出内在的本质。人口质量与社会生产力水平有关,而与社会制度并无直接的关系。人口质量应该用人类社会共同的标准来衡量,不能一国一个标准。标准不同,就不能广泛地衡量和比较。

人们不研究人口质量,只好用生活质量、婴儿死亡率等当作人口质量。人口素质是由人才素质累加后平均所得。过去,对人的素质只知道表面现象,没有统一的标准,人才素质就无法计算;连个人素质的数字都没有怎么会有人口的平均素质呢?怎么研究呢?根据人才素质理论,制定了人才素质因素的国际测算标准,知道了个人素质的数字,就能算出作为人口素质的平均值。用人的身体素质、思想素质、知识素质以及人才素质等个人质量的平均数来表述人口质量,正确地对比分析,才能真正地认识到"人口质量"问题。这是人口质量研究一条最有效的途径。

人口研究的特点是要自然科学与社会科学相结合,人口研究的主要方法是定量研究与定性分析相结合,就是要量和质相结合;

人口研究工作的重要原则是理论研究与实际应用相结合。

研究人口也要研究人的生存环境、生存空间,要考虑土地的承载力和地球的生态平衡。联合国曾经呼吁各国政府采取决定性行动控制人口增长,使人口增长与消费和发展保持平衡,从而保护环境和改善人民生活。世界人口增长率得不到控制,那么环境问题和贫困问题也就很难解决。中国理论上最大的承载能力为16亿到20亿人左右。地球最大的人口承载能力为100亿到150亿人左右。2006年中国的人口已达13亿2360万人,世界人口已达65亿4030万人左右。人类生产的人口,从数量上每天都在增加,世界人口正以每年约1.7%的自然增长率发展、几乎以每年新增8000万到1亿多人的速度增长;可人类赖以生存的地球又不会增大。人口增长过快是各国饥饿、经济滞后和失业的主要原因,应当断然压缩人口增长率,努力达到生死平衡(即出生与死亡的人数平衡),人口的增长率为0,与地球相适应。因为地球的增长率接近0。人口增长和人口知识落后等其他因素结合在一起,已经对整个人类社会构成严峻挑战。如果不及时有效地控制人口增长和提高人口素质,人类可持续发展的理想就难以实现。

据国家统计局有关负责人说,这几年中国的人口发展有6个特点:人口总量平稳增长,流动人口继续增加,老龄化进程明显加快,城市化快速推进,人口素质进一步提高,出生人口性别比居高不下。问题在于"人口总量平稳增长",而地球却不能平稳增长呀!

人口控制研究有许多问题,如人口态势研究,人口发展战略研究,人口区域规划,人口出生率、死亡率、人口增长率,计划生育和优生优育,人口分布,人口目标责任制的研究;建立和健全人口信息管理系统,出生登记和户口管理制度,人口迁移和流动,人口老龄化问题,男女老少的比例问题,人口识字率,人口的平均预期寿命,人口安全问题,人口受天灾人祸和战争的影响问题等,多数停留在人口数量上的分析和研究，人口素质学的应用将推动人口质量上的分析和研究。

第二节　人口问题和影响人口素质的问题

一、人口科学和人口规律

人口不是指单个的人，也不是指抽象的人。人口是社会的人口；人口是生活在任何社会制度、任何地区，具有一定数量和质量的人群的总称。换一句话说，居住在一定地区内或各个单位的总人数称为该地区或该单位的人口。比如，中国的人口、美国的人口、福建省人口、泉州市人口、某企业的人口等。

人口是人口素质的自然基础，要研究人口素质也同时要研究人口。

人口科学是研究人口过程及其运动规律的科学，通过人口现象和人口变化来揭示人口规律。过去的人口科学没有根、违反了"人口是人的总合"这个一般的道理，避开并且脱离人才素质，研究人口数量的多，研究人口质量的少，使人口科学并不科学。

人口素质学是以人口的质为主兼顾量的人口科学，"人口素质是人才素质的平均值"，从而把人口素质和人才素质紧密地联系起来，成为人口科学的主要部分。

人口规律本质上是社会规律。人口具有自然属性和社会属性，人口的自然属性是物质基础，而人口的本质是社会属性，一个人只有靠整个社会才能生存得更好。在人口活动中，自然规律和社会规律同时在起作用，而社会规律起着主导的决定性的作用。不同国家，不同社会，不同的生产方式，有着各自不同的特殊的人口规律；但各种社会也有全人类共同的人口规律。两者都不可偏废。

人口是一个丰富的总体，它包含着各种内在矛盾和外部矛盾，因而，人口有多方面的规律，如人口再生产规律、人口过程、人口经济规律、相对过剩的人口规律、人口分布规律等。

人口再生产的波动具有周期性的规律，中国要求一对夫妇只生一个孩子，以 25 年为两代人的间隔，即 25 年为一个人口再生产周期，每 25 年就有一代新人出现。再过 25 年原来的小孩长成男女青年又成家立业生产小孩。这样周而复始，人口越来越多，使人类的寿命万寿无疆。

人口是动态的，永远处于错综复杂的运动过程中，形成人口过程。人口过程也有一定的规律。人口过程就是人口发展、变化的过程，是客观存在的过程；要从实际出发去研究其客观规律，目的在于能动地使人口过程从自然状态走向更加合理。

人口过程的研究方法很多，通过人口调查和人口统计，进行生命表、生育率表、户籍管理和人口数学模型等的编制，在了解人口现状的基础上进行人口预测和人口规划等。

人口过程对社会的发展不起决定的作用。但是，人口是一切社会生活的基础和出发点，是生产关系的体现者；劳动力是生产力构成的要素。因此，人口过程就必然要对社会的发展，对社会的经济、政治、文化、军事等各方面都会发生能动的促进或延缓作用。

人口应该是相对稳定的。一个国家、一个地区、一个单位的人口在短期内都是相对稳定的；一般只会每年增加一些，使国家的人口多少排列次序基本上不变。每一对男女都会生子女，人也会死；有生有死，能保持平衡是最好的。人类的历史证明，世界人口是在不断增长之中。随着人口素质的研究与发展，世界人口的增长速度将逐步放缓，直到生死平衡、人类的生活与自然界和谐发展。

人口素质决定了社会的发展。劳动人口是历史的主体和动力，是物质财富和精神财富的创造者，没有具有一定的征服自然、改造社会能力的人口，也不会有现实的生产力。人口数量增长的速度不是社会发展的决定性力量，决定社会发展的是人口素质、是社会生产方式。

相对过剩的人口规律。由于资本积累和社会再生产的发展，科学技术的进步，生产日益机械化、自动化，使体力劳动的繁重程度减轻，使许多劳动操作简单化，同时对劳动者的知识要求相应提高了；生产工效提高，对劳动力的需求相对减少，而人口又不断增加；劳动者素质低下跟不上现代化生产的要求；必然形成劳动力过剩。马克思说："事实是，资本主义积累不断地并且同它的能力和规模成比例地生产出相对的，即超过资本增值的平均需要的，因而是过剩的或追加的工人人口。""工人人口本身在生产出资本积累的同时，也以日益扩大的规模生产出使他们自身成为相对过剩人口的手段。这就是资本主义生产方式特有的人口规律。"(见《马克思恩格斯全集》第 23 卷，第 691～692 页)

实际上，相对过剩的人口规律在任何社会制度中都存在，在社会主义国家中也存在劳动人口过剩问题，但与资本主义社会的人口过剩规律有不同。在社会主义国家中，经济生产和人口的再生产都是有计划按比例地进行，人口过剩的比例不高，而且有许多国家政策保证人们的就业。

社会主义人口规律，从数量上说，有时需要增加，有时需要减少；有时增长快一些，有时增长要慢一些。但总是要求人口质量不断提高。

社会主义主要的人口规律大致为：在社会主义生产不断增长和不断完善的条件下，有计划地调节人口数量，提高人口素质，使人口再生产同经济和社会发展的各项计划相适应，以最大限度地满足人口不断增长和人们的生活水平不断提高的物质文化需要。

二、人口的平均寿命

人的依次更替塑造了社会。随着科学的进步、社会的发展，人口的平均寿命越来越长。在中国，秦汉时代的人均寿命 20 岁，东汉时代 22 岁，唐代 27 岁，宋朝 30 岁，清朝和民国时代 33 岁，20 世纪 50 年代 57 岁，1981 年 68.9 岁，2000 年 70 岁，2006 年达 71.9 岁。到 2007 年人类的平均寿命估算是 67 岁，其中，各国平均寿命最长的是日本人为 81 岁，平均寿命最短的是非洲赞比亚人仅为 32 岁。据科学家估算，人的寿命可以达 100 岁到 175 岁，目前，大部分人还是活不过百年，现在差距还很大。

人才素质是有大小、有寿命的。人才素质的寿命是指个人的实际寿命。而人口素质是长寿的，随同该人口而长期存在。只要有人口，人口素质就不会为 0。

人的寿命和人类的寿命是完全不同的，有些人常把人的最长寿命当成人类的寿命。人的寿命是指个人的寿命，是很有限的，地球上最长寿的人没有超出 140 岁。

人类的寿命和人类的平均寿命是不同的。人类发展几万年了，人类的寿命是真正的万寿无疆；人类的平均寿命和人口的平均寿命是指全人类或该人口群体当年所有人（包括活人和当年死亡者）的平均寿命。过去只统计死亡者的寿命，不够合理。

最长寿的人，仅是个别情况，不能代表人口的寿命。据世界卫生组织的报告显示，随着人口素质的提高，各国人口的平均寿命还会延长。

三、中国人口问题的症结

有些人把中国经济落后的根源说成是中国人口太多。中国人口占世界第一位，中国的人口压力固然是事实，但人口压力是相对

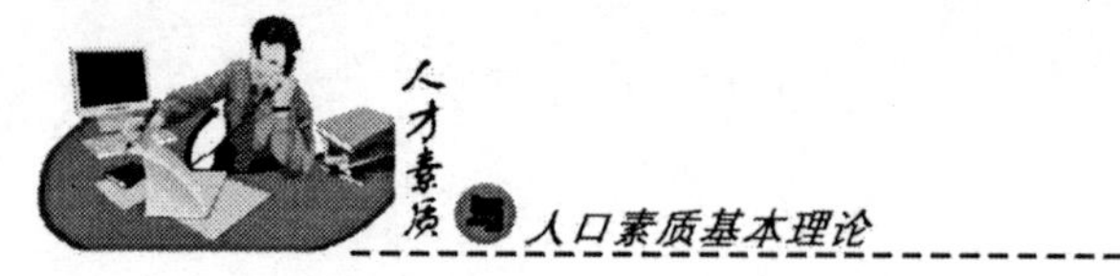

的范畴，中国经济落后不能都归罪于“人口太多”。至少目前还没有达到人口饱和的程度。

纵的比较，19 世纪初直到 20 世纪 40 年代，中国的人口都在 4 亿左右，2004 年中国人口达 13 亿，4 亿人当然比 13 亿少得多，但 19 世纪中国的社会经济比 2004 年的水平反而差很多。这说明，中国的人口增加了，社会经济也随着发展了。

横的比较就是同时代比。中国东部的人口比西部多得多，但东部的经济还是比西部发达得多。2004 年，中国的人口密度为每平方公里 134 人，韩国每平方公里为 470 人，日本每平方公里为 336 人，说明中国的人口密度比日本和韩国都少得多，但是中国的经济水平不管是按领土平均，还是按人口平均，都比不过日本和韩国；而且很少有人说日本和韩国的人口太多了，说明人口多并非罪过。

事实说明，经济不发达和科技落后的主要根源不是人口包袱过于沉重，而仍然是人口素质低的问题；人口素质低又有更加错综复杂的根源。当然人口发展太快也是一大问题，特别是如若人口素质的发展跟不上人口数量的发展，社会必然走向衰退。

人力资源长期超低度开发（如文盲、童工等）和闲置（如下岗、失业、用非所学等）、教育不足、科技和经济水平低落、人才外流和政策失误等造成人口素质低下才是中国人口问题的症结。

四、人口调查与统计

人口调查与统计是人口研究的基础。现在，人口调查的项目愈来愈多、越来越准确，为各种人口的分析和研究提供了丰富的基本资料。但对人口质量还无法调查、统计，而只能零散地进行人口研究，对人才和人口质量的研究还是十分薄弱的环节，还停留在初级阶段，停留在研究人们的生活、生产和生存上；没有人类的标准，只是用与人口数量变化有关的局部的社会现象来研究人口，对人口的本质和人口的质量统计分析研究非常落后，进展缓慢，甚至于停滞不前。人口素质理论的实践将使人口研究产生突破性发展。人口素质理论的实践将为人口研究提供几乎所有的数据，使人口研究想怎么研究都能实现，充分表现出人的先进性。

人口统计有两种：一是经常性的人口统计，主要是户口和人事档案管理；还要实行每年定时逐级上报制度；二是全国人口普查，一般是10年进行一次。过去的人口统计主要是人口数量的统计，人口质量指标比较少。在人口素质理论得到实用以后，就要增加各种人才素质因素指标，以比较各种人口质量，对人类的进步事业将有巨大的推动作用。

人口数量统计，有静态统计，也有动态统计，是最基本的人口统计，反映一个国家或地区人口发展的动向和规模。人口质量统计是在人口数量统计的基础上，结合人才素质因素的测算结果来统计的。人口素质的统计分析，对人类社会经济的发展有更重要、更深远的意义。

各国需要拿本国的今天与过去对比，还需要拿本国的今天与别国的今天对比，拿本国的发展率与别国的发展率对比。统一、正确的人口统计就显得尤为重要。

在人口统计中，还需要进行人口结构的统计对比分析，比如，性别和年龄构成、科学家、工程师、大中小学的教师、医生、工人、农民等等分类统计。

在文化程度的统计中，大学本科和专科要分开，高中、初中、中专、技校要分开，在学生可以统计到年级，过去统计中把大学一年级与大学已毕业都统计为“大学毕业文化程度”，水分很大。文化素质按事实统计就能更准确。

五、失业

失业是人类相对过剩的人口规律带来的必然存在的社会问题。失业阻碍了人口素质的提高,失业使人难以实现人才素质的价值。目前世界上约有1亿人失业,失业使人才素质闲置浪费,是人类的损失;失业是落后的反映。各国都有失业问题,解决失业问题,是各国政府的责任。按照人才素质状况,使人们都有相应的工作,以发挥每个人的作用,增加生产,增加国家财富,这是各国政府的重大事业。成年人,18岁到60岁,就业率的高低是各国乃至全人类先进还是落后的一种标志。但是,现在计算就业率的方法不统一,用以比较各国的先进程度,很牵强附会。特别是就业年龄各国不统一、男人女人的就业不统一,"什么算就业"不统一,就削弱了比较的基础。

我国人才资源能力发挥程度偏低,人才浪费比较严重,2005年我国中专毕业以上的人才浪费总规模超过2500万人,人才浪费导致的经济消耗和经济损失超过9000亿元。失业使人才素质闲置、浪费、下滑,又阻碍了人口素质的发展。

解决失业问题,个人要主动实现人才素质的价值,政府的人事和劳动部门是关键。管理好在职人员是企业的人事劳工部门的首要工作,而解决失业问题应是政府的人事劳工部门重要的工作。解决不了失业问题,政府应该给失业者以维持最低生活水平的补贴。

六、灾害

灾害是摧残人口素质的魔鬼,灾害主要是天灾和一些人安全知识素质因素低造成的灾害和事故,俗称天灾人祸,如火灾、交通事故、水灾和旱灾、地震、泥石流、强台风、溺水、电击等。

有关资料表明，在所有意外伤亡中，车祸居首位。全世界每年因车祸死亡人数超过 300 万，伤员达 1000 万以上。我国 1998 年道路交通事故平均每天 948 起，一年死亡 28052 人，受伤 89151 人，直接经济损失 8.6 亿元；2002 年交通事故造成 10.9 万人死亡，通常每年有 10 多万人死于车轮底下，因车祸伤残者更多。因车祸伤亡者大多是年龄在 17 岁到 36 岁身体素质较好的青壮年人，多可惜！年轻的生命陨落，使亲人痛不欲生，一个人伤亡都意味着一个家庭幸福的失落。

由驾驶员原因引起的交通事故高达 70%以上，驾驶员在一定时期内特定环境下，具有诱发车祸的潜在的生理、心理素质特征；查明要买车、要开车的办证人员是否具有驾驶员素质，是否适合驾驶工作；驾驶员素质差的人，应禁止开车，可大大减少交通事故发生。

加强交通工具知识的学习和管理，加强交通安全知识的培训是减少交通事故的重要措施。

中国火灾平均每天约 100 起左右，烧死 7 人，烧伤 10 人，每天烧掉 80 多万元。火灾多是人们的安全知识素质因素低造成的，天然火灾并不多。

还有水灾、旱灾、风灾、地震等天灾年年在折磨人类。而有些灾害，人类是早就可以战胜它们了，比如水灾、旱灾等。有足够的贮水能力和排涝能力就可以消除水灾。调整地表水，合理地利用地下水，节约用水，科学用水，就能战胜旱灾。各国各地只要有科学的规划，每年建设一些长久性的水利工程，人类文明史几千年了，再大的雨也排得走，再干旱的天气也有水用，水灾旱灾的损失就可消除。

由于城市化的发展，许多城市也一场大雨成灾。土地和植物具有贮水和调节水流的功能，城市化使土地大面积盖上水泥，破坏了自然环境，排水设施跟不上，一场大雨，便在低处水流成河，解决办法：一是科学合理地建设排水系统，二是令所有的房子，建一个集水池，收集并贮藏雨水，把房子的雨水往外流改为往内存，就可避免一雨成灾，雨水又可洗地板冲厕所。这么好、这么简单的事，有几个城市办到了？

水利工程需要资金，各地每年只要挤出水旱灾损失和灾后重建费用的一半用来建设水利工程，就可以避免水旱灾的威胁了。从战略上看，这是收益大于支出的民生工程。中国古代的运河和现在的南水北调工程及一些地区的抗旱深井的建设等都是实证，只是人类做得很不够，甚至人为造成水旱灾。每次水旱灾时，各级政府都积极领导人民抗灾救灾，这无疑都是好的；但有几个省有忧患意识、能亡羊补牢？有几个省作出战胜水旱灾的规划，公布于众，逐年实施；消灭水旱灾，以慰历年被水旱灾吞噬的亡灵！以使我们的子孙后代摆脱水旱灾的困境。

从本质上说，战胜水旱灾不是个人行为，而是政府行为。哪个地区没有水旱灾的威胁，该地区的领导者应该是能干的英明的；哪个地区年年水旱灾损失惨重，该地区的领导者也没有根本性的防灾治灾的举措，这样的领导者多是腐败的。

地震，时间短，危害大。直到目前，人们还无法准确预测地震，现在只有震了及时测算地震的办法，和一些作用不大的研究办法。

人们发现动物对地震很敏感，就从动物的异常表现来预测地震，这是一种办法；但人们只看到动物异常的表面现象，没有从根源上、从本质上去研究两者的内在联系。动物的异常表现无非是动物感觉到地下的声音、压力、温度、震波、气味等的剧烈变化，而这些变化，现代的科技水平都能测到，人比动物强，但是人们研究不足，我想，应该从动物感知方面来研究和测量地下的变化，有助于预测地震，减少损失。现在投入不足、损失更大。

当然，现在还有许多天灾无法避免，但人定胜天，只要政府重视、全体人民共同努力，提高知识水平，就能在自然灾害中避免人员伤亡。在一个地区有灾害，无损失、有灾无害，才是先进。

七、残疾人

残疾人和病人也是影响人口素质的重大因素。残疾人有两类：一是先天性残疾人，二是因天灾人祸造成的残疾。

据 2005 年 6 月 25 日国家人口和计划生育委员会副主任说，中国近年每年出生 80 万到 100 万残疾人口，全国残疾人口总数已达 6000 万。2006 年 12 月 1 日中国政府公布，全国各类残疾人总数为 8296 万人，残疾人占总人口的 6.34%，若按世界卫生组织(WHO)的九类残疾人标准，估计中国现有残疾人将近 1 亿人。其中有 500 万左右不同程度地丧失劳动能力和生活自理能力，估计全世界残疾人的比例与中国差不多。残疾人的身体素质和人才素质都很低，残疾人多，会大大地降低人口素质。先天性残疾人发育不全，身体畸形，智力迟钝，愚笨痴呆，属于先天愚型的人，那是遗传因素起决定作用的，后天社会培养对他们的作用很小。这部分人应以治疗为主，通过思想素质因素和知识素质的治疗和培养，也会提高他们的人才素质。重要的是要抓好优生优育，减少或杜绝新增残疾儿。事故造成的残疾也是恢复不了的。残疾人是人类沉重的包袱，给残疾人本身和家庭都带来长期的痛苦，给国家和社会也带来沉重的负担。

我国残疾人事业走劳动福利型的道路，依靠残疾人自立、自强、生产自救，使许多残疾人获得新生，残疾人同样可以主动发挥人才素质的价值。残疾人身体素质很小，影响到学习和工作；残疾人文盲比例很高，知识素质和思想素质都相对较低，必然造成残疾人的人才素质很小，经常需要他人帮助才能生活，从哺育、医疗、护

理到生活供应，平均一个残疾人每年要消耗社会5000元左右（按2006年的物价水平），影响到人口结构，降低了人口素质，影响了国民经济的发展。因此人们要十分注意人的生产和人的安全。

八、人口老龄化问题

人口老龄化，西方国家是指65岁以上的老人在总人口的比例达7%以上。老龄化是社会和人口的发展规律，“世上万物有生必有老”这是自然法则。越是先进的国家，人的寿命越长，老人的比例越大。中国从人的社会性和身体素质看，把60周岁以上的人都叫老人。

人口老龄化问题，将对居民的生活方式、储蓄、经济增长等领域产生重大影响。

到2006年，中国60周岁以上的老年人口达1.44亿，其中，生活不能自理的老年人已超过1200万人，约占老人总数的8%，中国的老龄化也是不可避免的，呈现出速度快、规模大、未富先老等特点。老龄化将带来老龄人口的抚养、娱乐、医疗、保健、社会服务等一系列问题，给国家的经济和社会带来巨大的挑战。目前，中国人口老龄化的速度居世界首位。到2045年左右，中国60岁以上老人将占总人口的30%，这可能接近高峰。

长寿是人类的梦想。如何使人更长寿？第一，人类重视生命，不断提高科学技术水平和医疗保健水平，安全生产，提高生活质量，促进老龄化的发展。第二，要提高人口素质，使人们在38年的工作段中能创造出更多的经济价值和社会价值，创造更多的养老贮备，树立早期投入机制、自我供养的理念；在未老之前就为将来的养老打下良好的基础。第三，社会要积极支持老人发挥余热。老人在过去的工作实践中，积累了丰富的专业知识、经验和技能，是国家十分宝贵的人才资源；老人的经验总结对人类是巨大的贡献。老人过去工作38年，正常健康的人活到98岁吧！退休生活也有38年，都闲散地度过，是人类的最大浪费；应鼓励身体素质稳定的老人发挥特长、多作贡献。如若政府和社会能更重视和鼓励老人多作贡献，那么，老人还会表现更好；老有所为是提高老人素质，保持老人健康的有效办法；第四方面是实行社会养、家庭养、自己养三位一体确保老人安度幸福的晚年。

老年人已经为社会艰苦奋斗一辈子，社会也要为老人提供优惠和优待。年轻人养育子女，子女长大了赡养老人，这是人类的一种发展规律，也是良好的社会风尚。问题是，子女有没有能力赡养老人？这有两方面的问题，一方面是年轻人要提高人才素质，主动取得更大的经济效益，为自己养老打基础，现在的退休金制度也是这种表现之一，老人自己可以养老就减轻了年轻人的负担；另一方面是培养下一代有更高的人才素质，将来工作后能有更大"钱途"、有较高的经济能力赡养老人。过去提倡的"养儿防老"是社会正常的一种补充的客观规律；现在变成"养儿啃老"，这是严重的社会问题。使年轻人成家立业、并有能力赡养老人，还有能力将来赡养自己，都是关键的问题。

老人的人才素质会降低，也会降低国家的人口素质，这是自然现象；老人工作抓得好，就会减轻对社会的压力、减轻对人口素质的影响。

九、战争

战争是强者奴役弱者的政治行为；战争就是强制敌人服从自己的爆力行动。政府腐败是国内战争的根源，帝国主义是国际战争的根源。战争就是人打人、人消灭人，战争必然使双方都有伤亡，战争是摧残人口素质的反人类行为。腐败和掠夺是战争的罪魁祸首。

1937年7月7日到1945年9月9日日本侵略中国(实际上1931年"九一八"事件以前日本就侵入中国东北),中国八年抗日战争消灭日、伪军404.4万人,日军投降128万人,中国死于战争者不下2000万人,流离失所在1亿人以上,战争消耗和财产损失在1000多亿美元以上。可见日本侵华战争给中日两国人民造成多大的苦难,给人类造成多大的损失!军人的人才素质都是较高的,战争使中国的人口素质大大降低了。日本掠夺中国,中国人口素质的降低对中国发展的影响也还有几十年。

第二次世界大战,除了中日战争以外,全世界至少伤亡1000万人以上。美国向日本广岛投一颗原子弹,广岛78150人的人口素质消失殆尽。

战争摧残了多少人才素质?战争降低了人口素质,战争阻碍了人类的发展。战争造成人口素质的降低给国家带来的经济损失可以用人才素质的价值公式,分析计算。这些直接和间接的损失,都是人类的巨大损失啊!

侵略战争不但是杀害了被侵略国家大量的人才素质,使被侵略的国家人口素质急剧下降,几十年也难翻身;同时也摧残了侵略国的人才素质;双方都使人类的人口素质和人才素质总量降低了,所以说,侵略战争是反人类的行为。内外战争都是由战争知识素质因素和政治知识素质因素决定的,战争知识素质因素应作为国家教育的一项内容,惩治腐败,反对和阻止掠夺,防患于未然。

十、人口矛盾公式

在人民群众中,人才是取之不尽、用之不竭的,说明了人才之多。但人才的培养速度较慢,社会上又经常需要特殊的某些方面的拔尖人才;新兴产业需要的高素质人才,在一定的程度上难以满足需要,形成"人才紧缺"的现象。出现了"人才多又缺"的矛盾,列宁把它叫做“人才矛盾公式”。社会呈现出人口众多、人手不足、人才奇缺、人才严重积压与外流的矛盾局面。

实际上“人才紧缺”是领导者没有去研究紧缺的人才素质因素的组成；要求人才作出特殊贡献，而特殊贡献都不是现成的，需要人才去奋斗；只要挖掘人才，选聘具有相应的人才素质因素组合的人，给予必要的支持，就会有贡献，就有满意的人才，人才就不紧缺了。领导者若能从人才素质因素中去发现潜人才，就会慧眼识人才。

我国的人才素质普遍偏低，缺乏足够的经过训练的农工商、基建、交通、科技研究等专门人才，人的劳动生产率低。一方面许多重要岗位缺乏技术员和熟练劳动力，直接影响了社会劳动生产率的提高，使一些企业难以创新、发展，建厂起就等着倒闭；另一方面又是人口多、劳动力多，素质差，不能充分就业。人口矛盾会加剧人才竞争、促进人口素质的提高、使低素质的人才困难重重。人口矛盾是社会难以克服的重大问题。

十一、人类对自己的认识直接影响到人口素质

人类社会经历过长期的农业革命、工业革命、信息产业革命和各种经济社会变革，人们对自己的认识都处于自然认识、自然发展、纷纭散乱的状态。人类初步认识自己，但连人类和人口的平均文化程度是多少，人的体力、精力和人力是多少，都不知道；连有没有思想素质都在争议中，能算是认识了自己吗？

中国人口学界一般认为人口素质至少包括人的健康素质和科学文化素质两部分；有些学者认为，人口素质的内容不包括人的思想道德。“人口质量是指在一定社会生产力水平、一定社会制度下，人们的思想道德水平、科学文化水平和劳动技能以及人的身体素质。”这样，人口质量不但不能进行本国不同历史时期不同社会

制度的比较，也不能进行不同社会制度不同国家的比较，阻塞了人类的进步通道。因而，要比较人口质量，就必须避开政治性的前提，把政治性的素质都归纳到政治知识素质因素中；执行全人类统一的人才素质测算标准，比较人口质量才有意义。

许多学者把人口素质与人才素质分离，没有理论和实际的连贯性，研究某项人口素质只是单纯地、孤立地研究，各行其道，不能构成系统的理论，也无从综合计算。

西方一些国家把人口素质理解为"人口质量"(Population Quality)，主要指人的遗传素质，不包括人的健康素质、科技文化素质和思想道德素质。联合国人口基金会的官员用"生活质量"(Quality of life)来代替人口素质。

可见，人口学界对人口素质一词的理解，至今仍众说纷纭，莫衷一是。说明人类对人才素质和人口素质的内容和意义等都没有统一的看法，有关部门应组织研讨，早日统一认识，以推动人才素质和人口素质理论的发展，国家才能更健康地发展。

人类自身的变革，具体来说是人才素质因素标准的摸索，是人由自然状态向自主状态演变的过程，人类能动地提高人口素质，开始研究、认识和测算人才素质因素。人类树立标准人，对各项人才素质因素只能测算出相对于标准人的相对的量；要基本上完成各种人才素质因素的国际测算标准的制定工作，可能要相当长的时间，才能对人才素质和人口素质进行全面的测算和分析，对"人"才逐步有本质的认识。

人类逐步认识标准人的各项素质因素的确切数值，各项人才素质因素测算标准又进一步得到修正和发展，人们主动地提高人才素质，国家加强人口素质的管理，犯罪率大大降低，人类不再有战争，人口素质得到很大提高，人类才能真正地认识自己，每一个人才能主动实现价值。

十二、其他人口问题

还有许多人口问题，如计划生育、优生优育、人口与教育、人口与经济、人口与资金积累、人口与劳动生产率、人口与消费、人口与就业、文盲、人口老龄化、人口与灾害等等，都属于人口统计范围，但分析时有些应归于人口素质范畴。

人口数量变动的根源在于生产力的水平、生产关系的性质、上层建筑的影响以及它们之间的相互作用。控制人口数量，可以加快资金积累，扩大再生产，提高劳动生产率，为提高人口素质提供强大的物质基础，同时有利于提高全民族的科学文化水平和促进人民健康水平的提高。控制人口数量是提高人口素质的条件之一，但人口素质的高低不是由人口数量的多少决定的。

控制人口数量引来人口结构性矛盾的问题。一对夫妇只生一个孩子，能够选择的话，人们当然喜欢生一个将来人才素质高的男孩，加上打女胎难以禁止，这就必然形成男人比女人多的人口结构性矛盾。有学者测算，中国到 2020 年，20 岁到 45 岁的男人将比女人多 3000 万人。人口结构性矛盾的严重性还在于，婚姻挤压问题突现，低收入和低素质者结婚难，导致的社会秩序混乱将成为影响社会稳定与和谐的严重隐患。根本的办法在于战略性地努力提高妇女的人才素质，才能实现真正的男女平等。

人口问题解决得好、解决得及时，便能给社会带来巨大的财富。

第三节　人口素质

研究人口素质必须掌握人才素质理论和人口素质理论，这两个理论结合起来组成了人口素质学。人才素质是人口素质的基

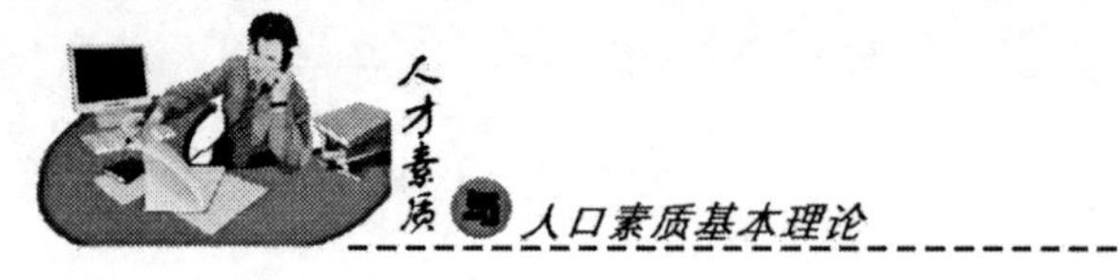

础，提高人口素质是人才素质学的目标。

一、人口素质

现在世界上对人口素质有多种解释，比较典型的是西方有些著名学者把人口素质解释为生活质量，这样，人口素质与人才素质就风马牛不相及了；许多中国学者对人口素质的看法也是莫衷一是。

我们认为，**人口素质**就是人类群体所有人某种人才素质的平均值，也可推及各项人才素质因素的平均值。人口素质理论还包括各种人口素质的总量及人口素质增长率和总量的增长率等等。

研究人口素质，要懂得人口素质的结构（如图 7-1 人口素质结构图）。人口是由个体人组成的。人口素质是由人才素质组成的。人才素质理论就是人口素质理论的主要部分、基础部分。

人类的素质和各国的人口素质在结构上有与所有的人才素质和人才素质因素一、一对应的关系，人才素质因素是人口素质的根源，因而研究人口素质必须研究人才素质因素；研究人口素质必须研究人的身体素质、思想素质、知识素质和人才素质，这已经形成完整的理论体系。过去的人口素质研究没有"根"，往往只能别扭地说明某些非常有限的问题。在人才素质基础上来研究人口素质才是合理的、科学的，才是真正的人口素质理论。研究人口素质如果离开人才素质因素，便成为无源之水、无本之木。

人口素质有三个层次：

第一层次是专一的、总的人口素质，是指该人口所有人的平均人才素质。国家的人口素质表示该国人民的平均人才素质、平均能力水平、平均社会质量。人口素质的总量就是该国真正的人力多少。

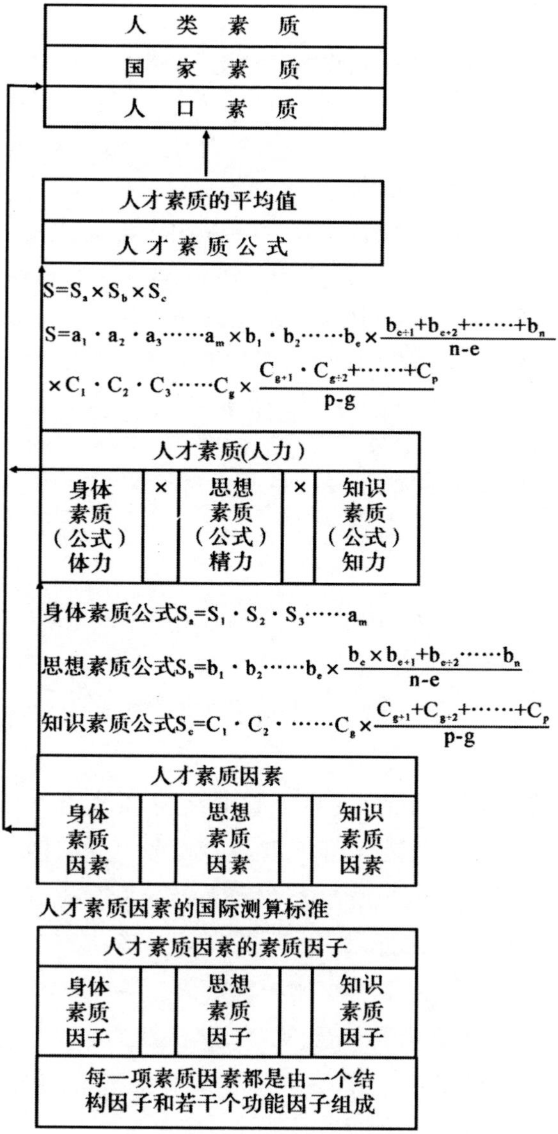

人　类　素　质
国　家　素　质
人　口　素　质

人才素质的平均值
人 才 素 质 公 式

$$S=S_a \times S_b \times S_c$$

$$S=a_1 \cdot a_2 \cdot a_3 \cdots\cdots a_m \times b_1 \cdot b_2 \cdots\cdots b_e \times \frac{b_{e+1}+b_{e+2}+\cdots\cdots+b_n}{n-e} \times C_1 \cdot C_2 \cdot C_3 \cdots\cdots C_g \times \frac{C_{g+1} \cdot C_{g+2}+\cdots\cdots+C_p}{p-g}$$

人才素质(人力)				
身体素质（公式）体力	×	思想素质（公式）精力	×	知识素质（公式）知力

身体素质公式$S_a=S_1 \cdot S_2 \cdot S_3 \cdots\cdots a_m$

思想素质公式$S_b=b_1 \cdot b_2 \cdots\cdots b_e \times \frac{b_e \times b_{e+1}+b_{e+2} \cdots\cdots b_n}{n-e}$

知识素质公式$S_c=C_1 \cdot C_2 \cdot \cdots\cdots C_g \times \frac{C_{g+1}+C_{g+2}+\cdots\cdots+C_p}{p-g}$

人才素质因素				
身体素质因素		思想素质因素		知识素质因素

人才素质因素的国际测算标准

人才素质因素的素质因子				
身体素质因子		思想素质因子		知识素质因子
每一项素质因素都是由一个结构因子和若干个功能因子组成				

图 7-1　人口素质结构图

说明：

1. 国家素质和人类素质都是人口素质，过去是无法知道、无法比较的。今后按本图就能计算出来。

2. 人才素质是指个人的。人口素质是该人口中所有人的每一项“人才素质的平均值”。还可计算每一项总量及增长率等等。

3. 不同的素质因子构成素质因素，素质因子是人口素质的最小单元；

4. 各种素质因子都要制定人才素质因素的国际测算标准，按人才素质因素公式转换成人才素质因素。每一项人才素质因素的大小都在0到2之间变动。

5. 不同的身体素质因素构成身体素质，不同的思想素质因素构成思想素质，不同的知识素质因素构成知识素质；身体素质、思想素质和知识素质构成人才素质；人才素质构成人口素质。完全不同的、多层次的项目能够逐级归结为人才素质；所有完全不同的素质因素能共同构成人才素质公式、构成人的公式，这是难能可贵的。

第二层次的人口素质是指人口的平均身体素质、平均思想素质、平均知识素质以及国民的体质、国民的精力、国民的知识力量；还能计算出国家的体力、精力、知力的总量及其年平均增长率等等。

第三层次的人口素质是广义的，泛指人口的所有的各项素质因素的平均值。个人的每项素质因素都可以累加后平均成一种人口素质，如一个国家及各省市县以至全世界所有人的平均勤劳素质因素、平均道德素质、平均文化素质、平均科学素质等等。也包括国家的各项素质因素的总量和年平均增长率等等。

三个层次的人口素质又都有群体素质，如妇女素质、儿童素质、集团素质、企业的人口素质等。所以，人口素质非常丰富多彩。这些才是真正的人口素质，是最能说明问题的国家素质。人口素质是国家先进还是落后的最重要的指标和标志。

人口素质学的一个精髓是执行所有素质因素的国际测算标准

暨人类的标准，才使所有的人口素质能够互相比较、才有实用价值。

依据素质含义，人口素质也是人口的社会质量，所以，人口质量可以用人口素质来衡量。人口素质是客观存在的，人口素质能够进行人类社会的对比分析，人口素质是人们对人口认识发展的高级阶段。

由于各种人口素质都是平均值，就把一个国家或任何人类群体形象成一个人那样，任何人口素质都可以进行世界性（国与国、国与个人）和历史性的量化比较，那时就能计算出中国人、美国人、日本人等各种素质多大！

人口的多少不足以说明强弱，比如三十名孺耄残弱比不过一个壮士。人口素质总量也是总人力 Ns，是折算成标准人的人数，包含了自然的人口数，又完全不同于自然的人口数，而是质量化的、社会化的、标准化的、现代化的、最有用、最可比较的标准人数，这才是国家强弱的标志，才是国家财富。

上述已经计算出个人人才素质的经济价值 J，就可以计算国家及任何人口的平均经济价值 J 和经济价值总量（不包括过去的积累），这对国家的经济建设和人口素质的研究都有重大意义。标准人越多，经济越发达，任何国家的经济能力都是和标准人的总数、标准人力成正比，而和人口数不成比例。

研究人口素质是提高人口素质的基础，研究人口素质对于国家、社会和人类的进步事业有十分重大意义。研究人口素质，一要研究人才素质因素的测算标准和测算方法；二要研究人与自然的和谐发展；要研究控制人口数量、提高人类的生产和生活水平，使人类人口的增长率逐步趋向于 0；三要研究人口素质的保护、利用、挖潜、提高的措施与办法，促进国家稳定、健康、更快地发展。这些都是当今世界至关重要的问题。

一切为了人，一切为了人类的利益，既要研究人才素质也要研究人口素质。研究人才素质的更大意义是在于研究人口素质，为子子孙孙服务。

二、人口素质测算步骤

过去真正的人口素质是无法测算的。在制定了人才素质因素的测算标准以后，研究人口素质可以按下列步骤进行：

1. 统计每一个人的人才素质因素的测算资料，如学历文化程度、平均每天的劳作时间等。

2. 对照人才素质因素的测算标准，把每一个人的上述原始测算资料换算成“人才素质因素”。

3. 计算该人口所有人的该人才素质因素的平均值，就是该人才素质因素的人口素质。

4. 用人口的每一项人才素质因素的平均值，按身体素质公式、思想素质公式、知识素质公式和人才素质公式分别计算出人口的平均身体素质、平均思想素质、平均知识素质和平均人才素质。这些就是最正规、最规范的“人口素质”。

还有一种计算方法，就是先计算出每一个人的身体素质、思想素质、知识素质和人才素质，然后再计算人口的平均值。两种方法计算结果有些差异，这是取值差异造成的。

5. 用各项人口素质的平均值乘以总人数，就是该项人口素质总量、总体力、总的精力、总的知识力量、总人力等。

6. 还可以计算出各项人口素质的年平均增长率、总量增长率等等，还可进行人口素质有关的数理分析。

以下介绍一些目前常用的人口素质。

第四节 人口的身体素质

人口的身体素质就是该人口中所有人的平均身体素质。这在各种身体素质因素测算标准制定以后,很容易测算出来。

国际上通常反映人口身体素质的指标是婴儿死亡率、生病率和平均预期寿命等,都不是直接的人口身体素质的指标,不是体质的指标,而是间接的局部的指标。固然这些都说明了一定的问题,但还是人们的无奈之举。

人口是个体的集合,连个体的身体素质都不清楚,怎么能正确判定人口的身体素质?

一、人口的体质

过去,人们对个体和群体的体质都不知道。比体质是社会的一种需要,过去不知道人的体质为多少,社会就以最强的人来比较,比如武术比赛、国际运动会等,哪个国家得金牌最多,就说哪国人民的体质最好,该国和该国的人民就很荣耀。或者从外观上看,哪国人民普遍高大,就以为该国人民较健康、体质好。这些固然说明了一定的问题,但显然是不科学的;只用一种比赛就断定体质强弱,是武断的,但是又没有其他办法。现在用身体素质公式就能解决这个难题。

从身体素质的实际意义来看,身体素质就是个人的健康程度,也是个人的体质,就是个人身体的社会质量。一个国家人口的平均身体素质 S_a 就是该国人民的身体素质,就是该国的平均体力,就是该国人民的体质。比如说中国人的体质、美国人的体质等等。人口的体质不存在为 0 的问题。

二、人口的总体力

根据体力的定义可知：无论何时，一个人的体力都等于他的身体素质。那么，一个国家或集团的全体人民的平均体力 F_a 等于该国或该集团人口的平均身体素质 S_a。

如果一个国家的人口总数为 w，可用下式计算出该国人民的总体力 N_a 为：

$$N_a = w \times F_a = w \times S_a$$

人类群体的总体力也可以用该群体所有个体的体力相加而得。

当今世界是把人口数看作是国家的人力资源，而人口总的身体素质即总体力 N_a 才是更重要的更真实的人力资源。在过去的人口研究中，许多专家学者都把人口数当作人力或者体力，这是不科学的。婴幼儿、耄耋人和年轻人的体力能相同吗？这些人力资源能一样吗？婴幼儿和耄耋人的体力不但不能为社会创造财富，而且还要消耗去照顾他们的健康人的体力，减少了照顾他们的健康人为社会创造财富。因而，不能用人口数当体力或人力，应当用总体力 N_a 作为人口的体力资源。

有些国家虽然平均身体素质较高，体质好，但总人数少，该国的总体力并不高，就不能简单地看不起身体素质较低而人多的国家。有的国家虽然人口多，但平均身体素质较低，整个国家的总体力并不大多少。因此，也不能因人多而骄傲。

由于国家人口很多，要每个人都在一定的时间里测定身体素质因素，并且计算出身体素质，然后再平均算出这个国家的平均身体素质，是很困难的。但各国可以统一举措，比如，按统一的某种方案，在总人口中随机抽取相同比例的人数，测定并计算出他们的平均身体素质，作为国家的平均身体素质，也可以用于各国对比分析。

这样，运用身体素质公式就可以全面地、真实地、确切地进行不同人种、不同地区、不同国家、不同企业、不同工种之间人民的身体素质的测算、统计分析和比较，还可以对人类进行不同历史时期的人口体质的分析比较，以及时纠正不利因素，避免倒退，促进人类自身的健康发展。

三、人口身体素质的年平均发展速度

设某国的第 1 年和第 i 年的人口平均身体素质为 $\bar{S}_{a1}$ 和 $\bar{S}_{ai}$，则该国人口身体素质的年平均发展速度 V_a 可用下列公式计算：

$$V_a = (\bar{S}_{ai} - \bar{S}_{a1}) \div (i-1)$$

（i 为大于 1 的自然数，i—1 为年数）

人口身体素质的年平均发展速度 V_a 主要取决于国家的有关政策，可以说 V_a 是各国领导者的一面镜子，V_a 的大小直接反映了该国领导者及其所用政策的正确与否和正确程度。

当 V_a 是正数时，说明该国人民的体质普遍增强了，该国的有关政策是有利于人民增强体质的，政策是正确的，其正确程度与 V_a 的大小成正比。

当 V_a 是负数时，说明该国人民的体质普遍减弱了，该国的有关政策是错误的或执行不力，领导者是糊涂的，或者只管经济不管人民的健康，不注意环境保护，该国人民的生活变差了等。通过计算 V_a 值就能引起领导者和人民的注意，要审查政策，即时改革，以促进人民身体健康的发展，国家才会进步。

V_a 还可以从人民体质上比较各国是先进还是落后。在同一时期里测算出 A 国和 B 国人口身体素质的年平均发展速度分别为 V_{aA} 和 V_{aB}，如果，$V_{aA} > V_{aB}$，则说明 A 国人民的体质增强比 B 国快，从人民体质和有关政策上看，A 国比 B 国先进。

如果说原来直到现在A国人民的体质都较B国强，而近几年A国人民的体质发展速度较B国慢了，假如B国能保持 $V_{aB}>V_{aA}$，算出A国和B国人民体质的年增长率 q_a 和 q_b,，则可利用“你追我赶公式”预测出B国需几年才能赶上A国人民的体质，这对于国家领导者对于各国政策的改革，有何等重要意义啊！

四、人口身体素质的三大杀手

疾病、事故和人类互相残杀是人口身体素质的三大杀手。

世界上随时都有10亿多人口，在遭受疾病的折磨，使人类的平均身体素质遭受重挫。

事故，包括交通事故和其他事故、火灾、天灾(包括水灾、旱灾、风灾、地震等)每年也有1亿人左右伤亡。

人类互相残杀，包括战争和个人的残害，也给人类的身体素质带来巨大的损失。

加强思想教育，强化法律威慑力量，是减少和避免人们之间有意伤害、保障人口素质稳定发展的重要举措。人口的身体素质是人口质量的自然基础，身体素质有先天的因素，又有生活环境和后天抚育的影响。环境、教育、卫生、医疗、安全、防灾、和平与和谐的社会是稳定和提高人口身体素质的重要保证。

由于科学技术的发展、知识素质的提高、人们加强体育锻炼，人的体力在生产中的作用在下降，健康水平在上升。

在旧中国，人口的身体素质很差，平均寿命才35岁，被称为“东亚病夫”。新中国成立以来，人口的身体素质有了很大提高，中国人的平均寿命，1957年为57岁，1978年为68.2岁，2006年为71.9岁。我们从经济发展水平、医疗卫生水平和国际体育比赛来看中国人口的身体素质，在一定程度上都说明了中国人口的身体素质水平大大地提高了，但不能直观地看出人口身体素质的大小。

身体素质的好坏在一生中对社会所起的作用也大不相同,身体素质好的人对社会可能贡献多消费小,身体素质差的人就会消费多贡献小。

死亡有很多原因,正常老死、事故死亡、慢性病死亡、急性病死亡、被人害死、自杀死亡等,所以死亡率可以说明一些问题,但不能反映人口的身体素质变化情况。

人口的身体素质也可以用以说明一个国家人民的体质和平均体力。一个国家人口的身体素质总数就是该国人民的总体力。还可以计算出人民体质的变化情况,计算人口总体力的增减与人口数的增减关系等等。

每一项身体素质因素人口的平均值也是人口的身体素质之一,可根据需要进行研究。

第五节　人口的思想素质

人口的思想素质就是该人口所有人的平均思想素质。人口的思想素质反映了一个国家人民的思想水平、精神面貌、精力水平和快乐程度等。人口思想素质的总量表明了一个国家总体的精神财富和精神力量。

新中国成立以来,人民的社会主义觉悟有很大提高,广大人民群众有理想、有道德、爱祖国、勤劳勇敢、节俭朴素、为人民服务、献身社会主义事业、中国人民的道德风尚得到了国际的好评。这些都是无法测算的现象,思想觉悟和道德风尚提高了多少?谁都说不出所以然。根据人才素质理论,我们能够测算个人的思想素质,也就能测算出人口的精神财富、测算出思想素质提高了多少。

思想素质是人口素质的重要组成部分。过去,人们对思想素质因素的认识还很薄弱,因为没有思想素质理论指导,无从研究人

口的思想素质；一些学者把思想划归意识形态，不同意有“思想素质的存在”；对于人口的思想素质研究，人们只抓几点而丢了一大片；许多思想素质因素还是一项一项的空白，尽管它们也是客观存在的，只是任其自然；现在，运用人才素质理论和人的思想素质理论就可以有条理地研究个人的思想素质和人口的各种思想素质。

现在思想素质因素发现有几十项，人们只重视几项，所以，人口的思想素质因素最有研究空间，是最有待开发的潜力。

一、人口的思想素质

人口的思想素质是该人口所有人的平均思想素质。应用人口的思想素质可以了解各群体内部的思想状态和思想能力，为有效的思想教育和提高人口的思想素质、增强人口的精神力量、减少犯罪、维护社会稳定，提供宝贵的指导和依据；这是国际竞争的需要、是人类进步的需要。

个人有许多思想素质因素，人口也有同样的思想素质因素；只是人口的各项思想素质因素都是平均值，是个人的同一项思想素质因素扭成一股绳，用“人口的某某思想素质”表示；人口的人数越多，人口的思想素质缆绳越粗；所以，人口的思想素质具有非常强大的力量。人口是许许多多个人的重叠更替，不存在人口的思想素质因素为 0 的现象。人口的平均思想素质，不但可以进行不同群体之间思想素质的对比、分析，而且能进行群体与个人的思想素质的对比、分析。

一个国家人口的平均精力，比如说“中国人的精力”，就是该国总人口的平均思想素质。有了精力，就可以进行各国精神力量的对比分析。

能够测算思想素质因素以后，人们就可以利用数学知识对每一项思想素质因素进行各式各样的计算、分析，还可以进行各国各地区的思想素质的分析、对比。如全国男人和妇女思想素质的分析、对比，不同单位职工思想素质的分析、对比等等，对人们思想上的进步、对单位的工作和生产都有重大作用。

二、人口的思想素质总量

人口各项思想素质因素的总量是该群体所有人该思想素质因素的总和。

人的精力是有限的，民族的精力也是有限的。“有限”就有数据，就是可以计算、应该计算。个人的思想素质就是这个人的各项思想素质因素的思想能力。个人总的思想素质就是这个人的精神力量。人口的思想素质因素就是该群体所有人该素质因素的平均值。人口的各项思想素质因素和各项思想素质因素的总量，也是国际对比的重要项目。

一个国家的精神力量(即该国的总精力)等于该国所有人的精力总和。或等于该国总人口的平均精力乘以总人数。

各国各地的思想素质可以说明该国该地区人民思想水平的高低，思想先进还是落后。人口的思想素质总量也可以衡量一个国家或地区精神力量的大小。比如，中国比美国的思想素质要低些，但中国人多，中国的思想能力总量、中国的总精力比美国要大得多，所以中国完全可以赶上和超过美国。

三、人口思想素质的年平均发展速度

设某国第1年和第i年的人口平均思想素质为$\overline{S}_{b1}$和$\overline{S}_{bi}$，则该国人口思想素质的年平均发展速度V_b可用下列公式计算：

$$V_b = (\overline{S}_{bi} - \overline{S}_{b1}) \div (i - 1)$$

(i为大于1的自然数，i和1的单位均为：年)

从一个国家的人口思想素质的年平均发展速度V_b可以看出

该国人民的精神变化，它主要取决于国家政策和社会教育，如果一个国家制度是先进的，政策是正确的，则该国的精神力量得到不断加强和提高。反之亦然。因而，V_b可以用于评定一个国家是前进了还是倒退了。

人口思想素质的年平均发展速度，还可以用于不同国家的比较，在同一时期，如果 A 国人民思想素质的年平均发展速度比 B 国大，则说明 A 国人民的思想水平增大的比 B 国的快，从人们的思想水平和精力的提高上看，从国家的有关制度和政策上看，都说明了 A 国比 B 国先进。

如果原来 B 国人民的平均思想素质比 A 国高，只要 A 国能保持大于 B 国的发展速度，则原来思想落后的 A 国人民一定会在若干年内赶上原来思想先进的 B 国。所以，人口思想素质的年平均发展速度比该国现有的思想水平更重要，是衡量国家是先进或落后的极其重要的指标。

四、人口的思想素质教育

什么是思想素质教育？思想素质教育就是家庭、学校、单位和社会有目的、有计划、有措施地对成员施加直接或间接的思想影响，促使人们认识和提高思想素质因素的教育过程。

思想素质教育是提高思想素质的根本方法，思想素质教育主要有：(1)对所有教师开展思想素质教育轮训，每位教师都要掌握和运用思想素质理论来教育学生，而且教师的思想素质观念要正确、要统一；否则，会使学生无所适从。(2)学习人才素质和思想素质理论；要让每个人都懂得每一项思想素质因素，如若连思想素质因素都不懂得，他如何去注意，如何去提高呢？(3)有的放矢地进行一些思想素质因素的教育，如爱国、遵纪守法、人格、个性、思维、意志力、创造力、理想、道德等等的教育，并开展评估。(4)社会心理和家庭心理的教育。(5)在学校中应有合格的心理咨询和思想素质指导专职教师。(6)社会、学校和家庭都要重视思想素质教育。(7)思想素质理论应当与哲学相结合,哲学是思想教育的重要方法。思想素质教育应该哲学化。

仁义礼智信的知识多属于思想素质,说明二千多年前中国就已经重视思想素质教育,我们可以古为今用,修改后放入中小学的有关课文中,配合思想素质教育。“仁义”指仁爱和正义,仁爱是性情和顺善良;正义是公正的、坚持有利于人类的道理。仁义属于情绪素质因素和为公素质因素。礼属于道德和自尊心。“明礼”作为待人接物的表现,如“礼仪”;用于处理人际关系的“礼让”、“诚信”等;处理好礼让与竞争的关系才可能和谐。智包括明辨善恶的道德智慧和科学智慧,这里主要指道德智慧和渊博的知识,属于知识素质。信是诚信、是做人的根本,也是社会正常运行的道德基础,是诚信素质因素。仁义礼智信教育也是思想素质教育的基础,可以肯定与批判相结合,对提高思想素质也有重要作用。我们还需要加强其他的思想素质教育。以免学生犯错误还不知所以然。

思想素质教育,不同于文化素质教育。思想素质也要“教”,要把各种思想素质因素的有关知识及其作用教给学生和孩子;还需要“育”,即思想素质养成、良好的行为习惯的培养,把思想素质因素变成学生自己的行为动力。思想素质的启蒙教育是非常非常重要的,一旦形成,就会成为孩子终身的本性,影响其一生的作为。所以学龄前家庭和社会对孩子的思想素质教育以及小学阶段的思想素质教育是最重要的。另一方面,在加强思想素质教育的研究中制订各种思想素质因素标准是很重要的事情。有思想素质因素的测算标准,思想素质教育能更好地有的放矢、事半功倍。

思想素质教育对于提高人的思想素质非常重要,方法得当,教育效果非常明显,甚至一两句话就会促进一批人;一两句话会使人铭记终生。如若没有接受思想素质教育,有些思想素质因素会处于麻木和低能状态,使他成为笨人;有些思想素质差的人会犯罪,所有罪犯都是思想素质低的人。可见,思想素质教育是多么重要。

由于人们不懂得思想素质理论,对于犯罪分子只是就事论事,比如说,盗窃犯、经济犯罪等等,都没有接触到犯人的思想素质;实际上是经济案件;不是经济犯罪,而是思想犯罪。对犯人没有进行深入的思想素质教育,没有对症下药,以至于刑满释放,思想没有得到根本的改造,旧病复发,屡见不鲜。

一般说来,人的思想素质因素在 60 岁以前一直持续上升,60 岁以后由于身体素质的退化,力不从心,导致思想素质逐步下降,75 岁以后思想素质有明显下降,所以,民间有“老糊涂”之说。不良的社会风气和腐败的社会环境会使好的思想素质变质。

培养良好的思想素质,是造就人才,乃至造就天才的重要基础。

五、心理咨询

近几年中国的心理咨询得到飞速发展,全国各大中城市已经都有心理咨询机构,开展了心理治疗、心理辅导和心理教育等,心理医生和心理教师队伍也不断发展壮大,这是很可喜的事。人的思想素质是人类最模糊、最薄弱的环节,所起的作用很大。一些人对自己的思想素质无知,由于一些思想素质因素较低,使自己陷入落后的泥潭中甚至堕入罪恶的深渊,感到愧疚;也想重新做人,努力上进,却茫茫然!不知所措。此时很需要心理咨询,期望心理医生能给予指点迷津、拨乱反正,使其茅塞顿开、重新向上。因而,心理咨询对于提高人口的思想素质是十分必要的,意义重大。

心理咨询是德国人卡尔·罗杰斯于 1902 年创办的病科,一个世纪以来已越来越引起世界各国的重视。在中国,比较正规的、社会性的、专业的心理咨询大约也是20世纪80年代开始出现。心理咨询对于了解、预防和治疗人们的心理障碍、精神疾病等都有明显的效果。

心理咨询就是医生用心理卫生知识、思想素质理论、有关医学知识和人生哲理，以谈心、商量及问答形式，对有思想冲突的人进行启发、开导和劝慰，疏导咨询者的情绪，引导他们消除顾虑，把内心的痛苦宣泄出来，减轻和消除心理压力，帮助他们拨开心理矛盾的迷雾，减轻和消除心理淤积，分析原因，端正态度，消除不良的行为和习惯，使其能正确地对待各种精神刺激。帮助与指导咨询者正确认识事物，建立正常的人际关系，养成良好的行为习惯，树立正确的人生观、世界观及对生活的信心和勇气，维护身心健康。

心理咨询是在心理方面给咨询对象以帮助、劝告、指导、教育的过程。它不是说教，我说你听；而是平等谈心、提供一定的心理氛围或条件，让咨询对象作出判断选择，自己解决问题。咨询并不是帮助人做出合理决策，而是帮助人合理地做出决策。咨询是为了达到使人自助自强，助人自助的目的，解决思想上的苦恼与情绪上的困扰。咨询人员通过分析咨询对象的心理状况，在答疑解惑中启迪咨询对象心扉的心理调解和引导活动。思想素质因素能帮助心理医生更深入地了解病人、治疗病人，使心理咨询工作更加有效。

心理测验技术需要有专业知识并经过严格训练的心理测验人员进行，非专业人员未经专业训练就随意使用测验，使测验失去科学性、真实性和客观性，反而会害了咨询对象，是十分危险的。

专家估算，至少有1.9亿中国人，在其一生中需要接受专业的心理咨询或心理治疗。问题严重的是在许多国家，目前心理测验的器材不足，缺少足够的、真正合格和拔尖的心理治疗师。所以培训足够、合格的心理咨询师和心理治疗师，也是提高人口思想素质

的重要举措。

“做自己的心理医生”，应当成为目前大众的心理调节模式。人们应当学会调整自己的心态，学会自助，学会保持心理健康，成为一个身体和心理都健康的人。

进行各种人口思想素质的统计、计算和分析，是人口素质研究的重要部分，对社会所起的作用以及人类的进步事业都将是不可估量的；对推动正确的思想素质教育和提高人口的思想素质都有巨大的作用。

第六节 人口的知识素质

人类生活在地球上，对所遇到和所发生的任何物、任何事都有知识素质；而且，社会上的任何事都是由人的知识素质造成的。

人口的知识素质是该人口所有人的平均知识素质。人口的知识素质在人口素质中占有很重要的地位；人口的知识素质对人口的身体素质和思想素质都有联动作用，而且知识素质对身体素质和思想素质主要起促进作用。人口的知识素质可以反映出一个国家人民知识水平的高低，人口的知识素质总量反映了该国的知识总量暨该国所有的知识力量。

我国劳动力资源从人数上占优势，而从劳动力质量上看还比较低，特别是知识素质较低，普遍存在“四低一少”现象，即文化程度低、科学素质低、技术水平低、管理水平低、技术人员少，这也可以从人口的文化素质和人口的技术业务素质反映出来。

人口的知识素质与个人的知识素质和知识素质因素都有一、一对应的关系，每一个知识素质因素都可以成为一项人口的知识素质。人口的知识素质包括人口的平均知识素质和各项平均知识素质因素，它们都是人口素质，如人口的知识素质、人口文化素质、人口的科学素质和人口的技术业务素质、人口的外语知识素质等等，需要什么就可以研究什么，对人口研究和社会发展研究都有十分重要的作用。

一、人口的知识素质因素

人口的知识素质因素就是该人口中所有人某知识素质因素的平均值。如：现在已经可以测算出任何国家（任何人类群体）人口的平均文化素质，并且可以进一步深入地分析和计算出人口的平均学历文化程度、人口的文化素质总量、人口文化素质的年平均发展速度等等。其他任何一项人口的平均知识素质因素也可以进行同样的计算、分析和对比。

二、人口的知识素质

人口的知识素质，是一个国家或地区的真正的知识水平，在人口研究中具有重要意义。

人的知识素质是由许多知识素质因素组成的。能够测算个人的每项知识素质因素，按知识素质公式，就可以计算出每个人的知识素质；再计算出该人口所有人的平均知识素质，就是该人口的知识素质。有两种算法，可以把每一个人的知识素质累加，得到该人口知识素质的总和，除以人口数，就得出人口的平均知识素质。也可以把每项“人口的平均知识素质因素”，代入知识素质公式计算出人口的知识素质。两种方式计算的结果应该是一致的，略有差别，哪是由于每一项取值误差造成的，差别不大。

三、人口的知识总量

人口的知识总量等于人口的平均知识素质乘以总人数，单位是标准人的知识含量。人口的知识总量也可以把每个人的知识素

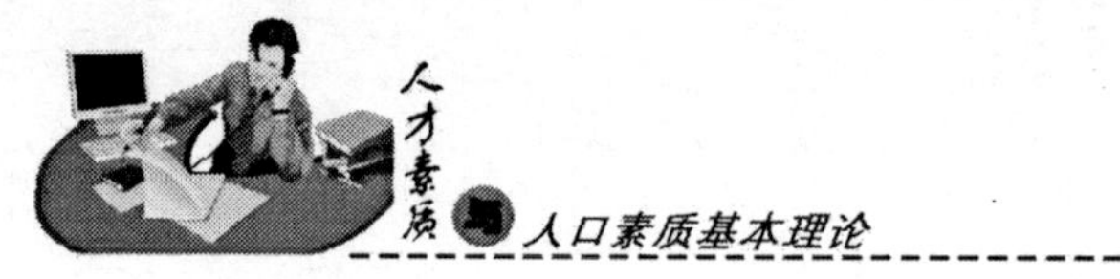

质累加。这样，不但能计算出各国的知识量，还能计算出全人类所拥有的知识总量。

四、国家知识素质的年平均发展速度

设一个国家第 1 年和第 i 年的人口平均知识素质分别为 $\bar{S}_{c1}$ 和 $\bar{S}_{ci}$，则该国从第 1 年到第 i 年知识素质的年平均发展速度 V_c 可用下式计算：

$$V_c = (\bar{S}_{ci} - \bar{S}_{c1}) \div (i-1)$$

（i 为大于 1 的自然数，i－1 的单位为年）

从 V_c 的大小可看出一个国家有关政策的正确与否和正确程度。任何一个国家，如果其人民知识素质的年平均发展速度 V_c 是正值，说明该国的有关政策能促进人民知识素质的提高，其政策对国家对人民都是有利的，其政策对该国是正确的、是好的，其正确程度与 V_c 的大小成正比。

如果一个国家，其人民知识素质的年平均发展速度 V_c 是负数，就说明该国人民的知识素质不但没有提高，反而是降低了，该国的有关政策一定是妨碍或限制人民学习，不利于人民知识素质的提高，这样的政策对国家、对人民都是有害的，应及时纠正和改革，以迅速提高人民的知识水平。

人口知识素质的年平均发展速度还可以用于国际间评比，如取同一时期 A 国和 B 国的知识素质的年平均发展速度 V_{cA} 和 V_{cB} 进行比较，如果 $V_{cA} > V_{cB}$，说明 A 国人口的平均知识素质提高得比 B 国快，说明 A 国的有关政策相对于 B 国，更能调动人民努力学习的积极性，必然同时促进 A 国的政治、经济的全面、快速地发展，说明 A 国比 B 国先进。

如若原来 A 国比 B 国先进，其人口的知识素质 $S_{cA} > \bar{S}_{cB}$，而 $V_{cB} > V_{cA}$，并保持这样的发展趋势，若干年后，B 国的知识素质 $\bar{S}_{cB}$

必然会赶上和超过 A 国的知识素质 $\bar{S}_{cA}$，就使 B 国趋向先进、A 国走向落后。

五、知识分子

研究人口的知识素质离不开知识分子。直到目前，划分知识分子都是以文化知识为主，实际上知识包罗万象，现在只能先以文化知识为主来确认知识分子。

什么是知识分子？人们普遍是以学历文化程度达中专毕业以上作为知识分子的判断标准。一些学者认为，创造新的知识价值，或创造性地应用、交流知识价值的人是知识分子，如科学家、教师、工程师等。有的学者认为，所有创造、传播和应用文化的人叫知识分子，包括学者、艺术家、哲学家、作家、编辑、新闻工作者等等。

俄国学者认为，划定知识分子的主要标准是从事脑力劳动，从事具有高度熟练技术，受过中等以上教育能胜任以脑力劳动为职业的劳动人民的社会集团为知识分子。

中国学者认为，凡属通过系统教育或自学而获得了一定的科学文化知识和专业知识，并从事脑力劳动的人，叫知识分子。也有人认为，凡达到中专以上毕业又从事脑力劳动的人，都叫知识分子。高中和技校毕业生都不是知识分子。

根据人才素质理论，知识分子必须是知识素质较高的人。文化程度只是一项知识素质因素，文化素质高，一般说来知识素质也高，但也不是绝对的，许多大学毕业的人，不继续学习、知识不用、不巩固、不发展，碌碌无为地混过一生，也没有知识培训别人，他的知识没有传播作用，这样的人能叫做知识分子吗？我们**把中专文化程度以上(包括能自学创新，达到中专以上水平的人)、知识素质达 1 个标准人以上、有知识传播、能培训别人的人；包括在科技、学术、生产和社会管理等方面有所创新有所贡献的人，叫做知识分**

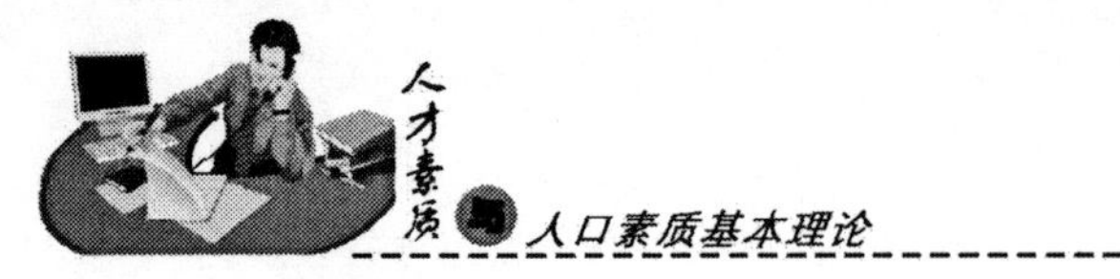

子。这样的定义简单、合理，不仅仅是从事学术活动和文化教育的人才是知识分子，政界、商界及其他各界具有中专(及以上)文化程度和相当知识及业务技能，能够对人类科技文化财富有所增益的人都应归于知识分子。知识分子的主要特点是知识素质达 1 以上、有广泛的知识、有知识能传播和培训别人。

知识分子分为文化的创造者和文化的传播者。知识分子必须兼备自然科学和社会科学的知识，还要善于观察了解周围的大千世界。知识分子既要保持知识与道德的平衡，成为一个文化人；知识分子的许多相关的人才素质因素也较高，成为人才素质较高、贡献较大的“能人”；知识分子也要在生活上成为小康人。知识分子就是要不断提升自己，富有使命感，走在群众前面；知识分子不但要搞好正常的生产和工作，不限于用专业知识来谋生，也应能利用广博的知识来追求真理，有创新和额外的贡献。就是说，知识分子一要满足生产发展的需要，还要能随心所欲地研究开发。

教师是知识分子中的特殊群体，教师的工作是伟大而艰苦的。这里不详述。

中国现代化需要全国人民的努力，更需要中国知识分子的努力，知识分子自身要现代化。知识分子文化素质高，也会拉高其他知识素质因素，整个知识素质也高，一般说来，其人才素质也较高，除了做好本职工作以外，还应该对人类有所贡献。人生的意义在于充分利用现有的知识、无穷地探索尚未知道的东西，在于不断增加和利用更多的知识为人类服务。

六、关于知识更新

人们常说，现在是知识爆炸的时代，知识分子要知识更新。实际上，对个人而言，不存在知识更新问题。信息输入、贮藏进大脑记忆区成为人的知识，按现代的科技水平，人类是无法把大脑中的信息取出来，人们也无法删除头脑中的不用信息；人们可以不断学习，不断增加新知识，以跟上社会发展的需要，但是不可能把头脑中的旧知识取出来换成新的知识，就是“个人不存在知识更新或知识更换的问题”。

而对人口的知识素质来说，存在着并且必须知识更新。现代科学知识转化为生产力的速度加快了，知识过时、技术被淘汰的周期缩短了，现代科学技术有些走向高度专业化自动化，有些走向高度综合化，科学技术发展的速度加快了。人类的知识是以文字记载和书本的形式留存和积累的，过去很有用的知识，现在也有更好更先进的知识来取代，我们就不必学习过时而无用的知识、不必用旧的知识教育人们，而要用新的知识来教育人们。比如，煤油灯是过去常用的照明用具，前人要懂得制造和安全使用；现在人们都用电灯照明，我们要以安全用电知识来教育人们，人们就不用学习煤油灯知识了。又如，用拖拉机、汽车代替扁担或手推车，用计算机、复印机代替手工抄写，用无人值守、自动化生产代替手工生产，用手机代替固定电话等等，这就形成了人口的知识更新。

现代化的世界，每隔 10 年左右，世界知识总量就要翻一番，每十年知识陈旧过时的部分约占 30%，近十年来人类的创造发明比以往二千年的还要多，知识老化的周期越来越短，知识的更新速度每 30 年要快一倍，而且还会不断加快，除了通用的基本知识以外，科技知识，生产和管理知识等等知识的老化周期已经缩小到 3 至 5 年。你学到的新知识、新技术，三五年就陈旧过时了，甚至你花九牛二虎之力创造出来的新产品，三五年就更新换代了。美国有学者认为，大学毕业生过 10 年，其所学的知识绝大部分过时了。一个人要赶上时代的步伐，就要活到老、学到老。当然，基本知识是过时不了的，真理是不可替换的。

知识老化也是人们常说的话题。知识并不像人具有生命，有

生命才有老化，而许多知识是科学的真理，比如说许多数学公式、欧姆定律、人的正常体温是 37°C、牛顿力学三定律等等都不存在知识老化的问题。当然，也有许多产品的生产知识需要更新换代，人们把旧知识留存在社会上，不断采用新知识，形成新的有用的知识素质。因此，知识没有力量，知识素质才有力量。我们不能笼统地讲知识老化，会老化就会减少学习的兴趣，对提高人口的知识素质是不利的。

第七节　群体素质

群体素质是特定条件的人口素质。群体素质有两种：一种是格式化的群体素质，是一种素质指标要求。如公务员素质，工种素质，阶级素质，政党素质，大、中、小学的教师素质，科学家素质，工程师素质，医生素质，艺术家素质，军人素质，军官素质，汽车驾驶员素质，企业家素质，行业素质、特殊群体的素质等等。这不是谁的人才素质，而是一个群体成员应具备、应该达到的素质标准；你若达不到素质标准就是不合格的成员。

另一种是一个群体的实际的人口素质，就是该群体所有人该项素质的平均值。如单位的人口素质，妇女平均素质，男子平均素质，18 岁以上妇女或男子的平均素质，儿童平均素质以及现有人口的各项平均素质等等。

现今工种类群体素质已有许多研究，有些工种素质已经用于招聘或对人的观察和鉴别使用，有些已成为法定条件。综观现有的群体素质条文，普遍显得杂乱，且难以衡量，有些该成为群体素质的没有写进去，有些不是群体素质也被当作群体素质。

群体素质都包括各种素质因素的平均值，且都可计算分析，这是过去的人口研究无法达到的。

群体素质有很高的实用价值。

一、儿童素质

儿童素质也是一种人口素质。世界上基本统一把14岁以下的人称为儿童。测算某人口所有儿童的平均素质就是该人口的儿童素质。儿童的素质对国家有中长期的影响。由于不同年龄的儿童素质差别很大,在研究儿童素质时,应按不同的年龄组进行。

我国智能低下者占总人口的1%,大脑发育不全,智能低于正常水平,有的连生活也不能自理。其绝大部分都是从低能儿童发展过来的。

据报道,中国每年平均,出生缺陷发生率达1.256%,0到14岁的儿童智力低下患病率为1.07%,属于出生缺陷和残疾的高发国家,给家庭给残疾儿都带来长期的艰难和痛苦,给社会带来沉重的负担。智力低下、患病率高、危害性大,是造成儿童身心残疾和影响儿童素质的最重要的因素之一。

2005年8月15日召开的第四次中国妇女儿童工作会议,有记者报道:意外伤害已成为目前我国儿童的第一位死因,因意外伤害每年造成10万儿童死亡,40万儿童致残。我国每年至少有1000万儿童受到各种形式的意外伤害,摧残了他们人才素质的提高。溺水、交通事故、跌落、动物损伤、烧烫伤是儿童意外伤亡的主要原因。

据联合国儿童基金会的报告估算,全世界每年大约有1000多万儿童死于急性传染病和营养不良。全世界约有一亿适龄儿童不能上学。

儿童的先天性智能低下、事故伤残、疾病和营养不良是儿童身体素质低下的三大杀手。

管理好人类自身生产,是极其重要的事情。要抓好计划生育、

优生优育、通婚管理、胎教和护胎、接生、婴幼儿的护理和教育，普及并办好幼儿园，社会环境和自然环境的治理等等。教育儿童和提高儿童的人口素质关系到国家的明天。

二、妇女的人口素质

妇女的人口素质就是在一个特定的人口中（比如一个国家中）所有妇女的平均人才素质。在人口素质中，妇女占了半边天。由于生理状况不同，有些人认为，男女的人才素质因素的测算标准应分开，这是错误的。按照人才素质理论，在人才素质因素的测算中，所有的人都要一视同仁，因为所有的人都是人类，男人是人，妇女也是人，都要统一按照人类的标准来测算，高就是高，低就是低，才有比较意义。

从身体素质、思想素质和知识素质总体看来，妇女的人口素质要比男人的人口素质低得多，人们普遍把它当作正常的和必然的，连许多妇女都认为“女人不如男人”，我看这是不正常的，这是值得全人类特别关注的问题。

提高妇女的人口素质，潜力非常大。妇女直到 20 世纪初才有公民权和选举权，现在还有个别国家的妇女没有选举权。社会上许多工种都限制或者不招妇女，而很少有限制或不招男人的。在妇女的人口素质中，妇女的文化素质低是普遍现象，目前世界有大约三分之一的成人女性是文盲。在世界文盲总数中，妇女约占 70％。在中国，2006 年仍有 5500 万妇女文盲，妇女文盲是男性文盲的 2.5 倍；就是在有文化的妇女中，平均文化素质也比男人的文化素质低，可见妇女社会地位的低下，而且差距很大；加上妇女抚育孩子的重任，使妇女就业难又差，待遇也低，客观情况又导致妇女的平均人口素质比男人的人口素质低得多。世界上重男轻女成为普遍的、严重的社会问题，是妇女人口素质低的重要原因；而妇女的人口素质低，又是重男轻女的根源。如果能选择的话，人们当然喜欢生人才素质高的男孩，不喜欢生人才素质低的女孩子，这又带来男女不平衡，产生许多社会问题。因而，妇女问题的本质不是重男轻女，而是妇女人口素质低下造成的。反对歧视妇女，提倡男女平等，努力提高妇女素质，是提高人口素质的重要途径。

本理论还可以测算18周岁以上所有成年妇女和成年男人的人口素质，进行成年妇女和成年男人的各项平均人口素质因素的对比分析，使人类看清真相，加速提高妇女的人口素质。

三、人类的人口素质

人类的人口素质也可以简称为“人类的素质”。“人类的人口素质”从来没有人提过，从来没有人研究过。过去人类了解自己是处于自然的和盲目的状态之中，人类的各项人口素质都摆在哪里，人们却看不到、摸不着，人类看不到自己是什么模样，对人类的各项人口素质一无所知；人类连自己都不懂得，谈何先进！在这方面，人类不得不承认自己的落后，这是必然的历史过程。有了人口素质学，人类可以从人才素质因素、人才素质、人口素质计算到人类的各项平均值，如人类的平均人才素质、人类的身体素质、人类的思想素质、人类的知识素质、人类平均文化程度等等。人类的人口素质有与个人的各项人才素质一、一对应的关系，人类素质是最大的人口素质。在各国都有人口素质的统计资料以后，联合国就可以测算出全人类、全世界的各项人口素质，每五年或十年比较一次，就可以看出并指导各国人口素质的发展，这是人类的进步事业。

计算人类的素质是过去梦寐都不敢求的事，现在已到议事日程了。如联合国教科文组织已经可以采用文化素质理论牵头统计计算各国和人类的平均文化程度。

人类的人才素质总量就是人类的标准人总数是客观存在的，只是现在的人们无法计算而已。我们应当看到，由于人口增长和人口素质的提高都会使人类的人才素质总量不断增加、不断发展。

国家的人口素质、民族素质、党员素质、阶级素质、工种素质等等都是人口素质的一种。

利用一些宏观上的相关因素也可以进行一些人口素质研究，比如用违反道德的犯罪率来说明一个地区的道德素质，用生病率和死亡率来说明一个地区的身体素质等等。这在过去是经常用的方法。通过其他方式计算的人口素质可以与通过人才素质计算的人口素质进行对比，当然，通过人才素质计算的人口素质更正确、更能说明问题。提高人口素质不能依靠增加人口数量，要依靠政府的力量和全民的努力。

第八节　人口素质规律

规律是理论的基础和依据，规律是知识力量之所在。有规律指导的理论有很强的生命力，有规律指导的理论有很高的价值。每个社会形态都有其特有的经济规律和社会规律、又有一切社会形态所共有的经济规律和社会规律。人口素质规律是有人口就有的社会规律，掌握人口素质规律会推动社会进步。

人口素质是人才素质的平均值，这也是一条简单的规律；但是，却没有人从人才素质上去研究人口素质！尽管也可以从其他方面研究人口素质，但只起辅助作用。**真正研究人口素质必须以人才素质因素为基础，先研究人才素质，才能知道人口素质。**

本理论还可以测算各国、各地区人口素质的年平均发展速度Vs。一个国家人口素质的年平均发展速度，不但是国家先进还是落后的根本标志，也是国家兴衰的根本标志。**一个国家人口素质**

的年平均发展速度是正数时，说明该国的人口素质在提高，这个国家正在走向强盛；若一个国家人口素质的年平均发展速度是负数，则该国的人口素质在降低，该国必然是正在衰落；一个国家人口素质的年平均发展速度较大，该国就可以赶上人口素质的年平均发展速度较小的原先进的国家；否则，从总体上说，该国就不可能赶上先进国家。这就是**人口素质规律**。

由人口素质规律可以推理出各种人口素质的你追我赶公式。

设：某年有 a、b 两国的某种人口素质分别为 $\bar{X}_a$ 和 $\bar{X}_b$，且 $\bar{X}_a > \bar{X}_b$，经过 m 年该人口素质分别为 $\bar{X}_{am}$、$\bar{X}_{bm}$，且仍然是 $\bar{X}_{am} > \bar{X}_{bm}$，就是说 b 地区的人口素质仍然是落后的，用人口素质的年增长率公式：

$$q = \frac{\bar{X}_m - \bar{X}}{(m-1) \cdot \bar{X}}$$

计算出两国人口素质的年增长率分别为 q_a 和 q_b，但 $q_a < q_b$，就是说 b 国的人口素质虽然比 a 国的人口素质低，但是它的人口素质的年增长率高，进步快；如果两国都能保持这种关系，那么，b 国的人口素质经过 n 年后就可能赶上 a 国的人口素质，n 可用下式计算：

$$n = \frac{\bar{X}_a \times (1-q_a) - \bar{X}_b \times (1-q_b)}{q_b \times \bar{X}_b - q_a \times \bar{X}_a}$$

这个公式叫人口素质的你追我赶公式。这个公式会促进各国、各地你追我赶，更好地提高人口素质。

如若 $q_a \geqslant q_b$，那么，b 国就永远赶不上 a 国。

各国又有自己特有的政策，一般说来，政策都是经过许多人研究，经领导批准后产生的，大部分是正确的，但由于社会环境、政治观点、人才素质不高等原因造成政策失误是常有的。世界上任何政策的是非都没有过统一的标准，通常是长官意思就是标准，领导

和管理人员又是经常更替变换，不同的当权者有不同的想法和做法，公说公有理，婆说婆有理，道理三十年在河东、三十年在河西，往往给社会给人类造成此起彼伏的利益或损失，使人类的发展弯弯曲曲，屡遭挫折。

我们可以从人口素质规律推理出**政策的人口素质标准**，即：**在人权基础上，凡是有利于提高人口素质的政策，就是好的政策；凡是不利于提高人口素质的政策，就是不好的甚至于错误的政策。**用这个标准来分析政策，就会减少不好政策的产生，就易于改变错误政策，减少损失，促进人类的进步。这个标准也可以引申到任何有关方面，用以判别好、坏、美、丑、真、伪、善、恶等等。以人为本，必须坚持政策的人口素质标准。

政策的人口素质标准既是领导者改革和制定政策的依据；又是人民用以判别领导者是英明还是昏庸无能的尺度；也是世界上不同国家不同政治制度下辨别是非好坏的共同标准。当然，这不是唯一的标准，应该综合考虑。

提高人口素质就是推进人的全面发展，也会推进各行各业同步发展。如江泽民同志所说："推进人的全面发展，同推进经济、文化的发展和改善人民物质文化生活，是互为前提和基础的。人越全面发展，社会的物质文化财富就会创造得越多，人民的生活就越能得到改善，而物质文化条件越充分，又越能推进人的全面发展。"

人类的目的有两点：(1)了解和掌握人类自己；(2)了解和掌握自然(包括宇宙)，叫自然为人类服务。前者属于社会科学，后者属于自然科学。自然科学也要为社会科学服务，列宁说过："自然科学奔向社会科学的趋势是不可阻挡的时代潮流。"人才素质与人口素质理论就是利用自然科学来了解和掌握人类自己，用人口素质规律及人的公式和人才素质的价值规律等可以分析世界上几乎所有的重大问题。

现在招生一般是一年一次，且规定小学要六周岁（有些地区是七周岁）才能报名，这是正确的。问题是每年7月份招生一次，而一年十二个月都有孩子出生，每年7月份出生的孩子仅占当年新增孩子的十二分之一，大部分孩子都不能按时就学，大部分小学一年级的孩子都超过六周岁，这对孩子人才素质的培养有终身的不利影响；少说也有一半的孩子晚半年就学，有一半的人晚半年工作。

读书是循序渐进的，在教育过程中，必然有很少数的学生因种种原因，学习跟不上，需要留级；但是在现有的教育制度下，有上学期就没有下学期，有下学期就没有上学期，上学期学习跟不上，下学期的学习必然也跟不上，差生只好挨到一年以后再留级，这一拖对差生非常不利；差生如果不留级，就会永远跟不上；从素质教育上看，差生应该在本学期及时留级补课，打好基础，以利努力上进。对一些学习很好，能自学跳级的学生，经考试合格，跳一学期，是更容易、更合理的事。所以，要求招生制度由一年一次改为一年两次，学生可以及时学习、及时留级、及时跳级、及时工作，能更好地提高人口素质。

当然，小学招生改为一年两次，初中、高中和大学的招生也要相应地逐年改为一年两次，相应的招工在若干年后也要改为一年两次，才有利于毕业生的就业。这样会有一半的人早半年学习、早半年工作，国家的教育事业就更加活跃了。

第九节　人口素质的竞争

人口素质的竞争就是人才素质的竞争。政治、科学、经济、军事的竞争，企业、地区直至国际竞争，归根到底都是人才竞争。古今中外对用人、对人才问题都十分重视，特别是20世纪以来，研究

人才工作十分活跃，人才已成为工业化国家中企业的三项资本之一，在所有的资源中人才是最宝贵的资源。提高人才素质和重视人才竞争已成为许多国家的国策。

人类若要更好地生存，必须有更多的高素质人才涌现。人们对提高人口素质已经有过许多措施，如增加教育投资，加强人口的社会管理；建立诺贝尔精子库，培育诺贝尔婴儿；许多国家实行"技术人员引进"的政策，人才招聘竞争已经是普遍现象。

相对过剩的人口规律，人才素质的差距，科技和生产高速发展的要求，人类的进步需求，是导致人才竞争的重要原因。

人才素质高的人，创新能力强、劳动生产率高，给单位、给社会带来的社会效益和经济效益也大，产生了各国直至企业争夺高素质人才的局面，谁拥有高素质人才，谁就会发达强盛。在经济竞争日益国际化的今天，一国人口素质的高低不仅关系到该国经济增长目标的实现，而且也是国际竞争力和综合国力的重要组成部分。人口素质的高低是国家先进还是落后的重要标志，要振兴国家首先要提高人口素质，要以人才为关键，要以人为本。

劳动力素质高的国家会产生良性循环。劳动力素质高，国家经济蒸蒸日上，劳动者创造多、待遇高、工作条件和生活条件好，又会促进劳动者及后备人员素质的提高，又会吸引国外高素质的人才为本国服务，又推动了该国劳动力素质的提高，如此成良性循环。

劳动力素质低的国家，经济落后，劳动者创造少、待遇低、工作条件和生活条件差，既影响了本国人口素质的提高，不但是外国高素质人才不爱来该国受苦，连本国的高素质人才都会外流为他国服务，这又造成本国人口素质的下降，形成恶性循环。由此可见，提高人口素质是一个国家相当重要的任务。

在国际上，西方发达国家为了发展本国经济和科技，不惜重

金，不惜采取一切手段招揽、收买外国人才；一是节约了人才从小到大的生活费用和培养费用；二是人才难得，高素质的人才约占人口数的千分之三左右，一个国家，就是用三十年的时间专门培养几百个孩子，也可能这几百人都出不了一个杰出人才；三是外国的高素质人才，环境造就了他比本国的高素质人才具有更高的思想素质，他脱离了母国和亲友，只有全力以赴、更加发奋图强，能为引进国创造出巨大的知识财富和物质财富。

美国本土居民原来处于较原始的状态，素质较低，1607 年到 1775 年约有 250 万英国人移民到美国，他们大部分受过英国资本主义的手工工场技术熏陶和英国工业革命的磨炼，这些移民都是身体素质、思想素质和知识素质较高的人，大大推动了美国社会生产力的发展。美国独立后又采取许多措施，鼓励欧洲各国移民到美国。第二次世界大战后，美国从 1946 年到 1974 年不分国籍地网罗人才，从各国引进和掠夺的外国科学家、工程师、教授和医生等高素质人才超过 40 万人，大大地提高了美国的人口素质。

中国有大批的科学家和工程师尚未得到工业部门的充分利用，造成人才的闲置或外流。而在日本等国，由于生产周期越来越短，工程师短缺的情况日益严重，有一段时期，日本每年从中国进口工程师 8000 人左右，聘用合同期为一年，推动了日本生产的发展；而日本在外国的留学生基本上没有学成不归的现象，主要原因是国民待遇和国民意识强，日本重视爱国主义教育，社会舆论和学生本人都视学成归国为理所应当。

据报道，仅 1990 年和 1991 年，苏联就有 10 万多科技文化界人士外流西方；俄罗斯在 1987 年到 1994 年的 8 年时间里科技部门流失 140 万名专家、学者和科研人员；原苏联科学家经过几十年努力，研究出来的高新科技成果，大量流向西方。苏联帮助西方国家提高人口素质，本国的人口素质降低了。

人才竞争、引进和输出劳工都是正常的国际社会经济发展的需要，是人才国际化的体现；对人类社会来说，你不用，我用，是挖掘人才潜力的良方。相对地说，外流移民都是人才素质较高的人，平均年龄在22岁到45岁，是身体素质、思想素质和知识素质最高的时期，大都是具有创造力的卓越人才，特别具有吃苦耐劳的精神，是国家的宝贝，但又不被国家所重用。年龄较小或较大，素质较低的人，不具备出国创业的条件，不敢背井离乡、远渡重洋去外国奋斗！结果是好的“人才”给人家，差的“人才”留下自己用。当然，各国都还有许多高素质人才在为本国服务。

先进国家引进素质高的劳工，被掠夺的第三世界国家极度缺乏人才，使富国更富、穷国更穷。争夺人才的竞争愈演愈烈。国家人才的流失，就是国家利益和财富的流失。

市场经济是竞争的经济，市场竞争，国家之间的竞争，归根到底是科技的竞争、是人才的竞争。有了人才就能赢得市场。人才是个国际性的问题。竞争推动人们尊重知识、尊重人才；企业、社会对人才的竞争造成对真正人才的要求和职业的自由选择的机会，使人们对自己和他人的能力和价值能够较正确地认识。

越是竞争越能显示人才的价值。作为国家和社会，正确的人才观是要大胆地使用人才，既要优先重用高素质人才，也要使用好一般性的人才，即使只有一指之功(功夫)，也要让这“一指”派上用场，用人一技之长。使所有的人才素质都能为国家、为人类效力。不发挥现有人才的作用，对国家、对人类都是一种损失。人才竞争的一个副产品是导致一部分人的失业和贫困，这主要要由国家协调解决。

先进的国家为什么能吸引高素质的人才呢？是因为它们有优惠和激励政策。中国东西部差距大，全国大专以上的知识分子，在东部和东南部不到一半的土地上拥有全国的96%，国家应该制定

一些必要的更优惠的激励政策，以促使东部地区过剩的人才流向西部落后的地区。

过去有用经济、企业势力作为国家竞争力；现在有用社会、人才、综合国力作为国家竞争力。人才竞争力指标评价体系主要包括人才队伍、人才投入、人才产出和人才环境等要素，以后会以人口素质为主要指标。据中国社科院2006年的人才蓝皮书《中国人才发展报告 No.3》指出，中国的人才竞争力较弱，在世界上属第三层次，中国出国留学人员回归数与滞留数之比为1∶3，说明中国的人才外流严重。

现在中国、美国、俄罗斯、日本、英国、法国、新加坡等等几十个国家都不断采取措施投入人才竞争之中，有些国家是主动的，有些国家是身不由己，已到了人才匮乏、民弱国贫，不重视人才研究和竞争就不行的程度。

人口素质的竞争会鞭策明智的人努力提高自己的人才素质。普及人才素质的知识，应用人才素质理论，总结人才成长的规律和方法，促进个人进步，利于家长培养子女成才、教师培养学生、国家培养干部、提高人事劳工部门的工作水平。普及人才素质知识，能促进各国组织、人事、劳工管理制度的改革和人才资源的开发，充分发挥每个人的作用。

运用人才素质理论，领导者就能在实践中更好地了解、考察人才，量才用人，有利于推动教育制度的改革，促进素质教育的健康发展。

第十节　人口素质的预测

人口素质的预测是人口管理的重要部分，是国家发展和人类发展的需要。人口素质的预测必须研究人才素质的宏观发展；我们不仅要看到个人几十年、至多一百多年的生活，我们还要看到全国、全人类的人口素质能更好地发展；我们不但要看到现有人的生活，我们也要看到子孙的人才素质和人类未来的平均人才素质、看到子孙后代的幸福生活。

人口素质的预测和规划是未来学的一项重要内容，是从宏观角度出发去探索和掌握人才素质的发展规律，并利用人口素质规律去规定和控制相当长的一段时间内的人才运动状态；根据过去和现在的状况估计未来，把“根据已知推算未知的预测技术”引入到人口素质的预测和规划中来。

中国和比较先进的国家都将设立和发展“人口素质研究所”，开展和推动人才素质的研究工作，以研究、交流、集中和统一人才素质的研究成果，促进人才素质和人口素质的发展，给国家发展提供重要的参考。

预期再有几年时间就会有人才素质“某某素质因素的测算标准（草案）”出现，往后，如果国家重视并牵头组织人才素质的研究，人才素质因素的测算标准将如雨后春笋般每年或每几年都有新的出现。预计所有的人才素质因素的测算标准全部完成需要一百多年的时间，不但能知道各国的人口素质，还能计算出人类的各项素质。

以上只是人口素质预测中人才素质发展趋势的一部分，除此还有人口素质因素的水平预测、人口素质的需求量预测、人口素质的管理预测等等。随着人才素质和人口素质的深入研究，各种预测都将经常出现，有赖人们去实现。

第十一节 素质教育

国民素质低下，关键在于教育落后。人才素质就是靠素质教育得到的，凡是提高人才素质的教育都是素质教育。素质教育的目的是提高每个学生的全面素质、是培养能力和潜力、提高人的基本本领的教育。实施素质教育关系到每个人和国家的前途，每个人的人才素质高，国家和民族的人口素质也高，国家才会兴旺发达。

社会上有些误区，只把素质教育当作文化教育，只把素质教育当作学校的工作，把减少考试当作素质教育。实际上，素质教育就是人才素质教育，包括身体素质教育、思想素质教育和知识素质教育，素质教育要家庭、学校和社会一起抓。

我们说的素质教育主要就是指人们工作前 22 年这段时期提高素质的教育，而学校教育包括幼儿园教育占了 19 年，所以素质教育主要是依靠学校教育，学校是最重要的素质教育专职专业机构。一般说的素质教育都是指学校教育。但每一个学生都是在社会中生活，每天学生除了学校教育以外，还要接受家庭和社会的素质教育。

这里说的全面素质就是指学生的人才素质，就是人的基本成分所具有的基本本领。从人才素质公式看出，人才素质有几十项素质因素，各项素质因素提高的快慢因人而异，在相同的教育环境中，不同人的同一项素质因素的提高进度也是不同的，在素质教育中，我这项素质因素高，你哪项素质因素强，都是正常的、必然的；每一个受教育者都应该明白：(1)素质教育的作用只是促进学生提高人才素质因素；人才素质高，本领强，在人生工作段对国家对人类所创造出的财富和贡献就大。(2)时间如流水，一去不复返。你

不认真学习，就会与好学生拉大差距，如若你赶不上去，你将一生落后。(3)落后了不要紧，只要你抓住强项奋发图强，还是有前途的。

按照人才素质理论，人才素质＝身体素质×思想素质×知识素质。因而，素质教育不但要抓好文化知识教育，还要抓好身体素质和思想素质的教育。使人的身体素质、思想素质和知识素质都得到全面的提高。

素质教育也要考试，教师考学生不是目的，教师教会学生才是目的。学生考试不及格，说明学生没有学好，同时也说明教师没有教好；教师应该“补教”，学生应该“补学”，补教补学要尽量在短期内完成。

改革课程、教材、教学方法可统称为“课改”，课改是推进素质教育的核心。实际上素质教育最重要、最难的是适应社会需要和发展的课程改革以及如何在各阶段协调抓好身体素质、思想素质和知识素质的教育。素质教育仍然是“教什么，学什么”，这关系到国家统一要求，关系到民族的兴衰，关系到社会和生产的发展。课改才是素质教育的中心议题。每学期学习的内容和分量及需要掌握的程度等，都要根据社会需求和时代的发展进行研究、改革。内容太多，造成学生课业负担太重，长期处于难以承受的超负荷状态，拖累了学生的身体素质和思想素质的健康成长，知识也学不好；内容太少，不能适应社会发展的需要，培养出不合格的人才，会降低民族素质、拖累国家的发展。因而，课程、教材和教学方法每学期都要研究，每年都要改革。多年不改或者乱改，怎么能满足日新月异社会发展的需要呢？当然，素质教育不可能同时学习所有的素质因素，素质教育也必须循序渐进，有些内容只要学生了解，进行考查，不一定要考试。学历教育应以基础知识为主，以培养基本功为主，也要适应社会发展和生产发展的需要。

家庭和社会对孩子的素质教育是孩子发展的根基，孩子的思想素质一旦成形，多数会成为孩子终生的本性。好的本性就是孩子的思想素质高，会促进孩子茁壮成长，前程似锦；坏的本性就是孩子的思想素质差，虽然往后的学校教育和社会教育可能改变其坏的本性，但社会所花的功夫多，效果少，孩子的前途也往往一生波折。所以婴儿、幼儿和儿童的素质教育就显得非常重要，这是摆脱人民愚昧、摆脱国家落后的重要途径。

国家应向待业人才提供合适的就业机会，企事业单位应重点抓好职工的技术业务素质、科学素质和思想素质等的培训，也要重视职工的身体素质，企业培训要从“以生产为本”转移到“以人为本，以人才为本，促进生产发展”，不断提高职工的人才素质。这是人生工作段的素质教育，关系到职工个人和家庭的前途，关系到职工为单位创造财富，关系到建设祖国改造世界的大问题。

素质教育贯穿于每个人的一生，国家和社会提供了素质教育的条件，每个人如何努力接受素质教育也是十分重要的一环。

世界经济的发展、振兴，要靠科技，而科技取决于人才，人才取决于教育。根本的问题是提高全民族的素质、提高人口素质，没有人的素质的提高，国家、民族的振兴和发展是不可能的，衡量一个社会能否健康地发展，主要是看作为社会主体的人能否健康成长。这就要看素质教育。

第十二节　人口素质是生产的决定性因素

人口素质与社会生产的关系，在资本主义以前的社会，生产活动基本上是以简单的手工工具和手工劳动为主，对劳动者的质量要求不高，只要有一定的体力与手艺即可，文盲也可以成为一个合格的劳动者。那时人口数量就是他们的力量。到了资本主义以后

的现代社会，机器取代手工工具，现代生产高度机械化、电气化、自动化、智能化，生产过程也越来越严密、高速和精确，对劳动力的质量提出新的要求，工人操纵机器，要求具有较高的科学文化知识和劳动技能、精力充沛、高度集中注意力，要求劳动者要知其然，还要知其所以然。人口质量随着社会生产的不断发展而提高。

一个国家要高速度发展国民经济，就必须提高劳动生产率，就必须采用先进的科学技术，要求拥有一支高水平的科技人才和经营管理队伍，要有大量的发明创造和科研成果。

科学技术和教育是生产的决定性因素，而科学技术和教育都是人为的表现，所以，从本质上说，人才素质才是生产的决定性因素。从人才素质的价值公式：人才素质的经济价值 J＝世界经济常数 K×人才素质 S×社会必要的劳动时间 H，可以看出，劳动时间是由人才素质决定的，公式中决定的因素只有人才素质一项，所以，生产和经济发展的决定性因素是人才素质。劳动力素质的提高（主要是文化素质、科学技术素质因素和创造力素质因素的提高），对于经济的发展具有极其重大的意义。

文化素质是劳动力最重要的素质，据俄国报道，在现代社会大生产中，一个具有小学文化程度的劳动者，可提高劳动生产率 30%，高中文化程度的可提高 108%，大学文化程度的可提高 300%。可见提高劳动力素质是多么重要。

社会劳动生产有三要素：劳动者、劳动工具和劳动对象。其中劳动工具是人创造、是人掌握的，是随着劳动者知识素质的提高而不断革新的。劳动对象是人创造的又为人民服务的。三要素中唯有人是最活跃的决定性的因素。

生产力有人力、财力和物力三大资源，中共中央总书记、国家主席胡锦涛强调：“我们必须坚持人才资源是第一资源的战略思想。”财力和物力都是人创造的又为人所掌握、所安排的。只有靠人的智慧、人的劳动、人的积极性和创造性,只有靠人才素质的作用,象征着时代先进性的劳动工具才能更新换代,才能创造出丰富的物质财富,日益积累成现代化的世界。在企业的建设和发展中,人才素质是最可宝贵的。“启用一个能人,救活一个厂;早用一天能人,早见一天效益。”已经成为中国改革开放的一道道风景线。

人的资本,有一种说法,就是指在一个企业里,有多少以最大的创造力和热情工作,甚至在企业面临危机时也不跳槽离开企业去另择他途的雇员。我们认为,人的资本就是人口的平均人才素质和人力(人口的人才素质总量)。这显然是向前迈进了一大步。人力资本包括三个要素,即劳动者的身体素质(体能)、思想素质、知识素质(尤其是文化素质、技术业务素质和科学知识素质)。

关于劳动力素质,社会上往往只是说劳动力的文化素质和技术业务素质,实际上,劳动力素质就是成人的人才素质,也是人的劳动能力,也就是劳动力的质量,是人力,是体力、精力和知力的总合。用人单位在研究本单位的劳动力素质时要同时重视职工的身体素质、思想素质和文化素质、技术业务素质、安全知识素质等知识素质。

现代企业的竞争,实质是人才的竞争、能力的竞争。在商品经济里,每位职工都面临着“优留劣汰”的考验。工业企业领导者的人才素质和领导者的行为是调动一切积极因素、实现组织目标的关键。企业作为一个经济实体,应被视为全体职工的共同财富,企业的兴衰维系着全体职工的命运,只要企业的全体职工能同心同德展示各自才能,企业定能创造出辉煌业绩。如若老板把企业当作是自己的,老板与职工只有简单的雇佣关系,就很难发挥职工的积极性,职工做一天和尚撞一天钟,不如意就跳槽,企业必然运营艰难。

人的知识、能力、品格、健康等的人力资本对经济增长和社会

进步的贡献远比土地、资本存量等要素资源重要得多。

日本、德国二次世界大战后，都几乎是从最低水平开始；但经济恢复发展很快，其奥秘就在于他们有较好的文化教育的基础，有一批素质较高的人才。

毛泽东主席指出："世间一切事物中，人是第一个可宝贵的。""一切物质因素只有通过人的因素，才能加以开发利用。"人是生产者也是管理者。生产力同生产关系的统一构成社会生产方式，就有与之相适应的上层建筑，构成了社会经济制度、政治制度和意识形态等等，人口就在这种社会制度及其发展变更中生产和生活。管理者和生产者的人口素质都是十分重要的。

《中共中央关于经济体制改革的决定》指出：企业活力的源泉，在于体力劳动者和脑力劳动者的主动性、积极性和创造性。人的主动性、积极性和创造性都是人的思想素质因素，是人才素质主动实现价值的具体表现。在企业竞争中，有先进思想的企业必然领先。历史事实表明，原有领域的领先者未必能长期领先、未必在新领域中领先，人口素质高的后进者完全可以开拓自己的新天地，使企业不断地旧貌换新颜。

不管从什么角度去看，人口素质都是生产的第一要素、决定性的要素。所以，抓生产、抓管理都要注意提高人口素质。

第十三节　略谈提高人口素质

人口素质主要取决于教育和科学技术的发展，取决于社会生产力的发展状况，取决于人们的社会关系和阶级地位。

测算人才素质和人口素质是没有阶级性的，但如何提高和利用人口素质是有阶级性的。任何国家都是尽力提高和利用统治阶级和为统治阶级服务的人员的人口素质，而限制被统治阶级的人口素质。所以，在阶级社会中人口素质难以高度发展。只有逐步消灭阶级差别，人才素质得到公平、合理的使用，充分发挥每个人才素质的自觉性和主动性的作用，生产力巨大增长和高度发展，人口素质才能达到高水平。实际上生产力和人口素质是互动的，互相促进又互相制约。

世界上近一百年来人们所创造的生产力，比过去一切世代所创造的生产力还要多，是因为人们在这一百年间的人口素质水平比以前任何时代都提高了许多。

人口素质的提高，能使人们更自觉地控制自身的繁殖，制约着人口的增长，这已经为各国人口发展史所证实。

人口素质、人才素质和各项人才素质因素都遵循"投入——产出"原理。从个人说，要积极投入自己生命的时光和精力，要努力，才能产出较高的人才素质。从国家来讲，要投入资金和人力、提供良好的教育与培训的环境和机会，才能产出较高的人口素质。要合理投入人才素质的研究，才能相应地提高人口素质。

提高人口素质从生产和消费两个方面都会给国家带来很大的经济效益，人口素质不提高，生产就上不去；生产是靠人来实现的，提高人口素质比抓生产更重要。人口素质和人民的生活质量是文明的综合指示器。提高人口素质比控制人口数量难度还大。做好优生、优育、优教工作，对于控制人口数量和提高人口素质都是十分重要的。提高人口素质等于增加人口数量，而又减少人口消费。

根据人口所在地区发展的需要，各地区应制定各种平均素质因素指标，有目的、有针对性地培养、选拔、引进具有该素质因素较高的人，以适应本地区全面发展的需要。这要求地区领导者要掌握把将近成才的人培养成才，"人成其才"，具有较高的素质因素；已经成才的人，要发挥其作用，达到"人尽其才"。使该地区的各项事业都有足够的高素质人才，该地区的有关事业就能走在前头。

开发人才素质是人口素质研究和提高人口素质的重大问题。首先，量才用人，专才专用，尽量把专业人才对口使用；其次，要因事用人，不要因人设事。否则不能做到人尽其才、才尽其用和充分发挥人才的能力。“对需要的岗位，依人才的专长安排工作”是合理用人的一条原则。因人设事是人事方面的照顾政策，对企业对国家是不利的。

人口素质是离不开人才素质的。这为人口素质的研究提供了新的思路，避免了过去那些撇开人才素质孤立地研究人口素质和把非人口素质当成人口素质研究的弊端。

要科学地研究人口素质，要从人才素质因素开始研究，把所有人的某种人才素质因素平均起来才是该种素质因素的人口素质。这里体现了“人口是个人组成的”；没有个人的人才素质因素，就没有真正意义的人口素质。

通过人才素质因素的研究，个人的某项素质因素的高低，对他本人来讲，是至关重要的；对国家来讲，任何人口素质都是比较稳定的，人口越多，平均数越稳定。一个人对于国家和人类来讲，是无足轻重的，个人的作用是微小的，个人素质的变化是改变不了国家素质的；但每个人都是国家的一个分子，每个人都参与了人口的该素质因素的平均值计算，人口素质的高低是每个人努力的结果，每个人都有份。国家人口的素质因素是全国人民的平均水平，关系到国家之间的对比和竞争，关系到国家的盛衰。

人口质量是一个综合体，影响人口质量的因素是很复杂的，多方面的；既有自然的因素，也有社会的因素；既有先天的因素，也有后天的因素；既有环境的因素，也有个人努力的因素等。而影响人口质量的因素都作用在人口素质因素之中，使人口素质理论形成人与自然、人与社会、人与环境、先天与后天的和谐发展。

提高人口素质的主要途径有：

1. 正确处理“两种生产”的关系，在大力发展物质资料生产的同时，切实抓好优生优育、控制人口增长，这是提高人口质量的基础和前提。加速国民经济的发展，才能增加国家资金积累，为提高人口素质提供越来越雄厚的经济基础。控制人口数量就可以减少用于维持新增人口的消费，以提高人民的科学文化水平，用于发展医疗卫生、体育事业和改善原有人口的生活水平，以提高人民的身体素质；控制人口数量，可以减少新增儿童的入学压力，使教育经费发挥更大的作用。

2. 大力发展教育事业。不但是学校教育，还需要大力开展科学技术教育、行业教育和社会知识教育。教育是培植和提高身体素质、思想素质和知识素质的根本途径。教育是培养提高劳动者的知识技能的手段，我国的教育事业相对说是较落后的，是人口素质不高的重要原因。

3. 加强精神文明建设，抓好“八荣八耻”，提高人口的思想素质。从群体来讲，先进的思想不可能自发产生；要建设一个强国，要有高度的物质文明，同时要有高度的精神文明；必须从各种不同的角度，采取多种形式，进行长期的思想教育培养和普及。过去的“五讲四美”活动（讲文明、讲礼貌、讲卫生、讲秩序、讲道德；心灵美、语言美、行为美、环境美），“学雷锋，树新风，建设社会主义的精神文明”活动等等对提高人民的思想素质都起过很大的作用。今后应在所有的思想素质因素方面开展精神文明建设。比如，学习精神素质因素、兴趣素质因素等对于提高人口素质都有重大影响。

4. 要破格培养超智少年。李白“六岁哺六甲，十岁观百家”，杜甫“七令思即壮，开口咏凤凰”。现代中国的超智少年更是层出不穷，田晓菲 14 岁当诗人，一连出版了两本诗集；国家举办了“大学少年班”，培养超智少年。允许自学能力强、达到跳级水平的学生及时跳级。他们天赋高，才智过人，早培养、早成才、早工作，他的

人才素质就比同龄人高，他一生就能为国家、为人类多做几年的贡献，对国家对他本人都有好处。中国科技大学副校长程艺说："从总体看，少年班毕业生成才率非常高，85％以上考取国内外高校和科研机构的研究生，三分之一获得博士学位，比例远高于本校普通本科生。一般在30岁左右就做出了令世界瞩目的成绩。"

5.政府的有关部门要管好待业者。由于人口矛盾公式和人口竞争的作用，必然有相当一部分人找不到工作或无法工作，他们绝大部分人都想主动发挥人才素质的作用，但是求业无门。根据人才素质的价值规律，"社会也要合理地使用人才素质"，政府的人事和劳动部门应把待业者管起来，发给待业者最低生活费，组织就业培训，联络并安排就业，对不想干活的健康的人应强制就业，使他们也能发挥人才素质的作用，并能稳定和提高人口素质，这是社会安定、提高人口素质的重要举措。

研究人口素质的目的是了解、提高和利用人口素质，反对残害人类的行为，促进人类本身的文明进步。人类走向前所未有的全球一体化，我们应有全球眼光来看人类的地球村，特别是要了解和发展人类的素质，要发展全球的经济、文化和科学技术方面的交流、贸易、互助和协作；要尊重人权，反对人与人互相伤残，反对战争，拥护和平；进军科技，学习先进，都会提高人口素质。战争杀人，会减少人口素质；个人犯罪伤人杀人，会降低人口素质；事故、生病、管理不善等等都会降低人口素质。

要提高人口素质，要把大多数的人造就成为全面发展的一代新人。这就要培养和造就大批的精通现代科学技术知识的科技人才、管理人才和熟练劳动者；提高人口的身体素质，提高人口的健康水平，提高人口的知识素质和思想素质，建设高度的精神文明。

中国经济发展和社会进步中的一个核心问题就是国民素质问题，低素质的人口多，已成为中国走向现代化的最大包袱。人口素质亟待提高，包括人口的身体素质、思想素质、知识素质和各种群体的平均人才素质都要得到提高，这是政府和全民共同的工作。

提高人口素质的途径很多，实际上都是由政府主导的。政府为所有的人提供相应的环境和要求，提供随时的学习机会，以提高人口素质，并发挥人口素质的作用。

弄清人才素质，全面认识和发展、提高人口素质，人们才真正成为自然界和社会的主人，才能真正认识自己发展的规律，而且能够有意识有计划地去行动。这是人类发展的必然趋势。

第十四节　人口素质理论的应用

人才素质与人口素质理论是一门牵涉和影响众多的边缘学科，是充满发展意识的文化。本理论将推动人们“以人为本”，加速研究人才素质的有关问题，制定各种人才素质因素的国际测算标准以及国家测算标准，从而进一步推进医学、社会科学、人类学、文化教育、伦理学、心理学、人才学、人口学、管理学、优生学、经济学、信息论、系统论等相关学科的发展。按照国家标准和国际标准测定人才素质因素的各种仪器和设备也将应运而生。

如何使人才素质进一步发挥应有的作用，将是伴随着人才素质理论而深入研究的课题。本理论是开发人才资源的有力而有效的工具，将促进人才评估和人才咨询工作更科学、更坚实地发展，为个人提高人才素质提供参考和鞭策。

所有工种都可制定该工种的人才素质标准，简称“工种素质”。工种素质是本理论的重大应用之一，为企业选用恰当人才提供科学依据，对推动各国、各企事业单位发现人才、选拔人才作出巨大贡献。

加强思想素质教育，使人们拼发出巨大的精神力量。在过去

的教育中最薄弱的环节就是思想素质教育，有些人由于不懂得思想素质，思想素质差已经堕落到危险的境地。培养儿童的思想素质将决定他的本性、影响其终身。人的思想素质理论，对于正确了解人，对于思想教育工作，对于个人成长，对于犯罪学，对于维护国家的社会安定等都有很好的作用。在素质教育中，任何学科都应与思想素质教育紧密结合，反过来又增强了该科教育效果。通过评估人的思想素质，可以结合其较差的思想素质因素有的放矢地进行思想教育，以减少反感和盲目性，收到事半功倍的效果。

对于犯人，特别要应用思想素质理论对其进行思想改造，真正对症下药、治病救人，以免一些犯人刑满释放后，原有的犯罪思想素质因素没有得到多大的改造，故态复萌，甚至变本加厉地进行新的犯罪。

各企事业单位在抓安全生产的同时也应抓好职工的思想素质教育。所以，加强思想素质教育将有极大的社会效益。

应用人口素质理论可使分配制度更加合理。分配方式有许多种，有产品的用计件工资；有按工时分配的工时工资，有固定工资，有按劳动收益提成等等。对于没有产品、没有直接经济效益而有社会效益的工种或岗位可用各工种的人才素质标准和人才素质的价值公式作对比参考，制定更加合理的报酬标准。对于额外的贡献，应另给报酬和奖励，以激发人们的积极性，更好更快地促进社会进步。

人口素质理论还需要研究如何提高人口的文化素质、各项知识素质、人口身体素质、人口的思想素质、人口的各种人才素质等，提高人口素质是国家进步还是衰落的标志。

学习了人才素质和人口素质理论知识，懂得人口与经济、人口与社会生活、人口与生态等各方面的关系，使人了解人类，了解自己，明确自己对祖国繁荣昌盛、民族强大，对人类的进步事业所承担的责任。对大中学生进行人口理论和人才素质的教育,可以促进青年学生德智体全面发展,健康成长,是一件高瞻远瞩、未雨绸缪的大事,是关系到祖国、关系到人类现代化建设的速度和前途、关系到子孙后代兴旺发达的大事。本理论可以辩证地解释每个人直至人类社会有关的许许多多问题,能解决许多世界性的有关难题。

第十五节 结 束 语

人才素质与人口素质理论是一门综合性的学说,人才素质理论是人口素质理论的基础和前提,人才素质因素是人口素质计算的根基。人口素质是人才素质的平均值,要知道人口素质就必须研究人才素质因素,进而进行任何人口素质的计算、分析,直至人类的素质分析,实现从个人到人类、从人才素质因素到人口素质的和谐发展。

人才素质理论是关于人的理论,寻找到人的活动的内在根据。人所关心的已经由“生存条件”发展到“真正关于人自身的世界”,人类应研究由人和“人的活动”所构成的“人世界”的奥秘。

本理论紧紧依靠人类概念、社会概念、物理概念和数学概念,理论联系实际,提出人的新定义和人才素质的定义,发现了人才素质因素基本定律,利用人才素质因素的致命原理、“0”因数原理和“1”的特性,遵循人的社会性规范,弄清了人才素质和人口素质的结构。人才素质的每项素质因素都要制定国际测算标准,使人才素质的每一个素质因素都具有全人类的社会性。本理论提出了紧跟现代化的标准人作参照物,利用人的社会性、标准人和人才素质因素的互相关联、互相影响,进行分类,解决了“我会你不会,你会我不会”的难题;论证了人才素质是人的人力、能力和潜力的大小,导出了身体素质公式、思想素质公式、知识素质公式和“人的公式”、人才素质的价值公式等等，并可进行数学运算，揭示了人的本来面目。

人才素质理论的核心是人的社会性，它不但包括了通常正确的人才素质观点，而且从它们的定性概念发展到定性加定量的系统的人才科学理论，使人才素质从低层次的众说纷纭走向高层次的可以统一测算和统计、计算、分析、对比，不但对每个人都适用，而且对每个国家、每个人类群体都适用。

人才素质的大小伴随着每个人出生入死地变化着，决定了每个人的生命和前途；人口素质的变化决定了企业和国家的兴衰。要振兴国家，每个人每个行业都必须为不断提高人口素质而努力，以在竞争中立于不败之地。通过研究和应用人才素质因素，不断地创新和发展，推动人类本身的文明进步。

图书在版编目(CIP)数据

人才素质与人口素质基本理论/张君诚著.—厦门:厦门大学出版社,2011.10

ISBN 978-7-5615-4055-8

Ⅰ.①人… Ⅱ.①张… Ⅲ.①人才-素质-研究②人口素质-研究 Ⅳ.①C96②C92

中国版本图书馆CIP数据核字(2011)第202525号

厦门大学出版社出版发行

(地址:厦门市软件园二期望海路39号 邮编:361008)

http://www.xmupress.com

xmup@public.xm.fj.cn

泉州新春印刷有限公司印刷

2011年12月第1版 2011年12月第1次印刷

开本:889×1194 1/32 印张:12 插页:2

字数:320千字 印数:1～1 500册

定价:36.00元

全国各地新华书店经销